菊 幸一

学校体育のプロモーション

体育社会学からのアプローチ

創文企画

はじめに

新型コロナ禍で、学校体育（とくに実技授業）が危機に直面しているという。これまで校庭や体育館に子どもたちが集まってきて、教師の指導のもとに対面で授業をすることができなくなったからだ。しかし、ここで何気なく行われていた体育授業の姿をイメージする常識の中に、実は体育がどのような制度として成立していたのか、そしてそれが制度として成立している以上、どのような社会的な制度や要請と関連していたのかを、改めて考えるヒントが含まれているように思われる。

たとえば、黙っていても児童・生徒が教師のもとに集まっている行為の中には、ある種の強制的なパワー（権力）が有無も言わさず存在しているのであり、教科としての体育は、そのような制度的権力を正当化する合理的な根拠を持たなければならない。また、その正当性は、時代や社会の変化とともに、当然のことながら変化せざるを得ないはずであるから、体育授業が社会的に存在するためには常に「社会に開かれた教育課程」として、そのカリキュラムの不易流行を考えなくてはならない。少なくとも、新型コロナ禍において体育の実技授業を展開する場合には、これまで 1 つの時空間を共有させてきた制度的なパワーは、オンラインというソフトパワーに頼らざるを得ないわけであるから、画面の向こう側に存在するであろう児童・生徒の主体的で、自発的な実技学習に対するパワーをいかに引き出すのか、という発想の転換を求められることになるだろう。

しかし、よくよく考えてみれば、このような発想の転換は、普段の対面における実技授業においても求められており、学習指導要領上においてもすでに 1970 年代後半（1977-78 年）に告示された体育科の目標の中で「運動に親しむ」という言葉によって表現されてきていた。そして、その後の 40 年間余の学校体育の歩みの中で、もしこのような児童・生徒の側からみた運動需要に応える体育の実技授業がその知識（理論）の必要性も含めて十全に展開されてきたのであれば、たとえオンライン授業であったとしても（否、巣ごもり状態であるがゆえに）子どもたちの運動欲求を引き出し、それを学習内容と結びつけることによる体育学習が多くの教師によって展開されていてもおかしくない。だが、現実は、相も変わらず、従来の一方的な技術教授や運動量確保を目的とした教育的パワーの発揮が体育授業のモデルとされ、オンラインではそれが一方で実現できそうにないとその困難さを訴えるか、他方で ICT 技術を駆使してより監視機能を強化するパワーの発揮に走るのか、のどちらかではなかったか。もちろん、多くの教師は、にわか ICT 技術に翻弄されつつ、そのハザマで揺れ動いていたことだろう。

新型コロナ禍を契機とするこのような体育（実技）授業に対する見方・考え方は、筆者が長年携わってきた「体育社会学」という学問分野からのアプローチによるものである。この学問分野では、学校体育における授業の営みや課外の運動部活動を含め、広く制度としてその教育内容である体操（現「体つくり運動」)、スポーツ、ダンス、体育理論等をとらえるばかりでなく、それが社会の中の運動に対する「文化」的な需要とどのような関連性を持つべきかを考え、学校体育のあり方をその社会学的想像力でもってビジョン化しようとする。

他方、2017-18（平成 29-30）年に告示された新学習指導要領では、児童・生徒による「主体的・対話的で深い学び」（アクティブラーニング）が喧伝されている。しかし、これを単に新しい学習「方法」の導入や刷新としてとらえてしまうと、児童・生徒自らが問いを発する学習の起点（パトス、情念）が見失われ、アクティブラーニングが形骸化してしまうのではないか、との懸念も出てくる。アクティブラーニングは、学校体育においても、その学習観を来るべき未来社会のあり様に向けて根本的に転換する視点と研究を行わない限りは、実現しないのではなかろうか。

そこで、本書では、体育学習に対する根本的な認識のあり方を考え、研究するためには、これまで述べてきたような体育社会学からのアプローチによって、次のようなテーマを各部で設定して過去を振り返り、より客観的にこれからの学校体育のプロモーションを考えてみようと思った次第である。

第 I 部　学校体育の社会的存在論

第 II 部　子ども観の近代と身体・体育・スポーツ

第 III 部　「楽しい体育」論へのアプローチ

第 IV 部　体育理論のプロモーション

第 V 部　これからの学校体育のプロモーション

まずは、現代体育の社会的存在論を社会学的に考究する（第I部）とともに、体育学習の起点となる「子ども」観それ自体の問い直しから子どもの身体や体育、スポーツの諸問題を取り上げる（第II部）。そのような諸問題を解決していく1つの体育論として、筆者が長年授業研究者として携わってきた全国体育学習研究会が提唱する「楽しい体育」論の課題や可能性について論じる（第III部）。また、体育授業の学習内容を文化として取り上げ、学校体育のプロモーションを生徒自らが自発的に考えていくためには、他の実技を伴う芸術文化領域と同様に、その知識や理論を座学でも本格的に展開していく必要があることから、とくに中・高校における体育理論のプロモーションを考えてみることにした（第IV部）。そして、最後にこれらの議論を総括する形で、体育社会学からみた学校体育のプロモーションのこれからを社会における生涯スポーツのプロモーションと結びつけて考えたのである（第V部）。

なお、本書は、初出一覧にもあるように、筆者がこれまで学校体育に関連して書いてきた過去の論文や解説、あるいは分担執筆した著書の内容を現代的な視点からできる限りアレンジして構成されている。したがって、取り上げられている各章のテーマやトピックスには少々古いと思われる内容も含まれているかもしれない。しかし、冒頭でも述べたように学校体育の現在地が、筆者が研究を始めたここ30年余の間に、とくに体育社会学の観点からみた場合、その実践的なパラダイムにかかわる課題について、それを根本的に解決していく新たな学校体育のプロモーションが現実的に展開されてきているとは思えない状況がある。その一証左は、この新型コロナ禍における教科教育全体のあり様に言えることだが、とくに学校体育については、このパラダイム転換の必要性が他教科に先んじて唱えられてきた歴史的経緯があることから、余計にその思いを強くしているのである。

2022年度からは、今回（2017-18年告示）の新学習指導要領における高等学校体育・保健体育の本格的施行が開始される。このようなタイミングで、本書がこれまでの小・中学校の施行と併せて、これからの学校体育のプロモーションを考える上で何らかの参考になるとすれば望外の喜びである。

多くの関係者の皆さんからご批判・ご叱正を賜れば幸いである。

学校体育のプロモーション

―体育社会学からのアプローチ―

目 次

第Ⅳ部　体育理論のプロモーション…135

第Ⅴ部　これからの学校体育のプロモーション…179

第Ⅰ部

学校体育の社会的存在論

第１章

現代体育の社会的存在論

1.1 井の中の蛙＝「体育」／大海＝「社会」を知らず

私たちが現在行っている体育（という制度）は、近代以降（わが国では明治期以降）に「国民国家」という新たな政治的枠組みの、その必要性のなかで初めて誕生した。この特徴は、言うまでもなく「学校」という施設に、ある年齢に達した子どもたちを強制的に集め、「身体（からだ）」の教育を施すというものだった。その必要性は、身体運動を媒介（メディア）にして「国民」意識を高めることと同時に、国家的な労働力と軍事力に資することに求められた。

だから、体育はその出自からして「政治」と一体化しており、近代日本の社会的成立に貢献することが、その規律訓練的教育の方法とあいまって当然視されてきたから、誰もその社会的存在に疑いを差し挟む余地はなかったわけである。よく「知育・徳育・体育」と言われるが、そのような言い方には体育の社会的な存在意義が当時いかに高かったのかが示されている。そして、体育関係者たちは、その存在意義を社会との関係でまともに（その存在否定を含めて）議論することなく、その保守的性格を維持していくことになるのだ。

このような体育の出自とそれによる保守的な性格は、戦後においても新体育、あるいは民主的な人間関係を育てる体育として、目標を180度変えながら、相変わらず当該社会の政治的要求と一体化する形で維持されてきた。この戦後体育では、占領下における米国がその目標にふさわしい内容としてスポーツを中心に内容を構成しながら、戦前と同じように体育が制度として「与えられた」のである。この文脈は、体育の存在意義にかかわる社会的構造として、常に社会変動とともに体育が身体運動を「通して」社会に貢献していくという縮図を作っていくことになる。

しかし、奇妙なことに、実際に体育授業を担当する関係者は、そのようなことに半ば無関心であった。というより、無関心でいても何も困らなかったということなのであろう。なぜなら、社会との関係で体育の目標がどのように変化しようとも、体育という制度自体は、あるいはその職的基盤は磐石である上に、戦前から変化しない（と思われる）規律訓練型の方法は、体育を供給する教育的論理を中心に考えれば何ら問題となることはないと信じられたからである。だから、脱産業社会の大きな節目を迎えた1980年代以降に、子どもたちの学習の論理（＝需要）を出発点とする「運動に親しむ」体育の目標が掲げられても、それに対する供給側はごく表層レベルでの理解による方法の普及といったことに止まり、徹底的な運動需要の論理から体育学習を新たに構成しようとする深層レベルでの具体的な体育授業の構造改革を生み出さなかったのではないだろうか。

このような教科の構造は、何も体育だけに限ったことではない。たとえば、小・中・高校を通じて行われる14,000時間余に及ぶ膨大な授業を過ごした子どもたちが、授業内容それ自体をまったくと言ってよいほど記憶していないという事実[1)]は何を物語っているのであろうか。私たちは、いま一度、社会の現状と近未来の社会像にしっかり目を向けながら、その社会問題の構造と体育との関係を真摯に見つめ直す必要があるのではなかろうか。

1.2 成熟社会の「つまらなさ」と学校体育の存在論

成熟社会の「つまらなさ」の現状と課題

1970年代から80年代にかけて提唱された脱産業社会論の未来図は、物質的な豊かさを背景にして人びとに存在する自己実現の欲求が満たされ、誰もがその充足感によって存在的幸福を追求する社会として描かれていたように思われる。しかし、現実には、モノの消費から離陸した経済的欲求（欲望）は、一時的な不動産投機に走ってそのバブルをはじけさせ、高学歴の若者が逆に神秘的な宗教に走って現実を真向から否定するという反社会的行動を生起させるに至った。とくに後者の特徴は、かつての宗教にあった「貧・病・争」の激烈さ（＝生活のリアリティ）を背景としているのではなく、また世を考え抜いた末の神秘主義でもなく、誰にでも生じそうな神秘（と思われる）体験に軽薄なまでに引き寄せられてしまうというところにある。このような世相を多くの人びとが恐れたのは、彼らが引き起こしたおぞましい事件の凄惨さもさることながら、高学歴な若者が生きることのつらさ（貧しさ）からではなく、むしろ「つまらなさ」から現実を全否定し、別の世界を夢見たことを直感したからではないだろうか。つまり、とくに若者を中心にして、直感的に「明日はわが身かもしれない」という問題の生々しさを感じたからではないかということなのである。

宮台[2)]によれば、一般に欧米を中心とした先進諸国では70年代前後にモノの豊かさを達成し、近代成熟期に移行したと言われる。そして、そのような社会では「『革命で世界を変える』という発想はリアルさを失い、『システムの外』は想像不能になった。他方、地域や家族の空洞化で社会の流動性が上昇し、個人はますます『入れ替え可能な存在』になる。つまらなさの感覚は、こうした流れが広げたものだった」というのである。

いずれにしても、このような結果として引き起こされる人間不信とも言えるような社会全体を覆う他者への信頼性の欠如は、国家的なレベルでの他者への監視や排除を許容しつつ強化し、客観的な安全というよりは根拠のない主観的な安心を過剰に求める社会を作り上げていくようである（とくに米国における2001年の「9.11テロ」以降）。これは、近代という社会の成立のベースにあった他者への（根拠のない）信頼を根本から突き崩す。私たちは、ひょっとしたら「つまらなさ」をやりすごすために、あるいはそれを克服しようと正面から向き合うことを避けている結果として、そのような不安を消費したり、それとは逆の過剰な一時的快楽の消費に沈潜したりしているのかもしれないのだ。

教育的対応の動向と体育のあるべき存在論

このような社会的課題は、国内外の政治的課題にストレートに結びつくとともに、全体的には継続的で、価値的な、安定した経済的需要を鈍化させる。そのため、その需要を喚起するために供給側の（情報）テクノロジーを中心とした開発がカンフル剤として投入されるという経済システムを恒常化させる。これに教育的に対応するのが、（情報）テクノロジーを支える知的教科であり、それは資本主義のグローバル化によって自由競争が強化されればされるほど国家的な需要をストレートに生み出すことにならざるをえない。また、とくに若者の生き方にかかわる社会的問題への対応については、生きがいのある労働、あるいは職業選択の問題としてこれをとらえ、中等教育から高等教育の段階での、いわゆるインターンシップを中心とするキャリア教育が積極的に奨励されていくようになる。

学校体育について言えば、このような社会的動向に対応する教育の基礎・基本の徹底方針を受けて、これを子どもたちに対して最低限保障する身体的能力とは何かという側面からとらえ、他教科に先がけていち早くこの要求に応えようとしたのである[3)]。

しかし、このような教育的対応では、前述した社会的な課題を生起させる人びとの不安の裏側にある「つまらなさ」に対して根本的に応えたことにはならないように思われる。なぜなら、この「つまらなさ」の背景には若者を中心とした生活のリアリティの欠如があり、むしろ体験的学習が導く学びのリアリティこそがその課題を解決していく出発点になると思うからである。これに反して、教育＝供給の論理から従来と変わらないカリキュラム設定をしてしまうと、それが仮にどのようなすばらしい教育目標を掲げたとしても、それは子どもにとって「表のカリキュラム」として一時的に機能するだけであって、相変わらずその規律訓練型の手法は「陰のカリキュラム」として生き残り、生きて働くリアルな学習内容として記憶に止まらない結果を繰り返してしまうのではないだろうか。

だから、学校体育において現代的課題に対応し、その課題を克服して新たな社会の担い手を近未来に向けて育てていくためには、今こそ徹底的に学習者の側に立って彼らのリアルな経験としての「楽しい」学習の発展をカリキュラムとして考えていく必要があるように思う。それは、やはりさまざまな（多元的な）リアリティを自発的に作り出していくプレイの世界と、その発展としてのスポーツそれ自体を中心にした学習にしか残されていないように思われるからである。また、ここにしか、深い根を持った「つまらなさ」の感覚を自発的に解消し、乗り越えていく時空間としての場は存在しないのではないかとも思うからである。なにせ「遊びは文化よりも古い」[4)]のだから。

このように述べると、それではこれまで行ってきた「楽しい体育」は何であったのか、これをどのように評価すべきなのかという疑問がわいてくるであろう。この疑問には、いくつかのレベルで答えることが可能であるが、本章の冒頭で掲げた「井の中の蛙＝体育／大海＝社会を知らず」というフレーズが1つの回答になるのではなかろうか。そこでは、体育社会学の観点から体育における学びのリアリティを社会的な課題と結びつけて保障し、発展させていくことに、体育関係者がどれほど動機づけられていたのかということが問題となるからである。しかし、これはある意味で無理からぬところでもある。なぜなら、体育の社会的存在論が手段的に位置づけられ、それに何らの疑問も持たなければ、「めあて学習」という官製の方法（決して方法「論」ではない）が、容易に楽しさ自体を手段化する授業を導くか、あるいはその活発な「活動」自体に目を奪われてそれでよしとする授業が導かれるか、のどちらかだからである。やはり、供給の論理が先行する体育制度の伝統に、そのまま需要の論理に基づく表層的な方法だけをあてはめても、プレイやスポーツの学習の発展にはつながらないということなのであろう。

したがって、今日求められている社会的課題に応じた学校体育の存在論を議論するためには、他教科とは異なるカリキュラムの特徴を指摘しながらそれに基づく多様なカリキュラムの拡大を志向する、体育カリキュラム論自体の脱構築（メタ・カリキュラム論）が必要になってくる。

1.3 体育の必修的存在を保障するメタ・カリキュラム

従来の教科カリキュラムの考え方に限定して体育をとらえれば、体育授業のカリキュラムのみがその必修的存在の根拠を問う議論の対象になるが、実は特別活動や課外活動として位置づけられてきた、いわゆる生活（経験）カリキュラムにも重要な学習のリアリティがあり、子どもたちにとってはむしろ後者の方が記憶に残る体験として評価されているようにも思われる。体育のカリキュラムをこのような学習の経験の総体として位置づけるとすれば、体育という教科の目標は、これらすべての学習を通じて達成されていくという考え方が生まれてくるし、そのような自発的でリアルな体育学習を社会が必要としているというようにも考えることができる。

ところが一方で、わが国の教育論議は、教科内容の精選と基礎・基本を中心とする、いわゆる学校のスリム化論を背景にして、その教育的機能を地域や家庭に分散しようとする方向を求めている。そこでは、従来の課外活動が地域の体験教室やクラブによって吸収される構図が描かれている。しかし、歴史的にみれば近代以降、後進国であったわが国の教育政策は一貫してその教育力を学校に集約化し、合理的、計画的、組織的な国家的教育を優先させた結果、近代以前に伝統的に存在していた地域や家庭の教育力を弱体化させる1つの要因を作ってきた。そして、その傾向は今日に至るまで継続し、むしろ声高にその復権を叫ばなければならないほど深刻化している現状がある。このような現状の中で、そこでの体験的学習が実りある、豊かな学習の成果を導き、さらに確固とした基礎・基本の知識に結びつく学習となるのかどうかは、はなはだ疑問と言わざるをえないであろう。それは、体育的活動に限ってみても、部活動やスポーツ少年団をめぐる指導者問題やバーンアウト問題などからすぐに理解できるのではないだろうか。

かつて経済同友会が「学校」から「合校（がっこう）」へと学びのシステムを大胆に変えることを提唱したこと[5)]があった。そこで述べられていた知的教科を中心とする学校のスリム化論では、体験教室が周辺に位置づけられていた。しかし、これまで述べてきたように体験的学習としての体育は、その学習成果を確固としたものにすることによって、今日あるいは近未来の社会的課題を克服していく大きな可能性を秘めている。だから、それはむしろ、逆に学校生活の中心に置かれることで、その自発的な学びのリアリティから学びの発展的自由を保障し、確固とした知的学習によるライフスタイルを創造する学習へと発展させるカリキュラムを導くことが可能であろう。社会的課題に対するポジティブなイノベーション志向は、体育の多様なメタ・カリキュラム論を求め、その需要を確保するこれまで以上の時間を必要としているはずである。

1.4 学校体育の世界的な現状と動向

さて、ここで学校体育の世界的な現状について考えてみよう。すでに国際スポーツ科学体育学会連合会（ICSSPE）が1999年ベルリンで世界体育サミットを開催し、その調査報告を行っているが、この調査報告では地理的・社会経済的な状態に関係なく、世界中で学校体育が極めて深刻な状況にあり、その直面する課題を次の5つの項目に分けて、概ね次のように指摘している[6)]。

（1）体育に関する法律的な扱いとその運用の格差

調査対象になった126ヶ国の92％で体育が法律的に義務づけられているにもかかわらず、ほとんどがその通りに実践されておらず、体育の50％は他教科にその時間を奪われている。

(2) 教科における体育の地位の低さ

体育は、法的には86％を超える国で他教科と同等の扱いを受けているが、実質的にはアカデミックな教科に比べて将来の成功に直接つながらない非生産的な教育活動とみなされ、カリキュラム上、低く位置づけられている。

(3) 体育に対するカリキュラム上の時間配分の少なさ

体育カリキュラムのほとんどは9～14歳までに適用され、年齢が上がるにつれて時間数が減少し、後期中等教育段階では選択教科か、完全に削除される傾向にある。

(4) 体育専門の教員養成の欠如

小学校の体育は、ほとんどがその専門教育を受けていない教師、あるいは学級担任によって教えられている。中学校ではかなり専門的な教師が増えるが、それでも全体からみると十分とは言えない現状にある。

(5) 不十分な体育への資源供給

政府の緊縮財政に伴い、体育への財政支出は不当に削減され、ソフト・ハード両面で不十分な状況が継続している。体育施設が整っているのは、わずか31％にすぎない。しかし、体育が制度的に整っている国でさえ、その制度や施設の維持管理は困難な状況であることが報告されている。

以上のような体育の国際的状況は、わが国においても2002（平成14）年から施行された学習指導要領における体育の授業時数の削減にみられるように、同様の傾向として現れている。また、今後の指導要領改訂の方向性としては、学力低下論議の影響を受けた知的教科の大幅な時間増とそれに見合う教科「総合」の時間数削減、あるいはそれ以外の教科として体育がさらに削減されることが懸念される[7)]。実質的な学校体育軽視の動向は、グローバルな視点から論じられる共通の課題をわが国の学校体育関係者にも突きつけているということであろう。

いずれにしても、先のICSSPEの調査報告が各国の政府大臣に対する学校体育奨励のためのベルリンアジェンダとして採択され、あるいはわが国においても日本体育学会（現日本体育・スポーツ・健康学会）によって学校体育問題検討特別委員会が設けられ文部科学大臣に対して同様な働きかけが行われているという事態は、学校体育をめぐる、まさに「政治」的動向として受けとめることができるであろう。

かつて学校体育の問題は、公教育に保障された制度の枠内で、政治的中立性を保持する教育委員会制度の下で論じられてきた。しかし、今日における学校体育の「危機」は、その境界＝制限＝保障を越えて、いわば「学校体育の政治化」とそれに連動する自由化＝小さな政府、の動きを意識せざるをえないほど深刻であり、拡張し続けているということなのである。

したがって、このような「危機」的状況をグローバルな視点でどのようにとらえるのかは、今後の学校体育のあり方を方向づける重要な出発点になるであろうと考えられる。

1.5 なぜ、学校体育は「危機」なのか
―その受けとめ方・考え方の課題―

先に示した学校体育の「危機」への共通認識は、否応なく学校体育の政治的保障を求める動きを、すでに体制化したアカデミックなレベルでの科学的論拠をもとに加速化させている。しかし、よく考えてみれば、そもそも学校体育それ自体は近代国民国家の成立とともに公教育として立ち上げられており、その政治的理由の出自を再考することは、「学校体育の政治化」の原点をたどる上で重要であろう。

学校体育の制度化を義務教育段階における教科体育の必修化がいつ行われたのかという側面から世界的にみてみると、ヨーロッパにおいてはデンマーク（1814 年）、スウェーデン（1842 年）、ドイツ（1842 年）、フィンランド（1866 年）、フランス・ノルウェー（1869 年）と続き、近代スポーツ発祥の地イギリスは意外にも遅く 1870 年のことであった。わが国では、1866 年の「諸学校令」によって体育の必修化が実現しているが[8)]、これら必修化の理由が共通して富国強兵・殖産興業を目的とした規律訓練にあったことは間違いなく、そこでは身体の国家的管理＝命令に一律に従う身体、を通じた自己規律的な「国民」の誕生がめざされたのであった。国家は身体に統一性を求め、それによって「国民」の姿をわかりやすい形で示すとともに、それを政治＝統治の道具と化し、戦争

という国家的単位の危機を契機として、さらに形式的にも実質的にもその統一性を高める必要に迫られたと言ってよいであろう。だから、対ロシアの脅威にさらされ続けていた北欧諸国がいち早く体育の必修化に踏み切り、ヨーロッパ大陸と陸続きではないイギリスがさほど体育の必修化に熱心でなかった（海軍将校の出自はブルジョア・エリート層であり、パブリックスクールの伝統であるリベラルな身体性に重きを置いていた）のは肯けるところであろう。

わが国の近代教育においても、スペンサー流の知育・徳育・体育の三育論をベースとした教育の上位概念としての「体育」の尊重は、日本がいかに近代国家形成の初期段階において規律訓練型教科の象徴として体育を必要としていたのかを示すものであろう。

さて、このような歴史社会的な体育と政治の蜜月関係を振り返ってみれば、国家的需要に応えようとする体育の需給関係は、その表面的内容＝「表のカリキュラム」がどのようなものであれ、その関係性それ自体はさほど変化していないように思われる。たとえば戦後体育は、すでに戦前の身体に対する規律訓練型体育を脱却したと言われるが、果たしてその根本的なところではどうなのであろうか。戦後体育は、昭和 20 年代の民主的な人間関係を重視するところから始まり、昭和 40 年代の体力主義体育の時代まで運動を手段とする人間形成づくりに重点を置いたと言われているが、それを効果的・効率的に指導する指示・命令は依然として幅を利かせており、「教えやすさ」の側に立った合理性は「表のカリキュラム」＝内容とは別に、これまでとほとんど変わりなく「列」をつくることや「従うこと」自体への TPO といった、隠蔽された規律訓練＝「陰のカリキュラム」を学習者に提供してきているように思われる。昭和 50 年代から今日に至る、いわゆる「楽しい体育」と言われる授業が徹底して求めたはずの学習者側からの運動需要が、40 年余をかけてさえ学習の論理において的確にとらえきれてこなかったのも、体育授業においてこのような巧妙な規律訓練への呪縛がいかに身体化され、根強いものであったのかを示しているのではないか。

ところで、その根本的なところで規律訓練型の近代的需要に支えられた「体育の政治化」が、その出自以来今日まで、依然として継続し続けていると仮定すれば、むしろ逆説的な意味で先に示した政治による（政治の側からの）体育離れのグローバル化は、現代社会における国民国家（的政治体制）のグローバル化（＝越境化）それ自体が引き起こしていると考えることも可能ではなかろうか。

そこで、われわれは、これまで体育を供給してきた近代国民国家における政治的・経済的なあり様の変化＝現代的なグローバリゼーションが、これまでの近代国家的な体育需要の論理にどのような変化をもたらしているのかについて、それこそグローバルな視点で問う必要に迫られるのである。

1.6 グローバルな社会変化と公教育・学校体育への影響

ここまで述べてきてすぐに思い浮かぶのは、1990年前後に世界を驚かせた1989年のベルリンの壁の崩壊であり、91年のソビエト連邦崩壊という、東西冷戦の幕引きであろう。これによって、自由主義体制下での政治的・経済的グローバリズムが情報テクノロジーの発達に伴って加速度的に推進されると同時に、アメリカナイゼーション＝パックス・アメリカーナと呼ばれるようなアメリカ一極集中体制が形成されるようになった。政治的・軍事的にはアメリカとこれに対抗する見えざる敵（たとえばテロリスト）との争いの中で、はっきり色分けされたかつての二大勢力による対立の構図は後退し、近代国家が求めた隠蔽された規律訓練型の体育的需要もそれに伴って着実に後退しているように思われる。軍事的戦略は、今やボタン1つによってその結果が左右されるゲームと化し、かつての国家的軍隊は国際的な傭兵システム（あるいは臨時的な募集兵）に取って代わられようとしている。

またその一方で、先進諸国が1960年代から70年代にかけて経験した高度経済成長から低経済成長への移行、あるいは工業化社会から脱工業化社会への移行は、高福祉型国家をめざす大きな政府から国家財政の逼迫とともに小さな政府をめざさざるをえない方向へ舵を切っている。言わば、豊かな財政に支えられた国家的な公共性による（上からの）保障から、その規制緩和にもとづく自由な経済活動の促進による（下からの）社会の活性化がめざされているのである。

このような政治的・経済的変化は、かつてのような段階的・漸進的なそれとして現れるのではなく、情報のグローバル化の下でまさに同時発生的に、それこそグローバルなレベルで引き起こされている。したがって、（東西冷戦終結後の）グローバルな政治的・経済的自由は、先進国と開発途上国とを問わず、政治的にはかつて体育に求められていた「陰のカリキュラム」としての規律訓練型体育への期待を低下させ、経済的にはグローバルな競争に勝ち抜くための知的学力を重視する方向にシフトせざるをえない影響をもたらすのである。1990年代以降に加速したヨーロッパ連合（EU）拡大の動向は、従来の近代国民国家における政治的緊張を緩和しつつ（すなわち規律訓練型体育に対する国家的需要の低下をもたらしつつ）、経済的には各国の歴史的経緯を無視する形でその足並みをそろえなければならないという重い課題を各国の教育システムにもたらした。その結果、知的教科を中心とする教育の大衆化とエリート化の圧力はますます高まり、かのイギリスでさえ1990年代に入ってナショナル・カリキュラムを策定することによってそのような事態への国家的対応に迫られたわけである。

さて、以上のように考えてくると、先に紹介したベルリンアジェンダにおいて、学校体育の危機を克服するために提案されている「よい体育の実践」とは、どのような社会的性格を持つものでなければならないのかを再検討する必要があるだろう。なぜなら、その提言が従来の「体育の政治化」による存在根拠と同様な地平に立って、すなわち「教える者」の立場に立って指導や評価の工夫による「よい」体育の実践（＝指導の制度化）をアピールしたとしても、そのコンテクストは結局のところ従来の「体育の政治化」の論理を超えることはなく、逆の意味で容易に政治化されてしまうからである。このような意味での「政治化」は、容易に体育の必要性を棄却する口実や言い訳を政治の側に与えてしまうであろう。

それでは、今後学校体育は、教科として現代社会におけるどのような人間像の形成に寄与していくべきなのであろうか。そのキーワードは、近代体育の論理＝規律訓練型体育を超える「体育の現代化」をどのような立場から追求し、その可能性を示していけるのかに求められるように思われる。

1.7　新たな体育需要の創出に向けて
—そのグローバルな体制づくりへの課題—

成熟社会における人間像は、これまでの「所有」をモノサシとする幸福感から豊かな自己実現の可能性と共生によって拓かれた「充実した生」を求める人びと＝市民によって代表されるであろう。自己実現のための機会＝自由を、共に分かち合うこと＝拘束によって担保する行為を他の誰に（あるいは国家に）強制されるわけでもなく自らが求め、それによって他者との豊かな共生や共存を生み出す社会が成熟社会の１つのモデルであるとするならば、その教育的営みには、徹底して対象とのリアルな学習＝自発的学習が保障されるように仕組まれなければならない。学校体育の現代化は、このような文脈において、再度「誰のための、何のための」体育なのかを学習する者＝需要者の立場から徹底的に追求して、その学習内容を構想していく必要があるだろう。

一方、グローバルなレベルにおいて政治も経済も未だに成熟社会の具体像を描ききれていないし、その可能性は未知数のままである。今日の社会におけるさまざまな混迷状況は、その先が読めない＝不安を象徴するような、あるべき社会モデルの不在、あるいはその多様化に現れている。これを従来通りの短絡的な不安解消の必要性に引き寄せて考えてしまうと、規律訓練の代替として指導の制度化がもたらされ、再びその意味での体育の必要性は政治的に後退してしまうという悪循環がもたらされることになる。しかし、だからこそ、このような文脈から引き起こされている世界的な体育不況をグローバルなレベルで反転させるために、生涯学習（体育では生涯スポーツ）社会に果たす教科体育の多様なカリキュラムモデルの開発が近未来の成熟社会における人間的課題を先取りするような形で提示されていく必要があるのだ。その意味で、ベルリンアジェンダが示している世界の体育的状況を解釈するもう１つの視点は、皮肉なことではあるがその提言とは裏腹に、あらゆる次元における規律訓練型近代体育モデルの排除とこれを前提とする体育の現代化の実現がグローバルなレベルで共通な課題であること、そしてその現代化に応えるためには学校体育における成熟社会型人間像の創出が欠かせないことにあるように思われる。その「可能性」を切り拓くために、世界の体育が奇しくも同じ課題を背負っていること、そしてそのような意味における準備、あるいは解決の方向性を導き出すためにグローバルなネットワークを必要としていることをベルリンアジェンダは示唆していると考えられるのである。

【文献】

1）佐藤学（1998）「『教室』という不思議な空間」『体育科教育』46（3）：10.
2）宮台真司（2005）「つまらなさ一段と深刻に」朝日新聞朝刊，2005 年 2 月 25 日付.
3）日本教育新聞（2005）「学習指導要領―動き出した『全面見直し』保健体育、芸術」2005 年 9 月 5 日付.
4）ホイジンガ，J.〈高橋英夫訳〉（1973）『ホモ・ルーデンス』中央公論社（中公文庫），p.15.
5）（財）経済同友会（1995）「学校から『合校』へ」．URL：http://www.bekkoame.ne.jp/ha/seidoken/gouk-ou.pdf（2021 年 10 月 1 日検索）
6）ICSSPE 編〈日本体育学会学校体育問題検討特別委員会監訳〉（2002）『世界学校体育サミット』杏林書院.
7）菊幸一（2004）「中学校体育の課題と展望」『保健体育ジャーナル』70：181-196.
8）野々宮徹（1999）「スポーツ政策の展開」池田勝ほか編『スポーツの政治学』杏林書院，pp.12-30.

第2章
体育カリキュラムの現代化と脱政治化の論理

体育カリキュラムの制度的存在は、歴史社会的に自明ではない。体育カリキュラムの現在、および将来のあり方を体育科教育の営みを起点とした可能性として論じるためには、少なくとも近代以降のカリキュラム化された教育や体育の社会的性格（あるいは制度）に関する特徴を歴史社会的に論じなければならない[注1)]。

このような歴史社会的観点からみれば、近代体育のカリキュラムは、近代国民国家という近代政治システムに機能するカリキュラムであり、その論理は（フーコー（1977）[1)]が見抜いたように）身体の規律訓練を潜在化させながらあくまで国家（権力）に有用な身体の形成に向けて構成（主体化）されてきたものと考えることができる。しかし、1990年代に始まる東西冷戦終結以降の現代国民国家は、少なくとも国家間のイデオロギー的対立の呪縛から政治的に解放され、近代体育のカリキュラム構成における身体への直接的な規律訓練の必要性という政治的存在根拠を失った。だから、一方で体育授業の近代国民国家的な必要性は希薄化せざるをえず、他方ではこれに代わってグローバル経済

表2-1　体育カリキュラムを考えるための歴史社会的視点（筆者作成）

	前近代 （～18C）	近代 （19～20C後）	現代 （20C後～）
政治	民族 領主 ｝王族	国民国家（nation states） →戦争の世紀	脱国民国家への**抵抗** →**新たな政治意識**醸成の必要
経済	localism	nationalism	globalism（1990年前後～）
社会 （公教育）	地縁共同体 家父長制社会	想像の共同体 〈エリート←→大衆〉社会	ノマド（遊牧―流動）型 **知識基盤社会**→記号消費社会
スポーツ	暴力性 反権力	非暴力性 inter/nationalism	無・暴力性 **internationalism vs. globalism**
体育	………………	規律訓練型	脱/潜在的・規律訓練型の拮抗

への対応に有用と考えられる知的教科を強化するカリキュラムが必要とされていくのである（表 2-1 を参照）。

以下、表 2-1 にもとづいて、体育カリキュラムの政治的諸相の流れから現代の体育カリキュラムがどのような社会的状況に布置されているのかを論じてみよう。

2.1　前近代における教育の様相とカリキュラムの不在

近代以前の集団や社会は、基本的には共同体（コミュニティ）を単位として構成され、身近な家族や共同体の長（おさ）が政治力を発揮し、その対象としての個人は自分以外の周囲から直接的に可視化された政治的存在であった。それは、個々人にとってすべての生活が共同体の範囲内で営まれ、共同体の外に移動することが（外面的・物理的にも、内面的・精神的にも）基本的には不可能な社会であったからである。だから近代以前の人びとは、これ以上分割できないという意味での in-divide（individual）な、（今日的な意味での）自由な存在ではなかった。出生した（native な）土地（locality）に縛られ、狭い空間（地縁共同体）における直接的な監視の下で、その存在自体に対して政治的な生活を強いられざるをえない人びとは、しかし一方でその監視が行き届かないところでは比較的自由に振る舞うことが可能であり、また意図的に（年に何度かは）そのような非日常的な時空間を設定することもできた（たとえば、季節ごとの祭礼行事等）。それは、しばしば日常の政治的な強制力から逃れようとする解放のエネルギーの直接的な拡散を伴っていたので、きわめて暴力的性格の強いスポーツを許容する社会でもあったのだ [2)]。

このような近代以前の社会における政治の直接的な具体化や可視化は、帰属する集団（ここには「社会」という抽象的な概念すらないのかもしれない）の構成員による相互監視と相互依存を媒介にして、あらゆる学習機能を必然的に発揮させるように仕向ける。ここでの学習は、身体を介した「まねぶ＝まねる」行為であり、直接的な相互関係によって引き起こされる自然な模倣によって、「意図せざる」学習成果を積み重ねていく。もちろん、学習者にとって「意図せざる」成果ではあるが、流動化しない共同体における伝統社会にとっては、社会を維持・存続させていくための目標は無意識的なレベルで習慣的に設定されており（フォークウェイズからモーレスへ）[注2]、したがって、このような目標すらもことさら意図（意識）されることはなかった[3]。計画化されたカリキュラムの一般化など、必要なかったのである。

2.2 近代国民国家における体育カリキュラムの必要性

これに対して、近代以降から今日に至るわれわれの社会の特徴はどのようにとらえられるだろうか。あたかも、これ以上分割できない存在としての物質（原子や分子）のように、共同体を自由に飛び出すことが誰にでも可能な社会では、いったいどのような共同体に代わる単位が必要とされ、その統一的な拘束力を発揮する機能としての「政治」が求められるのであろうか。また、そのような新たな政治的機能を発揮するためには、自由に移動可能で、それゆえに各々が直接的には異邦人（見知らぬ人）同士として常に遭遇せざるをえない個々人にとって、どのような人格や人間的資質、あるいは能力が求められる社会が必要となるのであろうか。

近代以降の社会において個々人を拘束する政治の単位となったのは、国民国家（nation-states）であった。言うまでもなく、近代以降の社会は、土地に縛られようがない人びとの日常的な移動を可能にする技術（テクノロジー、たとえば交通網）を発達させたが、一方では近代以前の土地に縛られた出生（native）をモデルとした nation という概念[4]に依拠しつつ、理念的には「国民」という「想像の共同体」[5]を形成することによって、かろうじてその「まとまり」（＝政治的機能）を維持・発展させていかなければならない。

そのためには、個々人をつなぐ言語や感性、身体などをめぐる文化を画一化、統一化、普遍化、スタンダード化する道具として、メディア（媒介器、たとえば新聞、雑誌等）テクノロジーやメディアコンテンツ（媒介内容、たとえば国家の基盤となる「伝統」文化の創造等）を最も重要視する政治的機能が発揮され、これを制度化（state）せざるをえない。なかでも身体をめぐる政治は、近代体育という制度を近代国民国家の誕生とともに成立させ、意図的、計画的、組織的に身体を教育する順序や計画の課程（今日の「体育カリキュラム」）を導くことになった。ただし、戦前のわが国の体育カリキュラムについて言えば、国民国家体制の基礎となる身体の教育という意味では、「想像の共同体」としての近代国民国家の危うさを縮減しようとする政治的欲望の対象として、生身の身体のリアリティに基づく教育＝体育の政治的機能（たとえ無意味な指示・命令であってもそれに従順な身体のスタンダードとそれにもとづく即時的評価）が強く求められたであろうことは想像に難くない。だから、戦前の体育カリキュラムは純粋な教育的カリキュラムというよりは、政治的カリキュラムといった方がよいのではないかとさえ思われる。わが国における戦前の体育カリキュラムは、容易に軍国主義化される運命にあったのだ。

2.3 体育カリキュラムの現代化への視点

わが国において戦後長らく近代国民国家を支えてきた体育カリキュラムの政治的役割は、1990 年前後の東西冷戦の終結という大きな政治的転換点を境にして、根本的な変容を余儀なくされている。

その 1 つの動きは、第 1 章でも述べたように、東西を二分した世界的な政治的敵対関係の終焉と経済のグローバリズムによって、脱国民国家化とノマド化（人口の流動化―遊牧化）といった構造変動のパターン（型）が、グローバルな（地球規模の）範囲で現実味を帯びてきたことである。つまり、東西冷戦終結後のグローバルな政治的・経済的自由は、先進国と開発途上国とを問わず、政治的にはかつて体育に求められていた「陰のカリキュラム」としての規律訓練型体育への期待を低下させ、経済的にはグローバルな競争に勝ち抜くための知的学力を重視する方向にシフトせざるをえない影響をもたらすのである。

1990 年代以降に加速したヨーロッパ連合（EU）拡大の動向は、従来の近代国民国家における政治的緊張関係を緩和しつつ（すなわち規律訓練型体育に対する国家的需要の低下をもたらしつつ）、経済的には各国の歴史的経緯を無視する形でその足並みをそろえなければならないという重い課題を各国の教育システムにもたらした。その結果、知的教科を中心とする教育の大衆化とエリート化（少なくとも近代以降の少数エリート輩出機能としての教育からの脱却＝高学歴の大衆化）への圧力はますます高まり、かのイギリスでさえ、ナショナル・カリキュラムを策定することによってそのような事態への国家的対応（ナショナル・スタンダード策定）に迫られたわけである（いわゆる「知識基盤社会」形成への国家的対応）。

しかし他方で、このような脱近代国民国家化ともいうべき流れに対抗する動きが、たとえばわが国における2006年の教育基本法改正やその後の教育委員会制度の見直しにみられるように、より強力な政治的パワーによる現代国民国家の再構築という方向に現われてきている。そこでの1つの戦略は、ナショナリズムを高揚させる道具としての競技スポーツの強化による internationalism（国家「間」主義、いわば国際間競争）の新たな復活であり、かつての軍事競争に代わってスポーツの金メダル獲得競争を国家的目標とし、これまで以上に国家財政を集中的に投入することでそれに勝利するものである。その意味では、東西冷戦時代に東側諸国がとった競技スポーツ戦略（国家的なトップアスリート育成戦略）をモデルとして、現代における国民国家存続のための再政治化が図られようとしていると言えるかもしれない。

したがって、これまでの国家観（国家的境界）を超える意味での地球主義的発想、すなわちグローバリズム（globalism）の隆盛は、反面、それがもたらす脱国民国家化への抵抗として教育が位置づけられ、皮肉にもかつての internationalism に回帰することによって再国民国家化を欲望する国家的な動きを再燃させていると言えよう。体育は、それに対抗する globalism とのせめぎ合いやその狭間に、否応なく位置づけられることとなり、そのカリキュラムにも影響を及ぼさざるをえない状況にあるということなのである。

2.4 現代国民国家における体育への新たな期待

これまで述べてきたことから理解されるように、現代体育におけるカリキュラムの動向は、もはや戦後体育のカリキュラム変化を内容的にトレースし、その内的な教育論理からだけで導かれるものではなくなっている。もちろん、（現在もなお）教育が国家的な制度である以上、その強制力は逃れようのない前提として存在しているが、それを近代的主体の規律訓練的性格として暴いたのがフーコー（1977）[6] であった。彼は、近代という社会が自己規律化された主体としての人間を前提とせざるをえない社会であり、そこで否応なく求められる個々人の自己規律化がどのように形成されていくのかの中心に「身体」への〈みる―みられる〉関係を置いた。外から見てすぐに評価される「身体」のあり様は、近代以降の人びとの意識にもう1人の「主体」を想起させ、これに従順に従うよう規律訓練化されていくのだ。そのような近代的主体化の装置＝近代教育制度は、近代国民国家を支える成員の再生産に働くことと矛盾することはなかったわが国の近代教育が、「知」育と「徳」育に並んで「体」育を重視せざるをえなかった所以であろう。

ところが、現代のグローバル社会が国民国家の境界（border）を消滅（border-less）化させる方向に働くとすれば、それに抗してなお従来の国民国家を政治の単位としようとする現代の政治的機能は、その境界の消滅を防ぐための手立てを内外に求めることになる。そこで、再び注目されるのがフーコーの述べる「身体」をめぐる主体化を担う重要な教科としての「体育」であり、課外活動（運動部活動）を含めた体育カリキュラムの存在であった。そこには、現代国民国家がもはや軍事的目的に直結した身体の規律訓練としての体育カリキュラムを必要としない代わりに、次節で述べるような、2 つの目標に導かれる再規律訓練型としての体育カリキュラムへの欲望が存在しているのではないかと考えられる。

2.5 現代体育カリキュラムの 2 つの方向性
—再規律訓練への欲望—

現代体育カリキュラムの 1 つの方向性は、国民国家の存在（境界）を「戦争の 20 世紀」に代わって明確に意識させる、国家を単位とするスポーツ競技会における勝敗の優劣への貢献である。すでに 20 世紀初頭から今日まで、スポーツ競技の高度化の推進力はその結果がもたらす社会的重要性（政治的・経済的機能）にあったが、東西冷戦を軸とする軍事戦争の一応の終結は、それに代わる平和的な代理戦争の様相を呈して、スポーツ競技の高度化への政治的プレゼンス、あるいはそのプライオリティを高めていることは事実であろう。前述したように、グローバル社会における国民国家の境界を意識させる平和的手段として、これに勝るものは今のところないからだ。

現代社会におけるスポーツのメディア特性とは、スポーツにおける「無色透明な差異、それ自体としての差異の表示、メッセージを内在しないメディア性、ここに自在な主体の意味付与・解釈が成立する」[7] ところにある。すなわち、スポーツの結果がもたらす絶対的な差異の表示自体には、何のメッセージ性も含まれないからこそ、人びとは誰に強制されるわけでもなく、まさに主体的にそこに国民国家としての「日本」を自らプレゼンスしようとするのである。また、そのような政治的環境づくりは、2012（平成24）年３月に策定された国の「スポーツ基本計画」における「国際競技力の向上に向けた人材の育成やスポーツ環境の整備」のなかにも明確に示されている。すなわち「オリンピック競技大会の金メダル獲得ランキングが、夏季大会では５位以上、冬季大会では10位以上」をそれぞれ目標にするというように、史上初めてランキングを国家目標にすえたからである。

結果的には、このような政治的動向と2020年東京オリンピック・パラリンピック大会招致の成功とがリンクし、今後の体育カリキュラムにもより強い影響を与えることは避けられないであろう。したがって、そこでの問題は、その影響がどのような内容として体育カリキュラムに現われるのかを考え、体育科教育の立場からこれらの影響をどのように評価していくのかにある。

もう１つの方向性は「健康」をめぐる国家的管理と体育とのリンクから生じる、生涯にわたる運動習慣の一般化の対応としてのカリキュラムである。経済的に豊かな超高齢国家が抱える共通な悩みとしての肥満や医療費負担の高騰化等は、必然的に先進諸国におけるヘルスプロモーション政策を促進させる。これは一見、当然のようにも思える事態であるが、このような健康政策の究極には、かつてのナチス・ドイツがもっとも自国内の国民に対する健康に配慮し、今日的には、「健康帝国ナチス」と（悪い意味で）評価されるほど徹底的な健康管理政策を推進した歴史的事実も忘れてはならない[8)]。その結果生じた優生政策や一連の差別政策といった国家的犯罪への記憶は、今日もなお歴史的教訓としてわれわれのなかに生きていることは言うまでもなかろう。

つまり、健康＝善なるもの、という価値の絶対性自体が、きわめて強い政治性を帯びる可能性がある[9), 10)]ということへの教育的配慮の問題である。ここでのスポーツへの国家的欲望は、スポーツを運動（exercise）としてのみとらえることによって、量的運動へのある種、脅迫観念にも似た規律訓練性が個人に求められる弊害と言ってもよいであろう。そのような意味で、体育カリキュラムに対する再規律訓練化への現代的欲望は、「健康・体力づくり」といった何気ない（国民１人ひとりが自動的に受容するであろう）フレーズによって、現代国民国家をシステム化（境界化）するために機能することになると考えられる。もちろん、医療費削減問題の解決につながるであろうこのような国家的政策の意図は、「国民」皆保険制度を維持することを通じた現代国民国家への政治的求心性を高めることにもつながるのである。

以上述べてきた 2 つの方向性は、前述したように、これからの体育カリキュラムの方向性にも多大な影響を与えざるをえないであろう。すなわち、前者においては、技能や戦術重視へ、後者においては体力づくりへ、といったカリキュラム内容への影響という意味で、である。これは一見、昭和 30 ～ 40 年代の体育カリキュラムへの回帰現象とも受け止められるような、国民国家の再構築をめざした奇妙なカリキュラム現象として現れているようにも思われる。

2.6 近代スポーツの誕生から学ぶもの

これまで述べてきた現代体育を取り巻く教育全体のカリキュラム状況と体育カリキュラムに求められるであろう政治的動向に対して、われわれ体育科教育関係者は何を考え、どのような方向性を議論すべきなのであろうか。やはり、われわれは体育（カリキュラム）がどのような出自から社会的に成立し、どのような政治的、経済的な思惑に左右されようとも、体育学習（授業）によって育成される次代の社会を担う子どもたち（学習者）に、だからこそどのような体育授業を構成し、提供（単元化）していくのかを考えなければならない。

その際、ヒントになるのは、体育カリキュラムの内容として「体づくり運動（体操）」「ダンス」の 2 つの領域以上に、中心的な領域内容になっている「スポーツ」が、なぜ近代体育の重要な領域（学習内容）として取り上げられたのかを考えることである。近代スポーツ以前のスポーツ（前近代のスポーツ）は、ときの政治的統治者から数多くの禁止令が出されるほど、暴力的で反社会的な文化的存在であった[11)]。しかし、このようなスポーツの暴力的性格を非暴力的性格に変え、むしろ近代社会にとって望まれるライフスタイルを実現する「近代スポーツ」としてスポーツが変容したからこそ、スポーツは近代社会における人間性（禁欲性、倫理性、知性や組織性など）を培う重要な教育的性格を帯びることになった。19 世紀にイギリスのパブリックスクールで誕生した「スポーツ教育」である[12)]。

ここでわれわれが見逃してはならないのは、スポーツの近代的性格が教育的な教師による直接的な強制力（外からの規律訓練的な行使）から誕生したのではなく、非暴力的にプレイすることが楽しさを延長することになることを（教師側からの間接的な統制・指導のもとに）学んだ子どもたち自身の、自発的なコントロールから誕生したという歴史的事実である。「わざわざ手・腕の使用を禁じる」近代サッカーも、「わざわざ手に持ったボールをゴール方向に向かって投げてはならないとする」近代ラグビーも、そのような面倒なルールを「わざわざ」課すのはなぜなのか。そのことによって、子どもたち自らが結果的には身体運動の安全を確保しつつ、勝敗の未確定性が延長できる楽しさを発見したからであろう。このような「面倒くささ」を自ら進んで求めていった結果、近代スポーツは、文化として今日もなお現代社会の人びとに享受され、引き継がれてきたのである[13)]。

ここには、近代社会にとって近代スポーツが「スポーツ教育」として機能する理由が示されている。すなわち、「プレイ＝楽しさ」の延長として制度化されたスポーツが近代教育の内容として受容されたのであり、自己目的化したスポーツのみが、それゆえにこそ教育的機能を発揮する可能性をもつということなのである。近代スポーツが、近代体育カリキュラムの内容（スコープ）として取り上げられるのは、そこに自発的な楽しさを求めるプレイ（自由）と制度化されたルール（規律）の、一見すると二律背反とも思われるような状況を超越する、それこそ自発的な統合の可能性が望まれるからであり、それが近代的なライフスタイル形成への学習成果として期待されるからであろう。

2.7 体育カリキュラムの現代的課題
―脱政治化の論理をめざして―

翻って、体育カリキュラムの現代的課題をこのような近代スポーツの誕生、および教育的機能の自発的な性格から考えてみると、グローバル社会における流動性は、近代社会に求められる以上に自由な自発性から自ら規律を求めていくような秩序形成の過程を体育に求めるのではないかと考えられる。これは、スポーツがその近代化とともに国際化（国際的なレベルで共通にスタンダード化）していったように、日本の武道の近代化が国際化していく過程にもみられるように思われる。いずれの過程も、近代社会の国際化を担う共通の文化特性をもっており、それによって当該国家社会の成員を教育するカリキュラム内容（条件）になりえるのである。そこには、近代化を担ってきた体育カリキュラムにおけるスポーツの教育的機能とグローバル社会が求める現代の教育的機能に（より強い）共通性がみられるであろう。

このような近代スポーツの誕生によって求められた教育的機能の現代的共通性は、前述した現代国民国家におけるスポーツへの政治的欲望にもとづく体育カリキュラムの編成をどのように克服していく可能性があるのだろうか。現代国民国家は、かつての少数エリート教育から高等教育の大衆化をめざす方向転換の流れのなかで、一方で対外的にはスポーツの大衆化から国家単位の（国家を代表する）スポーツの高度化をめざし、他方で対内的には運動（exercise）の大衆化から健康国家をめざす方向に舵を切っている。いずれも、グローバル社会における現代国民国家の政治的機能の十全な発揮のために、スポーツにおける技術的側面の高度化と体力的側面の大衆化とが極端に求められる二極化が引き起こされることになる。そこには、目的の徹底化に伴う、ある種の「脅迫」性が常につきまとい、再び教育的営み（体育授業）を子どもたち（学習者）にとって規律訓練化していく潜在的な危険性が潜んでいるように思われる。

したがって、体育カリキュラムの現代的課題は、現代国民国家が欲望するスポーツの「高度化」と運動の「健康化」への分裂状況を、体育授業の学習を通して、どのように統合し、どのような望ましい享受スタイルに変容させるのかということであり、そのための指導方法を含めた体育学習論を開発することであると考えられる。これからの体育カリキュラムに期待されるのは、「体育の、体育による、体育のための」脱規律訓練の可能性を問うことであり、それによって脱構築の営みであることによって永続的な改革的性格を内包する21世紀型体育カリキュラム（論）のモデルを導くことである[14)]。このような脱構築の営みにおける体育学習の（価値への）自由性を保障するカリキュラム原理こそが、脱政治化の論理を構成する基礎となると考えられる。

そのような意味から、われわれ学校体育関係者は、学校という「校門」を出て、わが国の民間スポーツ統括組織である日本体育協会（現日本スポーツ協会）と日本オリンピック委員会（JOC）が創立百周年を記念して2011（平成23）年7月に宣言した「スポーツ宣言日本～21世紀におけるスポーツの使命～」[15)]にも、大いに学ぶべき点があるように思われる。そこには「スポーツは、自発的な運動の楽しみを基調とする人類共通の文化である」[16]（下線部は筆者。以下、同じ）とあり、「スポーツのこの文化的特性が十分に尊重されるとき、個人的にも社会的にもその豊かな意義と価値を望むことができる」[17]と記されているからである。生涯スポーツをめざす現代体育カリキュラムのあり方は、ここに集約されている。

【注】

1）本章の内容については、別稿[18]でも論じる機会を得ているので、併せて参考にされたい。

2）「フォークウェイズ（folkways）」とは、集団の成員に共通する行動様式のことで習慣化されたものを指す。「民習」や「習俗」ともいわれるが、集団生活の中に浸透すると伝統的な権威をもち、集団生活を左右する統制力を有するようになる。ただし、集団における生活環境の変化等により、これが適応できなくなると消滅していく。これに対して、フォークウェイズが比較的安定して受容され続ける段階になると、そのような行動様式に対して哲学的、あるいは倫理的な意義が付与される「モーレス」になる。このモーレスは、これまでのフォークウェイズと異なり、行動様式だけで伝えられるのではなく、集団生活における態度や行動を規制する準拠枠となる。これが発達して特殊な強制力をもつと「法」が生まれるとされる。

【文献】

1）フーコー，M.〈田村俶訳〉（1977）『監獄の誕生』新潮社.

2）菊幸一（2013a）「スポーツと暴力の関係史―スポーツは極めて暴力的だった」伊東卓ほか編『スポーツにおける真の勝利』エイデル研究所，pp.41-47.

3）サムナー, W. G.〈青柳清孝ほか訳〉（2005）『現代社会学体系 3 フォークウェイズ』青木書店（復刻版）.

4）スミス，A. D.〈巣山靖司ほか訳〉（1999）『ネイションとエスニシティ』名古屋大学出版会.

5）アンダーソン，B.〈白石隆ほか訳〉（1977）『想像の共同体・増補』NTT 出版.

6）フーコー，M.〈田村俶訳〉（1977），前掲書[2]

7）佐伯年詩雄（1996）「みるスポーツの構造」文部省競技スポーツ研究会編『「みるスポーツ」の振興』ベースボール・マガジン社，p.51.

8）プロクター，R. N.〈宮崎尊訳〉（2003）『健康帝国ナチス』草思社.

9）菊幸一（2004）「健康の政治学 1―その見方・考え方」『体育の科学』54(8)：659-663.

10）菊幸一（2004）「健康の政治学 2―所謂『健康』を超えて」『体育の科学』54(9)：739-743.

11）野々宮徹（1999）「スポーツ政策の展開」池田勝ほか編『スポーツの政治学』杏林書院，pp.12-30.

12）菊幸一（2012）「スポーツ文化論の視点」井上俊・菊幸一編『よくわかるスポーツ文化論』ミネルヴァ書房，pp.2-5.

13）菊幸一（2013）「スポーツは，なぜ文化に『なる』のか―文化としてのスポーツ・再考―」『みんなのスポーツ』35(7)：12-14.

14）佐伯年詩雄（2007）「『楽しい体育論』の原点とその可能性を考える―脱規律訓練をのぞむ未完のプロジェクト」全国体育学習研究会編・発行『「楽しい体育」の豊かな可能性を拓く』，pp.25-36.

15）日本体育協会・日本オリンピック委員会編・発行（2012）「スポーツ宣言日本～21 世紀におけるスポーツの使命～」『日本体育協会・日本オリンピック委員会 100 年史 part1』，pp.580-581.

16）同上書，p.580.

17）同上書，p.580.

18）菊幸一（2015）「体育カリキュラムの社会的構成をめぐる諸相：その政治的性格を問う」岡出美則・友添秀則・松田恵示・近藤智靖編『新版体育科教育学の現在』創文企画，pp.41-56.

第3章

教育におけるスポーツの位置づけ

3.1 教育・体育・スポーツ　―その位置づけに関する問題の所在―

教育におけるスポーツは、一般に体育の概念に含めてこれまでとらえられてきた。わが国では、「体育」と「スポーツ」が「体育・スポーツ」として総括的、並列的にとらえられ、その内容や意味するところは、曖昧なままに放置されてきた。「教育＞体育」のトポロジー（位相）の中で、スポーツは必然的に教育的意味と価値を社会的に付与され、歴史的に醸成されてきたのである。このようなスポーツ＝教育におけるスポーツ＝体育の連鎖は、一方でこれらの用語の混乱が、わが国の社会における「『身体活動』のあり方が、その意味や目的について曖昧であり、とくに『身体活動』における『自由』の問題をネグレクトしてきた歴史的・社会的事情に由来している」[1]と考えられるであろう。他方、体育は「身体活動と教育の関係であり、教育の手段としての身体活動を意味する」との見解をとれば、問題は、「体育のあり方」の曖昧さにあるより、「スポーツのあり方」の曖昧さ、その意味や目的についての社会的認識の不明瞭さの問題として、それらを条件づけてきた社会的・歴史的要因に由来すると考えなければならない[2]。

ところで、スポーツは今日、「制度として」あるいは「文化として」さまざまな規定が試みられているが、その最も原初的かつ情緒的、価値付与的な定義は、B. ジレ（B. Gillet）のそれにみられる。彼は、「困難にたいして闘うことは独特の満足を生ずるものである。そしてこの闘いがスポーツの特性を形作るものである」というクラパレードの言葉を引用しながら、時間、距離、重力、自然を構成する物質、生きている相手、自分自身等々とのたたかいにまずスポーツの本質を見出す。また、この本質において、体育との根本的相違は、体育が競争を避けるか、もしくはこれを緩和し、運動に対して系統的かつ合理的であるのを欲するのに対し、スポーツは選ばれた者だけが成し得る身体活動にあるという。そして、彼は、1つの運動をスポーツとして認めるために、「遊戯」「闘争」「激しい身体活動」という3つの要素を要求するのである[3)]。

ジレの時代状況下におけるこの「選ばれた者だけがなし得るスポーツ」、すなわちエリート・スポーツ＝スポーツの定義は、「みんなのスポーツ」を求める今日の社会的要請と大きく隔たっている[4)]。この事実は、スポーツの概念それ自体が、歴史的・社会的状況の変化に応じてその意味や目的を変化させる一例であり、前述した体育とスポーツとの関係、およびそれを規定する社会的価値を反映する教育的価値、または教育的機能との関係が、スポーツのもつ教育的価値として、あるいは教育的機能として問われなければならない問題性を指摘している。したがって、このような問題性を明らかにするために、〈教育―スポーツ〉の関連性についてそれをとりまく社会変化との関係からとらえる視点を提示しなければならない。

3.2. 教育におけるスポーツをとらえる視点

「教育する」という英語educateの語源は、ラテン語のeduco（引き出す）からきたもので、本来、子どもの内にあるさまざまな性質（個性）や可能性（能力）を引き出し、発展させるという意味を持っている。同様に、ドイツ語のerziehenは、ausziehen（引き出す）およびaufziehen（引き上げる）と同じ意味で子どもに内在する成育可能性を何らかの方向に引き上げようとする外からの働きが含まれている。このように本来、教育とは外部から注入し、教え込み、鍛錬するというより、むしろ内部から自然に発動してくる力を伸ばすことであるとするソクラテス流の啓発主義的考え方は、教育における個人性を強調する立場として多くの教育思想家によって説かれてきた[5)]。しかし、その極端な志向は、「最善の教育とは、教育しないことにある」（エレン・ケイ）といった主張につながってくるが、無論、教育の本質はそのような自然放置の状態に学習者をおくことにあるのではなく、「客観的文化財を欠くことのできない資材としながらも、これを子どもの内部からの自発活動によって自由に消化吸収させ」、「真に子どもの自由闊達な活動が、おのずから旧文化の吸収と新文化の創造に連なるように導くこと」[6] にあると言えよう。

しかし一方で、教育は社会がその成員を同化するための働きであり、社会の根本的機能としてとらえられる。社会を維持・存続させるためには、自由で気ままな、多様な人間の欲求をそのまま許容するわけにはいかない。そこに互いに矛盾や行動の衝突等を回避する共通な行動の基準が求められるわけだが、その「社会的に確定され、是認されている一連の行動様式」[7] が制度であり、教育は制度的秩序を特徴づける最も重要な社会的行為の側面でもある。ガース（Gerth, H.）& ミルズ（Mills, C.）は、あらゆる制度的秩序がその技能や価値を身につけていない人びとにそれらを伝達することにかかわりのある制度や活動を「教育局面（educational sphere）」と呼び、社会構造の統一と構成を決定する重要な要素とみなしている[8]。したがって、制度としての教育の機能は、当該社会における他のさまざまな領域に含まれていた社会化の機能[注1] を析出し、意図的、計画的、組織的に社会化を展開する[9]。

このように、教育のもつ二側面―教育の個人性と社会性―は、スポーツとのかかわり合いにおいて 2 方向からのアプローチを可能にする。すなわち、前者の教育的側面とスポーツは、学習者とスポーツ、個人とスポーツ、人間とスポーツとのかかわり合いを内在的、かつ目的的にとらえようとする。他方、後者の教育的側面は、両者のかかわり合いを外在的、かつ手段的にとらえようとするのである（図 3-1 を参照）。

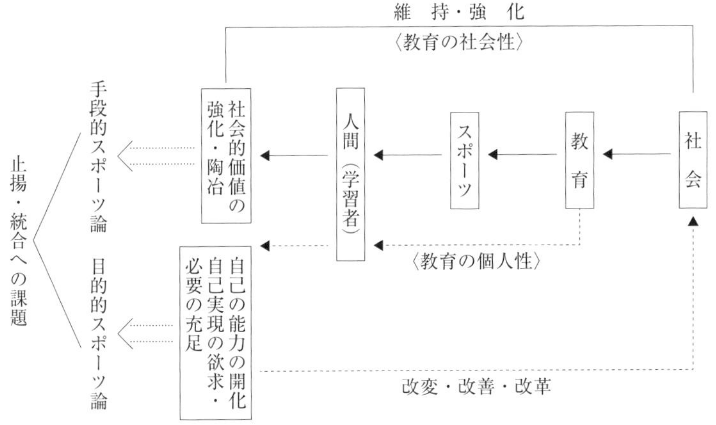

図 3-1　教育におけるスポーツをとらえる 2 つの視点（筆者作成）

教育におけるスポーツをとらえる場合、教育の側面からスポーツを位置づける２つの視点が提示されたが、これらはスポーツの側からも不可避的に要請される。なぜなら、文化としてのスポーツは、図 3-2 に示すようにそれ自体が１つの統合的体系を形成し、固有の意味秩序をもっているからである[10]。しかし、また同時にそれは、社会全体の文化の一領域として他の文化や制度と相互に影響し合い、相互に依存しているわけであるから、スポーツ文化の側からの教育制度への相互連関が、当然のことながら考えられてしかるべきである。その内実は、今日におけるスポーツの教育的機能として具体化されることになるであろう。いずれにせよ、教育としてのスポーツを位置づけていく両者の中核は、社会にとって望ましい、価値あるものと規定される「シンボル・システム」（図 3-2 を参照）との相互連関を焦点化することにより明らかにされると考えられる。

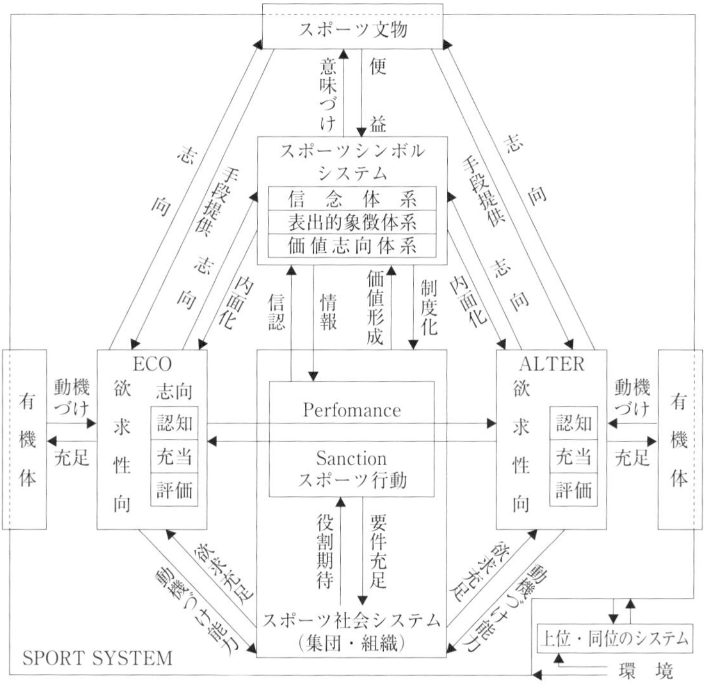

図 3-2　スポーツ体系の要素と連関[11]

多々納秀雄（1985）「スポーツ文化をめぐる問題」徳永幹雄ほか編『現代スポーツの社会心理』遊戯社，pp.217-218 より作成

3.3 社会変化と教育におけるスポーツ

これまで述べてきたように、スポーツが教育として位置づけられる時、その位置づけの方向には、社会的要請を反映した教育制度のサブ・システムとしてのスポーツと、人間の欲求や必要を引き出し、充足し、それにこたえるスポーツのとらえ方とがある。この両者のとらえ方は、基本的にはそれぞれの時代、それぞれの社会における生活と運動をめぐる諸問題が、教育の営みの対象である人間との関係においてどのようにとらえられ、結びつけられるかによって異なってくる。つまり、スポーツの性格や内容は、歴史的・社会的なスポーツ需要（マクロには運動需要）と教育論における人間観によって変化するのである。運動やその文化財としてのスポーツと人間との関係は、決して固定的、一義的なものではないということである。

ここでは、広く流布するスポーツの存在形態を教育との関連においてすべて歴史的・社会的に網羅する余裕はないので、公教育制度の機関としての学校内におけるスポーツ（あるいは広く身体活動）がどのようにとらえられ、位置づけられてきたのかについて概観し、スポーツ・シンボルシステム（信念・表出的象徴・価値志向体系）と教育制度のそれを通じた社会的要請との関連に焦点をあてながら点描してみることにしよう[11),12)]。

身体の教育の時代—身体の鍛錬としてのスポーツ

戦前のわが国における運動に対するとらえ方は、心身二元論にもとづき、身体の発達刺激、より強健な肉体の強化のための手段として概ね特色づけられるであろう。そこでの教育における人間観は、知育・徳育・体育論に典型的に示されるような人間存在の分節化、分極化にもとづく、身体の機械論的道具化としてとらえられる。

明治期に導入された外来スポーツも、次第にその性格が楽しみの対象から〈身体の鍛錬→精神の鍛練〉の対象として位置づけられていくことになる。たとえば、比較的早期に伝播した野球は、明治30年代の一高式野球に代表されるように素手・素面で硬いボールを捕ったり、寒風吹きすさぶ冬のグランドで痛さ、寒さを我慢して、それを感じなくなるまで練習することによってその価値が認められ、教育の一環として学校に受け入れられた。科学的野球の方法が導入された明治40年代以降は、さすがに上記のような非科学的かつ無謀な身体に対する鍛錬は行われなくなったが、その残基は武士道的精神を支えとして連綿と継続されていくことになるのである。また、学校体育においては、普通体操、兵式体操を中心とする体操が身体を直接的な目的で刺激し、鍛錬するのに最も適合する教材と見なされた。

このような教育制度における身体への刺激、鍛錬を強調する社会的要請は、明治期以降第二次世界大戦まで一貫して求められた。わが国における産業革命の急速な振興とその達成、およびそれに伴う一途な産業社会の発展をめざす枠組みの中でとらえられたのである。すなわち、それは天皇制国家体制のもとで富国強兵・殖産興業が国策となり、人びとの生活のすべての領域が産業化の達成に向けて権力的に組織された時期なのである。身体活動であるスポーツも例外ではありえず、その文化的価値が身体活動における身体そのものへの発達刺激とそれに付随する精神の鍛錬という側面にのみ限定され、それが教育として受け入れられたのであった。したがって、国家的要請として、スポーツの価値（特にその中核をなす遊戯としての価値）は、その枠組みの中では高く評価されず、学校体育の主たる教材を体操に譲っていたと言えるであろう。

運動による教育の時代―全人間的発達の手段としてのスポーツ

戦後のわが国における運動のとらえ方は、心身一元論に基づき、身体を含めた人間の全体性を尊重し、その全人格を育成し開花する必要のための手段として概ね特色づけられるであろう。そこでの教育における人間観は、人間が常に全体として尊重されなければならないという理念にもとづいて子ども（被教育者）を全人としてとらえ、〈教授→学習〉、〈強制→自主性〉が教育の中で運動・スポーツと人間のかかわり合いをとらえる重要な視点および指導理論として位置づけられるように導く。

しかし、わが国は戦後の混乱期からその経済復興に向けて急速な高度経済成長をめざす産業社会化の道を歩み始め、その経済的、社会的要請が戦後の体育・スポーツの教育的価値を規定することになる。それは、第二次大戦直後の民主化が標榜された時期（民主化時代）には、民主的人間の育成、社会性の育成が重視され、また高度成長にともなう高度な技術的労働力が期待された時期には、スポーツ技術・運動技術の系統性とその課題の追求が強調され、さらに東京オリンピック後、体力の低下が指摘されれば体力づくりに中心点が移るといったようなめまぐるしい変化によって例証される。換言すれば、それらは、運動やスポーツを各時期における社会的諸勢力の力関係によって社会的必要のために手段化するものであり、「身体の手段化」から「運動・スポーツによる手段化」への移行を示すものであろう。そこには、陶冶されるべき人間像がスポーツをあくまで教材（手段）として体現されるのであって、スポーツ独自の文化システムとしての価値は、それ自体として目的的には追求されていない。

したがって、戦後の体育は、体操・スポーツ・ダンスという運動の文化様式を内容として規定しながらも、その抽象的、相対的な一般目標の実現ゆえに新しい文化としての運動、スポーツを創造することができず、それを手段として組織せざるをえなかったのである。高度経済成長期までのスポーツは、運動文化としてのその価値を高く評価されながらも、人間存在に向けた充足的価値としてその教育的価値を見出されるまでには至っていなかったのである。

運動への教育の時代─自己を実現する価値としてのスポーツ

高度経済成長期を経て、低経済成長期（＝脱工業化社会）へ向けて変化するわが国における運動のとらえ方は、すでに手段化された運動やスポーツ、すなわち人格陶冶的価値にのみスポーツの教育的価値を見出すスポーツの位置づけを脱却する。そして、それは人びとの運動需要に対応すべく生涯にわたる運動欲求やその中心となるスポーツ欲求を充足し、あるいはその必要を満たしていくような、生活文化や生活内容としての、自発的、自主的な活動としてとらえることに特色づけられるのである。この社会的背景には，技術革新にもとづく生産力の飛躍的な発展がもたらした諸矛盾─自然環境の破壊、大気汚染や公害、都市化、交通機関の発達、生活全般の機械化等々─が人びとに健康の危機や運動不足の問題を生起させると同時に、所得の増大と余暇の増大に示されるような自由な生活領域を生み出したことが挙げられる。

いずれにしても、この時代におけるスポーツは、もはや他律的、強制的、外圧的な教育的価値の体現として位置づけられるのでなく、自律的、自主的、自己目的的な、自己教育力を体現する教育的価値をもつものとして、まさに生活文化としてゆるぎない位置づけがなされるヒューマニスティックな文化

（humanistic culture）としてとらえられるようになる。その最も基本的なとらえ方は、プレイとしてのスポーツ、プレイとしての運動の特性を有するスポーツに焦点化されるが、プレイとしてのスポーツの価値は、それに学習者の立場からの課題（めあて、ねらい）を付与されることによって[13)]、プレイ教育としての教育的価値を有することになるのである。しかし、生活文化（内容）としてのスポーツは、学校期におけるそれに限定してとらえられるべきではない。もっと広範囲な垂直的（時間的）、及び水平的（空間的）次元から教育におけるスポーツを位置づける必要とその理論構築とが体育社会学の課題として求められているのである。

3.4 スポーツ教育への展望[注2)]
―生涯スポーツ・生活文化としてのスポーツとスポーツ教育―

今日におけるスポーツの意味と価値は、もはや学校教育の範囲にとどまるものではなく、人間のそれぞれのライフ・ステージ（life stage）に応じて、あるいはその生活局面のそれぞれの構造や広がりに応じて、生涯にわたる個と社会を統合する教育的機能として、また生活文化として位置づけられなければならない。教育におけるスポーツは、もはやあらゆる階層の、あらゆる生活圏域の人びとにとって生活文化としてその機能を果たさざるをえなくなっていると考えられよう。そこで、以下では「生涯教育（lifelong integrated education）」「学習社会（learning society）」を鍵概念（キー・コンセプト）としながら、今日におけるスポーツの教育的機能を明らかにし、学校体育と社会体育の一環性を論じつつ、Learning Society における教育としてのスポーツの意義と課題を提示してみたい。

今日におけるスポーツの教育的機能

今日におけるスポーツの教育的機能[14)]は、スポーツのもつ文化的特性（遊戯的競争文化＋身体活動性）とその文化的構造（観念・規範・技術・道具的各体系）およびその外延としての文化的形式（各スポーツ種目）等々の文化としてのスポーツが有する個人的機能と社会的機能を相即的にとらえることによって明らかにされる。

個人的機能としては、競争的な欲求（楽しさ）の充足を通じた自己実現機能、身体活動性を通じた身体発達機能、他者や物理的障害、観念的基準への卓越、克服、達成の過程を通じた人間形成機能等が挙げられる。社会的機能としては、スポーツの競争的欲求、社会的認知欲求や社会的所属欲求等の充足過程がもたらす社会の維持、存続、緊張処理に働く手段的機能、あるいはスポーツのもつ娯楽的麻薬性を手がかりとした大衆操作の機能、さらには社会におけるスポーツのもつ自己矛盾への洞察から社会の諸矛盾を認識し、それを変革しようとする社会変革の機能が挙げられる。

これら２つの側面からみたスポーツの機能は、前述した教育における個人性と社会性に対応する教育的機能として位置づけられるが、重要なことは、これらの機能が今日の生涯学習をめざす社会において自己実現的機能を優先させながらも、あらゆる人びとにそれぞれ適合した機能として価値づけられ、選別され、統合的に位置づけられる必要があるということである。

学校体育と社会体育の狭間を埋めるもの―「生涯学習」としてのスポーツ―

上記のような意味で、今日におけるスポーツは生涯教育の内容として多機能な教育的位置づけを許容しながらも、人びとによって自発的な学習内容として受け入れられ、一生涯を通した生活文化となっていく。そこでは、もはや学校体育と社会体育との区別は無意味となり、「生涯学習」の視点から教育におけるスポーツが統合化されてとらえられることになる。すなわち、「今後は、生涯スポーツ論の立場から、人の一生を通じての学習をめぐる問題として、両者を機能的に結びつけ、機能的連続法的なとらえ方」[15] が必要となってくるのである。

たとえば、「集団における人間らしい活動のあり方をめぐる問題は体育であろうと、スポーツであろうと共通な問題である。ある一定の集団の中で、人びとがある集団目標をもって、お互いに役割を分担し合い、相互に励まし合い、協力し合って活動をともにする集団活動は、体育にとっても、スポーツにとっても共通にして不可欠な活動内容」[16] である。このような集団維持機能とそれに関連する教育的機能は、体育＝学校体育、スポーツ＝社会体育に置き換えてみれば、共通する人間形成機能および社会の維持・存続機能として位置づけられることになろう。すなわち、それらのスポーツにおける教育的機能は、学

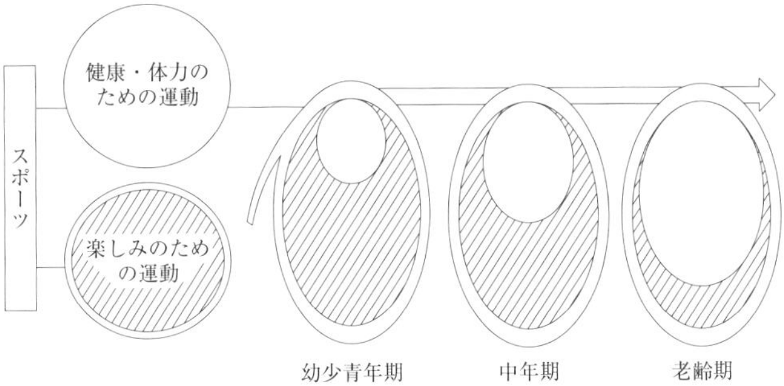

図 3-3　生涯とスポーツのかかわりに関する説明モデル

島崎仁（1984）「スポーツと教育―スポーツと教育としての体育」菅原禮編者「スポーツ社会学の基礎理論」不昧堂出版，p.238 より作成

校体育と社会体育の狭間を埋める統合化された連続的機能を果たす重要な学習の成果となっていくのである。

また、島崎[17]が指摘するように、現代生活がもたらすスポーツの価値を本質的価値（プレイ欲求の充足―楽しみのための運動）と手段的価値（生体への運動刺激剤としての必要の充足―健康・体力のための運動）に分けて考えると、教育におけるスポーツの意義と価値は、図 3-3 に示されるように人の一生涯の各段階に応じて加齢とともに前者から後者へと移行していく。すなわち、生涯教育としてのスポーツの本質的価値と手段的価値は、学校体育の枠内だけにとどまらず、社会体育との連続線上において位置づけられ、統合化されなければならないのである。

さらに荒井[18]は、学校体育と社会体育の狭間を、運動やスポーツを好きになる場―〈授業〉〈ふだんの遊び〉〈学校クラブ〉〈地域クラブ〉〈テレビや大会見物〉〈運動会や行事〉〈休み時間や放課後〉〈家族や兄弟〉等の 8 つの場―が両者においてどのような相関を示すのか、から考察しようとする。生涯にわたる運動やスポーツの実践は、それが好きになる場の有機的連関と、両者の間にまたがる場の重要性への認識によって初めて可能になる。すなわち、学校体育や社会体育を「タコツボ」型でなく、「ササラ」型の発想から[注3]とらえ直す課題を提示しているのである。

Learning Society におけるスポーツ教育の意義と課題

これまでしばしば述べてきたように、結局のところ、マクロなレベルでの教育におけるスポーツの今日的位置づけは、「生涯教育」から「生涯学習社会」に向けての人びとの生きがいの追求、自己実現欲求を中心とする多機能な学習欲求の中で生活文化（内容）としてとらえられることになる。

このような生涯スポーツの必要性と可能性が、今日に至って増大した社会的背景についてここで詳述する余裕はないが、その考え方は、これまでの教育の見直し作業であると同時に新しい教育の道の模索であることは確かであろう。そして、その展開は、単に「lifelong」という時間的長さのレベルにとどまらず、「lifelong integrated」という全体として統合化されたレベルでとらえられなければならない。具体的には、出生から死に至るまでの全生涯にわたるスポーツ参加という、ライフサイクルを縦に貫く「垂直的次元の統合化（vertical integration）—第1の次元」と、人びとの生活構造の全体—学校、家庭、職場、地域などのあらゆる生活局面—においてスポーツの機会が提供されるべきであり、それらが体系的に再編成されなければならないとする「水平的次元の統合化（horizontal integration）—第2の次元」[19]、そしてこれらの垂直的、水平的統合をふまえて、「完全な人間」の形成と自己実現の達成をめざす第3の次元[20]への統合化である。

ところで、教育におけるスポーツは、生活の質（quality of life）をより充実させ、安寧（well-being）を求める人びとにとって、もはや個人の側に引き寄せられた価値の体視として「自由」と「自己完結性」をもつプレイ文化を容認し、それを中核とするようになった。しかし、一時的・表出的な欲望のみに支えられたスポーツは、多々納も指摘するように「単なる自己愛と欲望主義に支えられたスポーツとなり、一時的・感情的・表出的・個別的な欲求と価値のみの追求に終始する」[21]危険性を孕み、豊かな生活内容としてのスポーツというよりは、現実生活の逃避としてのみの「私生活化（privatization）」[注4]されたスポーツを出現させてしまう陥穽が待ちうけているのではなかろうか。井上[22]が図3-4で指摘するように、生きがいとは「自由（主体性）」と「社会的連関性」の次元での相即性、換言すれば、個人的欲求と他者との連帯性の中から創出されるのであり、生活文化としてのスポーツも個別的欲求と他者との相互関係の矛盾を止揚したものとしてとらえられる必要があろう。

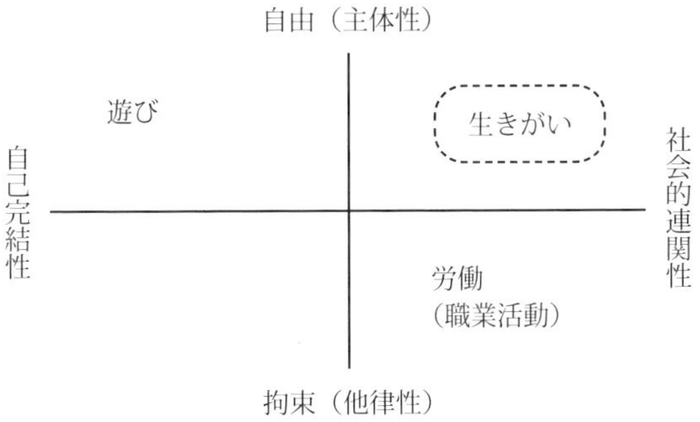

図 3-4　遊びと生きがいの類型

このようなスポーツ活動は、「市民のスポーツ」や「コミュニティ・スポーツ」として具体化されるのであり、両者を統合し止揚したスポーツは「価値としてのスポーツ」の追求として、あるいは「価値合理的なスポーツ」の追求として生活の中に意味づけられ、位置づけられることが不可欠となろう[23]。そのような意味で、今日における Learning Society に重要な位置を占め、その役割を果たすスポーツは、スポーツ教育の中でこれらの現実的諸問題を解決すべく再検討され、来るべき将来のスポーツのあり方を展望する課題を担っているのである。そして、この課題を十分に理解し、解決の方途を追求する中心的担い手が、これからのスポーツ指導者である。体育社会学の観点からは、今後、よりいっそう運動と人間との関係の諸矛盾をスポーツの中で認識し、より広い視野と枠組みの中でその解決を志向する指導者の育成が求められていくであろうと思われる。

【注】

1)　ここでいう「社会化の機能」とは、教育社会学でいうところの「行動上の広範な可能性をもって生まれてくる個人が、その所属する集団の規範や文化に従って、社会的共同生活が営めるような現実的行動を発達させる全過程の働き」という意味で用いられている（山村，1967）[24]。

2)　高橋[25]は、スポーツの教育的可能性をカリキュラム構想との関連において「スポーツの（中の）教育（education in sport）」「スポーツによる教育（education through sport）」「スポーツについての教育（education about sport）」という 3 つの教育的次元から解釈し、スポーツ教育の基本的性格を規定するが、ここでいうスポーツ教育もこれらの多元的教育可能性を包含しつつ、主体的スポーツ実践者が備えるべき諸能力の育成をめざす生活文化としてのスポーツ実践者を育成することを目的とした教育におけるスポーツを意味するものである。

3)　ササラとは「①竹の先を細かく割って束ねたもの、②細かく割った竹を束ねたもの。飯器などを洗うのに用いる」[26]ものであるが、ここでいうササラ型の発想とは、転じて学校体育と社会体育の領域が、スポーツ好きになる場を中心として相互に関連し合い、束ね合って1つの体系を作り上げていくというアイデアであろう。

4）「私生活化（privatization）」に関する論考については、鈴木（1986）[27)]、宮島（1985）[28)] 等を参照されたい。

【文献】

1）佐伯聰夫（1972）「社会体育の社会学的研究課題と方法」体育社会学研究会編『体育社会学の方法と課題』道和書院，pp.7-14.

2）同上書，pp.69-70.

3）ジレ，B.〈近藤等訳〉（1952）『スポーツの歴史』白水社.

4）竹之下休蔵（1977）「スポーツと教育―スポーツ教育とは何か―」『体育科教育』25：2-3.

5）小宮山倭編著（1969）『教育原理要論』日本文化科学社，pp.4-5.

6）同上書，p.6.

7）森好夫（1958）「制度」福武直ほか編著『社会学辞典』有斐閣，p.534.

8）ガース，H. ＆ミルズ，C.〈古城利明ほか訳〉（1970）『性格と社会構造』青木書店，pp.46-47.

9）佐伯聰夫（1975）「体育と文化」菅原禮編著『体育社会学入門』大修館書店，pp.32-33.

10）多々納秀雄（1985）「スポーツ文化をめぐる問題」徳永幹雄ほか編『現代スポーツの社会心理』遊戯社，pp.217-218.

11）佐伯聰夫（1980）「『楽しい体育』論の根拠と内容―体育の歴史・社会的発展と関連して―」『学校体育』33(8)：64-68.

12）大橋美勝（1977）「学校スポーツの現状と問題―社会変化と学校スポーツ―」佐伯聰夫編著『現代スポーツの社会学』不昧堂出版，pp.48-59.

13）木原健太郎（1977）「遊びと学習を区別するもの」『体育科教育』25(3)：2-5.

14）嘉戸脩（1984）「スポーツと教育―スポーツの教育的機能―」菅原禮編著『スポーツ社会学の基礎理論』不昧堂出版，pp.243-246.

15）粂野豊（1977）「生涯の生活とスポーツ」平沢薫・粂野豊編『生涯スポーツ』プレスギムナスティカ，p.21.

16）粂野豊（1982）「教育の中のスポーツを考える」『体育科教育』30(11)：32.

17）島崎仁（1984）「スポーツと教育―スポーツと教育としての体育―」菅原禮編著，前掲書 16），p.235-242.

18）荒井貞光（1986）『これからのスポーツと体育』道和書院，pp.101-127.

19）松原治郎・久冨善之編著（1983）「学習社会の成立と教育の再編」東京大学出版会，p.13-15.

20）多々納秀雄（1985）「生涯スポーツ」徳永幹雄ほか編，前掲書 11），p.203.

21）多々納秀雄（1985）「スポーツの大衆化における課題」徳永幹雄ほか編，前掲書[11)]，p.23.

22）井上俊（1981）『遊びと文化―風俗社会学ノート―』アカデミア出版会，p.146.

23）多々納秀雄，前掲書 23），pp.21-24.

24）山村賢明（1967）「社会化」日本教育社会学会編『教育社会学辞典』東洋館，pp.473-474.

25）高橋健夫（1984）「スポーツ教育とカリキュラム―カリキュラム構想のための基礎的論議―」『学校体育』37(1)：47-53.

26）新村出編（1983）『広辞苑第三版』岩波書店，p.957.

27）鈴木広（1986）『都市化の研究』恒星社厚生閣.

28）宮島喬（1985）「社会意識の変化―プライヴァタイゼーションとの関連で―」見田宗介ほか編『リーディングス日本の社会学 12・文化と社会意識』東京大学出版会.

第Ⅱ部

子ども観の近代と身体・体育・スポーツ

第4章

子ども観の近代と現代体育の課題

4.1 「『今』の子どもは『昔』に比べて…」の発言の背景

現代社会に生きるわれわれ大人にとって、同時代に生きる子どもたちはその理解の範囲を超え、脅威すら覚える存在になってしまっているようである。子どもたちによりいっそうの厳罰を課す方向で少年法の改正が議論されるのも、その一例であろう。確かに、われわれ大人にとって、昨今の子どもたちの引き起こす事件は、これまでの事件では考えられなかったような陰湿、凄惨、残忍…といった性質をもっており、マスコミ報道を通じて少なからず「衝撃」がもたらされていることもまた事実であろう。

しかし、このような「衝撃」の類いが、われわれ大人の子どもに対する認識を容易に「脅威」に変換してしまうシステムについては、十分に検討されなければならない。たとえば、いじめや少年事件の「衝撃」は、大人たちによってどのように「作られる」のか、という問いが必要なのである。

一般論として、ある子どもたちの事件が報道されると、大人たちは直ちに次のような感想を抱く。いわく、(青少年の凶悪事件に対しては)「昔の子どもたちはもっと限度をわきまえていた」とか、(いじめで自殺事件があると)「昔もいじめはあったが、今ほど陰湿にいじめることはなかった」とか、(ナイフによる殺人事件が起きれば)「昔はナイフを持っていても人を殺すことはなかった」等々…しかし、これらの言葉を冷静に考えてみると、すべてに共通しているのは、自分たちが子ども時代に経験していた過去をおしなべて「美化」しているという傾向である。いったい、どうしてこのような認識が生じてしまうのであろうか。本当に、過去の子ども(現在の大人たち)の方が現在の子どもに比べて高く評価できるのであろうか。

それを考える１つの手がかりとして、図4-1に示す「身近ないじめとマスコミ報道の事例」を見てみよう。まず、現在（今）は、過去（昔）と比べようもないほどマスコミが発達しているということを十分に認識しておかなければならない。その上で、たとえば現在、多少なりともいじめの内容に深刻さが増し、その件数が増えていたとしても、昔と比較して総体（図の三角形）としてはそんなに変化がないと前提するか否かにかかわらず、マスコミは常に極端な事例をわれわれに報道する宿命を負っている。なぜなら、消費社会における一企業体としてのマスコミにとって、取り上げる報道が「重大」なものでなければ人びとに「注目」されないし、「消費」されないからである。したがって、マスコミ報道がそれほど発達していない子ども時代を過ごした現代の大人たちは、「過去」に自分の身の回りに起こった「軽微ないじめ」を、「今」のマスコミが大々的に書き立てる「極端ないじめ」と比較しているにすぎないことになる。逆に言えば、実際のところ、昔も程度の深刻ないじめはあっただろうし、今のいじめの大部分は昔と同じように軽微ないじめであるとも言えるのである。要は、戦後急速に発達した情報化社会、マスコミ社会にあって、われわれ大人の子どもに対する「見方」が、知らず知らずのうちに最初から異なった位相（レベル）にもとづいて比較対照をしているということなのであり、このことを十分に認識しておかなければならないということであろう。

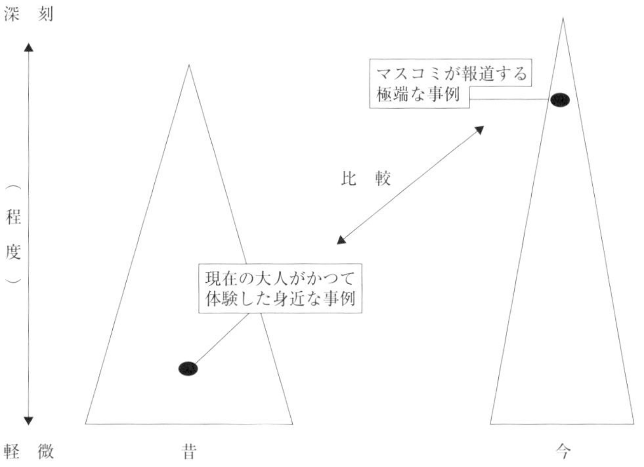

図4-1　身近ないじめとマスコミの事例[1]

（広田照幸（1998）「『家庭のしつけ衰退論』を疑う」中央公論，p.199の図を改変）

以上のようなことは、子どもたちによる殺人事件についても同様に言える。たとえば、『犯罪白書』によって殺人による検挙少年の推移を統計化してみると、20歳未満の青少年が引き起こした殺人による検挙者数は、1960年代以前に年間400人を超えていたものが、1975年以降現在まではほぼ100人前後を推移し、むしろ安定化している。少なくとも統計数値の上からは、今の子どもたちが、本当に昔に比べて「キレ」やすくなっているのかどうかについて、その質的な部分も含めて慎重に検討しなければならないということであろう[1)]。

このように考えてみると、現代社会におけるわれわれ大人が抱く「子ども」観は、とうてい一筋縄で語れるものではないことが理解できるであろう。それが、どのように社会的なレベルで合意され、そのことが逆に現在の「子ども」たちにどのような影響を及ぼさざるをえないのか、さらに検討を進めていく必要があるのだ。これまで述べてきたことは、その1つにマスコミが作る「物語」の影響の大きさがあるということを十分に認識する必要があるということである。しかし、その影響力については、実際のところ、この「物語」を作るマスコミの側にも、またこれを受け入れる一般の人びとの側にも、その理解が決定的に不足しているというのが現状であろう。確かに、受け手の側の教育プログラムとして、昨今「メディア・リテラシー」と呼ばれる情報の相対的認識能力を高める必要性が叫ばれているが、欧米諸国に比べわが国の取り組みは明らかに立ち遅れている。正しく豊かな教育の原点として、正しく豊かな子ども観の形成が不可欠であるとすれば、子どもの教育を考える大人（とくに教育関係者）の側にその前提として「メディア・リテラシー」をめぐる生涯学習が、現在ほど必要な時代はないように思われる。その上で、正確な事実と評価にもとづく教育を実現していくためには、第四の権力と呼ばれるマスコミに対する批判能力を高め、公開の場でこれに関連した諸問題を絶え間なく議論していく「しくみ」をぜひ形成していく必要があると考える。

4.2 大人の願望によって左右される「子ども」観

さて、次にわれわれ大人がもっている「子ども」観の基礎となる子ども「像」の特徴というものがいかに「固定化」されているのか、という点について少し考えてみよう。

まず、図 4-2 をご覧いただきたい。この図は、1996 年版『子ども白書』（日本子どもを守る会編）[2)] から抜粋して掲載したものであるが、カッコ内のパーセンテージ（%）の数値だけはわざと私の方で抜いて示してある。この本来の図は、東京都荒川区日暮里地区の小学校１年生の子どもたちに「いい環境はどちらだと思いますか？」という問いに対して、子どもたちがどの程度の割合でどちらを選んだのかをパーセンテージで示したものであった。そこで、私の方から読者に対して次のような質問をしてみたい。

「さて、これらの質問に答えた子どもたちは、それぞれに対してどのような割合を示したと考えますか？　それぞれのカッコ内にその数値を予測して記入してみて下さい。」

実は、私は子どもに関連するさまざまな講演の機会があるたびに、この図 4-2 を示した上で上記のような質問を聴衆者に対して試みている。結果はどうであったか。アからウまでの２択問題では、平均してそれぞれ「ア…くさ」「イ…木」「ウ…どろ」が６割以上を占めるが、とくに「イ…木」については平均して８割以上の大人たちが現在の子どもたちでも「木に囲まれた川が、コンクリートに囲まれた川よりいいと思うに違いない」と回答している。「エ…どの

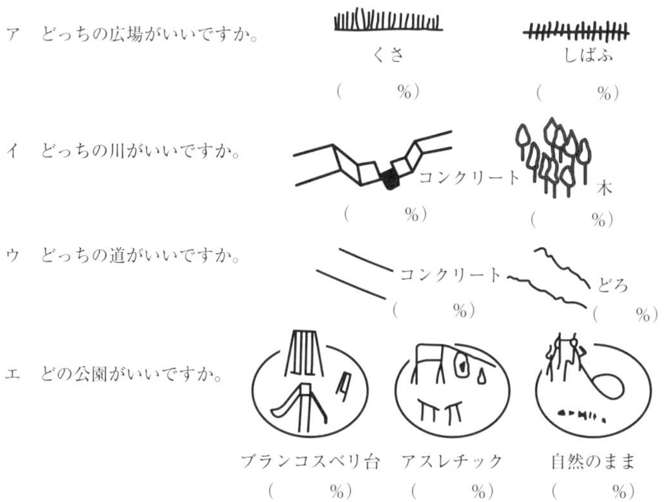

図 4-2　小学校１年生の環境意識[3)]

（日本子どもを守る会編（1996）『子ども白書 1996 年版』草土文化，p.237 の図を改変）

公園がいいですか」についての3択問題は、ほぼ三者同じ程度の割合とする者が多かった。読者は、どのように予測されるであろうか。

それでは、『子ども白書』に示された実際の数値はどうであったか、以下に列挙してみよう。

ア…くさ—5%、しばふ—95%

イ…コンクリート—95%、木—5%

ウ…コンクリート— 100%、どろ—0%

エ…ブランコスベリ台—0%、アスレチック—90%、自然のまま—10%

結果的に読者が予想された数値との違いは、どの程度であっただろうか。少なくとも、私の講演において、実際に回答した上記のような子どもたちの割合を予想した者（大人）は1人もおらず、異口同音に「エッ」とか「まさか」といったざわめきがわき起こった。このざわめきは、明らかに大人が考える「子ども」像と実際の子どもにおける意識が大きく食い違っていることを示している。では、なぜ食い違うのか。大人の側にかつて自分が子どもであった時代の記憶が、「くさ」「木」「どろ」といったありのままの「自然」環境によって投影され、これを反映するからである。この反映から生じる固定化された「子ども」像は、逆に現在の「子ども」像に投影されるとき、知らず知らずのうちに「子どもというものはかくあるべし」という固定化された「願望」に転化していくのである。しかも、この「願望」は、大人の側から子どもに対するアイデンティティーを形成する重要な要因であるから、このような認識のメカニズムを通じて、なかなか大人の側にそれが「願望」にすぎないといった形で相対的に認識されることがない。すなわち、このような願望にもとづいた「子ども」像は、常に実際の子どもたちの現実や現状を無視して「こうあってほしい」「こうあるべきだ」といった意識が潜在化した、偏った「子ども」観を形成していくことに結びついていくことになる。

その一方で、このような子どもたちによる環境に対する一見偏った評価意識を反映する回答は、見事なまでに、今も昔も変わることない子どもたちの「素直」さが示されているとも言える。すなわち、自分が生活する周囲の環境が彼らの好むと好まざるにかかわらず、彼らの目の前に広がるごく当たり前の環境であれば、彼らは「率直」にその環境に「適応」し、彼らなりの生活を営んでいくという、ただそれだけの事実なのである。そして、さらに付け加えておかなければならないのは、そのような人工的環境を子どもたちの回りに張り巡らせたのは、大人が考える「子どもらしさ」を失ったという意味で子どもたちの回答に驚いている、当の大人たちなのである。このようなアイロニー（皮肉）な出来事を「子ども」たちとの関係でどのように受け止め、解決していくべきなのかが、「大人」たちに鋭く突きつけられた21世紀における教育の大きな課題の1つなのだと考えるべきではあるまいか。

4.3 学ばれる主体としての「子ども」の誕生と「非行」の発見

さて、そもそも「子ども」は、いつから現在のように「大人」によって「子ども」として認識されるようになったのであろうか。すなわち、「子ども」が「か弱く」「欠落した」「不完全な」人間として大人の側からの制度的な教育を必要とする対象となり、その結果「子ども」という概念を社会的に合意されたものとして共通に認識し始めたのは、いったい、いつの頃からなのであろうか。このような問い自体が、すでに「子ども」という概念の存在自体に何らの疑問を差しはさむ余地もない現代社会に生きる人びとにとっては、極めて奇妙な内容に映ることであろう。しかし、これまで述べてきたような「子ども」観の形成のされ方やそれにもとづく現在、及び将来に予測される「子ども」観の揺れ動きを考えるとき、「子どもとは何か」という概念自体が非常に曖昧であるということに気づかせられる。だとすれば、案外、その概念形成の歴史は比較的新しいのではないかとも考えられ、その来歴から「子ども」観の特徴と社会のあり方との関係を考察してみることは、それなりに意味のあることではないかと思われる。

近代社会が成立する以前の「子ども」がどのように見られていたのかを考える1つの手がかりとなる文献としてよく挙げられるのは、フィリップ・アリエスが著した『〈子供〉の誕生』[3)] という本である。以下、この文献の内容に沿って、「子どもとは何か」を考えてみよう。

まず、中世における子どもの状況がよくわかる史料として、16世紀に活躍した画家ブリューゲルの絵画に表現された子どもの遊びを観察すると、次のような近代以前の社会における遊びを通じた「子ども」像が浮かび上がってくるという。すなわち、確かに大人同士、子ども同士で遊んでいる風景は見られるが、それと同時にあちこちで大人と子どもが区別なく一緒に遊んでいる風景が見られることから、この時代には「大人」と「子ども」の概念的な区別が極めて曖昧であったということが理解できるという。そこでは、明らかに「無垢で、純粋で、子どもらしい」遊びといった評価は見受けられないし、現在のわれわれの概念からすれば同じ遊び手、あるいは同じ働き手としての評価のみが存在している。確かに、年齢がかなり若い、小さな「人（大人）」、あるいは彼らよりは少し年をとった若い「人（大人）」、かなり年をとった「人（大人）」といった見方は存在しているが、それらの中に明確な「子ども」という対立的な概念は存在しないというのである。したがって、このような見方は、対象としての人間（人）の成長を「子どもだから」といった減点主義で評価するのではなく、あくまで生活のさまざまな場面で人間（人）としての共通性をもった加点主義で評価していく姿勢を導き出すということである。この時代の子どもたちは、7、8 歳になるとただちに徒弟修業に駆り出され、家族や地域の担い手として重要な役割を負い、「人（大人）」としての扱いを受けていたことであろう。まさに、「人（大人）」という概念の連続線上に位置する「小さな人（大人）」であったのだ。

これに対して、近代社会は、すべての人間が言わば「自立した市民」、「主体性をもった人間」、「禁欲と抑制と規範を内面化することができる発達した大人」の存在を前提として成立した社会であった。ところが、この理念としての大人像は、極めて抽象的であり、中世の人間像のような具体性を著しく欠いている。したがって、ここに初めて教え諭され、学ばれる対象として「主体」化された子ども「像」が社会的な一般的合意の下に立ち上げられ、抽象的な概念として社会的に形成されていく必要性が生じるのである。また、このことは同時に「未熟な」子ども像が前提としてあることから、常に社会のストレートな基準から子どもを「保護する」対象として見ていくという見方も成立させていく。こうして形成された大人側の子ども「像」が、罪を犯した子どもの存在を矯正教育の対象としてとらえ、あくまで保護を必要とする「弱者の罪」としての「非行」という概念を社会的に発見していくことにつながるのである。

したがって、見方を変えれば、このような子ども観の近代的特徴を成就する 1 つの制度が、近代学校教育制度であるという考え方も可能であろう。わが国における明治期以降の学制の発布と、その後の教育制度の発展・充実は、一方で「未完の大人」である「子ども」を彼らが仮定する極めて抽象的レベルの高い理想の大人として成長させるべく厳しい減点主義的方法で教育を施すと同時に、他方では現実の社会とは隔絶された「保護的な扱い」によって子どもたちを「哀れな」弱者として極端に規定し、甘やかしていくという戦略を取ったのである。しかし、このような過剰な厳しさと過剰な保護の両極に共通して貫いているのは、その「子ども」像が、あくまで大人＝人間という概念と対立し、アメとムチによって大人の側にも実際のところはよくわかっていないか、あるいは手の届きそうにない「理想の人間」像に調教する対象として「子ども」が位置づけられているということではなかろうか。だからこそ、ある意味でこのような引き裂かれた「子ども」像に耐えられなくなった今日の子どもたちの間に、再び「小さな大人」化する子どもたちが出現し始めたとき、大人たちは少年法の厳罰主義をもってしか、この事態に立ち向かう術（すべ）を知らなかったということであろう。

このように、現代社会に生きるわれわれ大人が、子どもたちをどのように見ていくのかは極めて歴史社会的な課題なのであり、それはもっと大袈裟に言えば近代という社会のしくみとその成立にかかわる課題でもあるのだ[4)]。だからこそ、その矛盾がさまざまな方面で噴出しつつある現代社会において、その混乱がまずもってこのような歴史社会的な課題を背負った「子ども」観に及ぶのは、ある意味で当然のことと考えることもできよう。これまで述べてきたマスコミや環境の影響によって歪曲される「子ども」観の実態は、そのような歴史社会的な課題の一端を如実に示しているのかもしれない。

4.4 21 世紀の社会像と子ども、教育

われわれ大人が、子どもたちをどのように見ているのか。このような一見単純と思われる問いも、これまで述べてきたような角度から考えてみるだけでも、決して一筋縄ではいかない極めて奥の深い、歴史的、社会的な課題が存在していることが理解できよう。とくに、21 世紀という新たな世紀を迎えて、わが国に限らず世界中の人びとの暮らしがグローバルな範囲で影響を受け、急激にその環境が変化し、新たな社会的課題が山積みしている今日、人間の長い歴史の中でこのような新たな状況や未知なる状況に立ち向かう 1 人ひとりの人

間の「生きる力」が今ほど求められている時代はない。

しかし、急速に変化する現代社会は、これまである一定の「子ども」観から固定的に子ども像を描くことで安心していた大人たちの保守的な思考とのズレをよりいっそう拡大させていく。しかも、近代の「子ども」観を前提とする近代教育制度では、その保守性がさらに堅固であることから、非常に皮肉なことではあるがその矛盾や対立がよりいっそうむき出しになり、子どもの病理現象としてそれらが先行的に表面化してくるのである。だから、社会の人びとは、自らの保守的な思考を隠蔽しながら、まず第1に、その具体的な犯人捜しの対象として教育制度の中心である学校それ自体のあり方に批判のまなざしを向けることになる。しかし、人びとが常に自らを安全圏に置きながら他人事のように空虚な非難を交わし合う結果として残るのは、相互不信と相互不安であり、大人と子どもとの断絶であり、利害対立をむき出しにした大きな社会不安であろう。したがって、だからこそ、今日ほど、これまでの社会で求められてきた人間像とは異なる、共生を育む「生きる力」をもった人間像が、生涯を通じた相互学習と相互理解の中で人びとに求められている時代はないのである。

これまで述べてきたいくつかの事例は、現代社会に生きる大人たちが歴史社会的課題を背負った「子ども」観の曖昧さを前にして、いかにマスコミによって操作され、彼らの「子ども」観を歪曲され、その結果自身を喪失しているのかを示したものとも言えよう。このような大人の「生きる力」の混乱は、必然的に子どもの「生きる力」の混乱を招く。むしろ、子どもも大人と同じレベルで、あるいはそれ以上に深刻に悩んでいることを理解すべきなのだ。

そうであるからこそ、現代社会に生きるすべての人びとにとって、これまでとは異なる、真の意味での「教育の力」が必要とされている時代はないのではなかろうか。それは、もちろん、従来の学校教育の枠にとどまるものではありえない。マクロな視点から「人間と人間」あるいは「人間と環境」との関係を冷静に見つめ、その「かかわり」の意味と意義を深く読み取り、人間らしさを回復し、想像していく、ありとあらゆる機会における学習の場の提供が求められているのである。21世紀の教育は、このような生涯学習社会の創造に向けた新たな社会的課題を背負っていると考えるべきであろう。

4.5 引き裂かれる「子ども」像と現代体育の役割

さて、これまで述べてきた現代の引き裂かれた「子ども」像は、メディア社会の進行とともによりいっそう増幅され、子どもに対する大人の不安をあおり、その不安の対象をいじめや暴力の横行、学力不足といった否定的な評価にストレートに結びつけ、広げていく大人の側の認識を強化していくであろう。その危機意識は、必然的に大人の側からの教育の必要性を過剰に高めていくというスパイラル構造を生み出す。そのような中で、教育における強制力とその規律訓練性は、大人と同じ「人間」としての子どもにとって苦痛であるか、あるいはその苦痛をかわして別の方向に避けようとさせるか、さらには別の目標達成のための手段として一時的な我慢を強いるか、といった「陰のカリキュラム」＝二重基準、を助長することになる。だから、そのような教育環境にあってさえ、現代社会に生きる子どもたちが、もっとも好きな教科の1つとして「体育」を挙げることの意義を決しておろそかにしてはならない。その意義は、運動の特性として、競争や模倣の楽しさにふれるプレイ＝遊びの中に、遊びとして見出されることは明白であろう。そこでは、大人も子どもも「人間」として共通に夢中になり、熱心にプレイする世界が拓かれる。先に述べたアリエスの卓見が示すように、それは近代以前のように「子ども」がいない社会を再現し、自発的な学習の世界を大人も子どもも人間として共有する契機を提供する。

現代におけるこのような体育は、不安を超える成果の喜びをそのプロセスの楽しさから肯定的に加点していく可能性に拓かれている。それは、かつての労働の世界とは異なる遊びの世界におけるからだの経験の具体性を通じてリアルに学ばれ、現代社会におけるさまざまな矛盾に対抗し、これを乗り越える力＝生きて働く力、を提供する可能性に拓かれていると言い換えてもよいだろう。スポーツやダンスの特性をこのような側面から子どもに対して生きて働く楽しさの機能としてとらえる視点は、したがって大人との連続線上において生涯を通じる共通な機能（すなわち「生涯スポーツの世界」）としてこれを提示しているという意味で、きわめて重要な示唆を私たちに与えてくれているということに改めて気づく必要がある。

しかし、このような現代体育の課題は、ここ最近の「楽しい体育」批判とそれに結びつく体力・技能低下への問題認識によって再び覆い隠されようとしている。確かに、かつて官製版「めあて学習」という1つの方法が、子どもの自発的な学びを育成しようとする「楽しい体育」論の拓こうとしてきた豊かな可能性に誤解を与えてきたことは否めない。このような誤解や偏見の類は、子どもを教え諭す大人の側が、近代以降に構築された両者の関係概念を引きずったままであれば、当然の帰結として起こり得るであろう。言わば、教育から学習への転換がなされないまま、方法のみに頼ろうとする矛盾が露呈されてしまったのである。その帰結は、強制から放任へという振り子の極端な振幅を導き出すことにしかならなかったのだ。

現代の子どもたちは、さらに学ぶ興味を失い、学びから逃走しようとしているようにみえる。だからこそ、現代体育が子どもたちばかりでなく、大人社会における「子ども」観に対する認識のあり様に与えるインパクトは大きい。否、近代以降における「子どもの誕生」に揺さぶりをかけ、その認識の矛盾や問題点をあぶり出す最後の砦は、むしろ現代体育をおいて他にないと言ってよいのかもしれない。私たちは、現代社会における子どもをめぐる問題が突きつけている大人社会へのラディカルな認識論的課題について、体育を通して、あるいは体育の中における「子どものいま」を観察することによってじっくり考えなければならない時期にきていると思われる。そして「子どものいま」を考える考現学の対象として、体育の中の子どもを「子どもの誕生」という視点から再考してみてはどうだろうか。それは、体育から発信される現代社会批判とこれからの社会に求められる新たな子ども像の創出を考える契機となることであろう。体育教師は、そのフロンティアに位置しているのである。

【文献】

1）　広田照幸（1998）「『家庭のしつけ衰退論』を疑う」中央公論 113(8)：196-207.
2）　広田照幸（1999）『日本人のしつけは衰退したか』講談社（現代新書）.
3）　日本子どもを守る会編（1996）『子ども白書 1996 年版』草土文化.
4）　アリエス，F.〈杉山光信ほか訳〉（1980）『〈子ども〉の誕生』みすず書房.

第5章

子ども観の近代と「課題」としての子どもの身体

5.1 現代社会における「課題」としての子どもの身体

現代社会の特徴から子どもの身体（ここでは、とりあえず「体力や運動技能」と定義しておく）をどのような「課題」としてとらえるのか、あるいはとらえようとするのかについては、すでにある一定の認識の仕方がパターン化され、ステレオタイプ化されているように思われる。そのキーワードは、子どもの身体をめぐる量的な「不足」や「欠落」に対する指摘と、それにもとづく「量的」な運動の奨励や継続を求める課題である。

たとえば、2008（平成20）年に改訂された学習指導要領では、これまで年間90時間であった体育の授業時数が小学校から高等学校まで年間105時間に増えた（前々回の学習指導要領の時数にほぼ戻った。ただし、小学校第1学年は103時間、第5、6学年は90時間）。この時数増加の背景には、現代社会を生きる子どもたちの体力や運動技能が昔に比べて「不足」あるいは「欠落」しているとみる、大人（現代社会）の側からの危機意識が反映されている。学習指導要領が最大の目標として掲げる複雑な現代社会やこれからの社会を「生きる力」の育成の基盤となる子どもの身体に対する危機意識である。だから、具体的な運動量確保のため、体つくり運動領域（旧体操領域）が小学校から高等学校の12年間を通じて必修として位置づけられ、これを単元として取りあげることやその内容に対する解説が詳細に述べられている[1)、2)、3)、4)]。

また、新聞各紙においても、子どもの身体をめぐる危機的状況を伝える記事は特集が組まれるほどである。たとえば、朝日新聞では「どうする体力低下 子どもとスポーツ第3部」の見出しに「便利な世、かけっこの敵」[5)]、「転んだ時に手がつけない」[6)]、「走るの速くても跳躍苦手 偏る能力、一流選手も」[7)]

などと書かれ、記事内容が一目で読者にわかりやすくなっている。この「わかりやすさ」こそが、子どもの身体に対する現代社会（大人の側）のステレオタイプ化された見方＝危機意識、を示す一証左となっているのだ。

今（現代社会）を生きる大人の側に、子どもの身体をめぐる危機意識が半ば常「態」化し、常「識」化されているという事実は、このような見方が現在に始まったことではないことを歴史社会的に示している。先にあげた学習指導要領では、1964（昭和39）年の東京オリンピック大会開催終了後の昭和40年代に、すでに体育科、保健体育科の目標の1つとして体力づくりを掲げ、体育的な営みを学校生活全般にわたって重視すべきもの（総則体育）として取りあげられた時代があり、後者の総則体育は現在もなお位置づけられている。また、わが国の高度経済成長が終焉する1970年代半ばから80年代の時代状況では、子どもの遊び環境の悪化とその深刻な影響という課題が、子どもの社会論や文化論をテーマとする研究者の側からたびたび取りあげられるようにもなる。

たとえば、仙田（1984）[8)] は1955（昭和30）年頃の男子と1975（昭和50）年頃のそれとを比べ、後者が明らかに室内化し狭いスペースで少人数化していること、また小林（1985）は10歳児の遊び内容を1947（昭和22）年文部省調査と1983（昭和58）年の研究調査とで比較し、室内での非活動的なひとり遊びが主流になり、異年齢タテ型・大規模型遊び仲間から同性同年齢のヨコ型・小規模型遊び仲間へと変化していることなどを指摘している。そして、住田（1990）[9)] は、これらの現象を「子どもの遊び文化の個人化と単純化」として要約しつつ、次のように指摘している。

1. 非活動的な遊び行為への変容と、非活動的な遊び場所への移行
2. 集団的・活動的な空間から、個人的・非活動的な空間への移行
3. 組織性が高度でバリエーションの多い遊びから、組織性が低度でバリエーションの少ない遊びへの移行
4. 技術が高度でルールが複雑な遊びから、技術が低度でルールが単純な遊びへの変質

そして、多々納（1990）[10)] は、これらの論調を子どもの成長や発達への影響という観点から、子どもの身体における身体・運動機能だけでなく、性格や社会性へのトータルな影響として受けとめるとともに、これらの影響を制御するのはあくまで大人の側の問題であることを鋭く指摘している。しかし、以上

のような論調は、今日もなお同様に継続している一方で、現代社会における子どもの身体をめぐる環境はよりいっそう省力化し、利便化し、さらには情報化による仮想空間でのゲーム環境（たとえば、スマートフォン等の機器）の飛躍的な発達によって、問題の度合いをさらに深刻化させているように思われる。

したがって、現代社会の特徴からみた子どもの身体への影響や問題は、それ自体ここ数十年の間にすでに出尽くしている感があるのだ。むしろ、大人の側がその問題を子どもの側の「不足」や「欠落」の問題としてステレオタイプ化してみてしまうことは、いたずらに「昔の遊びはよかった」とか、現在の遊びやスポーツのあり様を単純に断罪すればよい、というような無責任な認識状況を作り出してしまう可能性すら考えられる[11)]。また、単純にスポーツはよいものだからスポーツをさせておけばよいとして、これらの問題を解決しようとした結果として出てきたのが、これもステレオタイプ化された感のある運動をする者としない者との二極化現象であり、これを嘆く言い方であろう。そこでは、現代社会や未来の社会を生きる子どもたちの現在の身体にとって、どのような遊びやスポーツとのかかわり方が適しているのかが、子どもの立場から認識され、議論されているとは言いがたい。

そこで本章では、「未来の子どもの育ち」を考える大人の側による、現代社会の特徴と子どもの身体との関係（問題）のとらえ方（認識の仕方）自体の問題性を指摘してみたい。そのうえで、この問題性を未来に向けて克服していくために、現代社会における子どもの身体をめぐる遊びとスポーツのとらえ方やかかわり方、およびその環境との関係について考えてみたいと思うのである。

5.2 子どもの身体をめぐる「遊び」と「スポーツ」

現代社会では、子どもの遊びとスポーツをめぐって、さまざまな問題の取りあげられ方がなされてきた。その典型は、子どもの遊び環境がますます貧困化するなかでスポーツ活動がその代替的機能を果たし得るのか、果たし得るとすればどのような集団的、指導的条件や組織的環境が必要なのか、といった問題の取りあげられ方である。

そこには、遊びとスポーツの違いを認めつつも、なお子どものスポーツが遊びの代替機能を果たす共通な性格をもっているという一種の期待がある。一方、子ども中心主義的な立場からは、そもそも今日のスポーツが高度に組織化、制度化され、もはや子どもの手から離れて外部から管理されており、彼らの自由性を疎外していることから、子どもの身体をめぐる健全な発育発達にとってはむしろネガティブな影響の方が大きいと考える。このような批判の背景には、かつての子どもの遊びにあったと思われる自発的な学びの世界が制度化されたスポーツによって強制的性格に転換し、遊びの精神（自発的に自己規律化して楽しむ気持ち）を失っているという認識があり、もはや現代社会では子どもにおける遊びとスポーツは別物であり、それぞれ正反対の性格を持たざるをえなくなっているというとらえ方がある。その典型は、たとえばコークリー（1982）[12] が示すような純粋な（運動）遊びを楽しむプレイグループと組織的な競技チームに所属する子どもたちに対する影響の違いから論じられる。両者は、明らかに活動の展開、報酬、目的・意味、ルール、社会統制のどの次元からみても正反対の性格を示し、そこには共通して「自由度」の高低の違いをみてとることができるからである（表 5-1 参照）。

他方、制度としてのスポーツは、遊びにみられるような特定の純粋な欲求だけに対応して形成されたものではないから、むしろ逆に制度を通して多様な欲求の充足が可能であり、可能であるからこそ社会的現象として存在しているとも考えることができる[13]。このような、いわば機能主義的な見方によって子どものスポーツを正当化する立場からすれば、子どもの遊びがもたらす欲求充足機能のみからみたスポーツ批判は、遊びとスポーツとの比較において後者の子どもに対する疎外化や物象化などを強調しすぎているという反批判がなされることになろう。子どもの遊びにおける主体性や自立的側面を強調しすぎるこ

表 5-1　プレイグループと組織的な競技チームとの比較 [12]

	プレイグループ	競技的グループ
①活動の展開	参加者自身が決定	役割関係によって決定
②報酬	内在的	外在的
③目的・意味	場当たり的に変動	決定済みで固定的
④ルール	その場で流動的	高度に公式的・専門的
⑤社会統制	内部的，メンバー間の共通理解	外部的，管理と服従に依存
⑥自由度	高度で，多様	限定的で，柔軟性が欠如

コークリー，J.〈影山健ほか訳〉（1982）『現代スポーツ―その神話と現実―』道和書院から筆者作成

とは、遊びが子どもにとってすべての万能薬であり、それのみによって成長や発達がうながされるという予定調和的な見方に偏る危険性があるということなのである。子どもにとって遊びが善であり、スポーツが悪であるとすれば、スポーツがなぜこれほどまでに社会的存在として制度化され、その制度的機能が子どもの成長や発達にとって意味があると考えられているのかを説明することは困難だと考えるのである。

さて、このように現代社会における子どもの身体に対する「遊び」と「スポーツ」をとらえる視点は、そのとらえ方によって両極にふれる性質をもっていることが理解できるであろう。したがって、両者の「違い」を強調する立場や方法も、その目的や理論的視点の相違によって、それこそ違ってくると考えられるのである。しかしながら、往々にして子どもを教育しようとする（いわば、学校体育の）立場からは、制度としてのスポーツの論理に子どもを合わせようとする計画性と矯正性によって、自発的なプレイ欲求が疎外されることが多々あるように思われる。なぜなら、その営みを正当化しようとする他律的なパワーが働きやすいからであり、この当事者性の「違い」からみた子どもの身体にとっての遊びとスポーツの違いは、やはり見過ごすことができないからである。すなわち、そこで問われているのは、「誰にとっての」遊びとスポーツなのかであり、そこから積み上げられるであろう論理なのである。

5.3「子ども観の近代」が及ぼす子どもの身体への影響

ところで、第４章で述べた「こども観の近代」という歴史社会的な特徴は、それに続く現代社会の人びとにとって特徴としてすら意識されることもなく、理性を絶対視し、その成果としての科学技術文明を至上価値としながら、常に劣った存在として子どもを評価し、「非理性的」な子どもの遊びを軽んじ、貶め、どうでもよい対象に導いていくこととなったと考えられる。戦後の高度経済成長期における子どもの自然な遊び環境の急速な破壊は、経済至上主義にもとづく物質文明のなせる業（わざ）であるが、そのような子ども観の近代に導かれた現代社会に生きる大人たちが自らの所業を棚に上げつつ、「物言わぬ、か弱い」子どもたちの遊び環境を、子どもの置かれた立場から意識することなく破壊していった結果といっても過言ではないだろう。

そして現在、このような子ども観の近代は、子どもの身体発達への深刻な影響を目の当たりにして、それを何とか「理性的に」解決しようとする1つの切り札として、逆に子どもの「遊び」の重要性をよみがえらせ、この問題を現代的課題として解決しようと試みる。そして、この遊びの延長線上において、その教育的機能を効果的、効率的に果たす制度的運動遊びの発展形態として「子どものスポーツ」の重要性を強調し、それを通して「遊び」の要素（プレイ・エレメント）との共通性を主張するようになったのである。だから、このような子ども観の近代を前提とする大人の側からの論理は、常に子どもと遊びやスポーツとの関係を子どもからみた自己目的的関係としてとらえるのではなく、大人の側からみた手段的・道具的関係としてとらえる方向に行きつかざるをえない。

このような動向は、本章の冒頭でも述べたように、わが国における高度経済成長の終焉期にあたる1975年前後からみられ、「遊び」とは何か、あるいは「遊びと文化や社会との関係」がさかんに論じられるようになる。そのバイブル的存在が、ホイジンガ（Johan Huizinga）の『ホモ・ルーデンス（Homo Ludens）』であった。しかし、彼はすでに1938年にラテン語で「遊ぶ人」を意味するこの著を出版しており、その意図は20世紀以降急速に物質文明の脅威にさらされるヨーロッパにあって、自由闊達な人間文化の精神性を再び取り戻すよりどころを「遊び」に求め、「遊びは文化より古い」[14]という認識のもとで「遊びとしての文化」論を展開することにあった。

これに対して、今日の読み方や解釈は、前述した「遊び」をめぐる子ども観の近代を乗り越える、徹底した現代批判とその実践に道を拓いているとは言えないように思われる。それは、かつての「ゆとり教育」に対する性急な評価や誤解にも現れており、学校体育において推進されてきた「楽しい体育」の思想や考え方が、今日を経てもなお「遊び」の根源的重要性を確認し、認識するまでに受容されていないことに如実に現れている[注1]。その要因の1つとしては、これまで述べてきたような子どもの遊びとスポーツの違いすら区別して論じようとしない、現代社会の大人たちによる認識論的な曖昧性があげられるのではなかろうか。

5.4 健康・体力づくりと子どもの身体

健康や体力の重要性は、それが社会全般に広がり、法制化によって半ば義務化するまでに政治化されると、その欠落があまりにも意識化されるせいか、本来めざされたはずの人間の幸福の追求とは別のところで強迫観念にも似た健康や体力に対する不安感をあおるように働く側面をもつように思われる[15)]。そして、社会的に広がり、蔓延する人間の不安は、われわれに認識レベルにおける安心をもたらすと「思われる」わかりやすい要素間の「因果関係」を求めることを促す。たとえば、1960年代までの疾病に関する因果関係は、伝染性疾患を中心とする比較的原因の明確な疾病であったから、それは原因となる病原体の治療・根絶によって、「病気でない状態＝健康」が容易に規定される社会を形成できた。しかし、今日われわれが対峙し、問題としている生活習慣病は、明らかにその要因がかつて明確であった伝染性疾患から、むしろ不明確で複雑なライフスタイルによる習慣性疾患に変化したことを意味しており、即効性のある特効薬によってその原因を解消することはもはやできないと考えられている[16)]。

そこで、このような生活習慣病を克服する2つの社会的な動きが現れる。1つは、前述したように健康不安を結果的にあおりながら「健康」と「体力」をこれまで通り実体概念としてとらえて、これを到達すべき数値目標として掲示することによって、それに必要な運動処方を半ば強制的、抑圧的に推進していこうとする動きである。このような動きは、健康・体力への強迫観念を生み出し、それがあたかも健康「信仰」に帰依するかのような自己規律化を促して「強いられた」健康・体力に対する服従性＝受動性を生み出していく。

しかし、多くの人間は「正常な」行為として、これらの規律・訓練を促す実践サイクルから逸脱していく（いわば「三日坊主」になっていく）のであるが、健康や体力に対する絶対的価値は「生きる」ことと同義ととらえられているため、もう1つの単純な因果論による説得と納得のサイクルに移行していく。これがもう1つの動きである「薬物依存」社会を形成していくのである（当然のことながら、このような動きは医学の発達とも関連する）。また、この薬物依存は、当初から強制や抑圧を嫌う人びとにもその利害が合致する行動であるから、とくに発達途上の子どもにも広がり、深刻な社会問題を引き起こしていく。さらに、生活習慣病の疾病構造自体が複数の薬物によっても解消されない複雑な生活要因にもとづいているから、いったん薬物に頼ればさらにそれに頼ろうとする依存サイクルが進行してしまう結果となる。

したがって、今求められている健康・体力づくりと子どもの身体との関係は、このような強制と消費＝快楽、という両極端な方向性を回避しながら、自らが選択した自発的ライフスタイルとして「いい加減」＝適度（fitness)、ではあるけれども夢中になれるような、逆に言えば夢中になれることが適度に運動をコントロールすることにつながるような、文字通りのフィットネス世界（well-being）のなかに位置づけられる必要があるように思われる。そして、このような運動への自発性を生み出す世界こそが「遊び」の世界であり、その「面白さ」に他ならないのではないだろうか。

その意味で、外遊びを中心とした運動遊びはほとんど行われなくなったとはいえ、現在の子どもたちからいまだに遊びの「精神」（＝遊び心）は失われてはないように思われる（なぜなら、子どもたちはあれだけ夢中になってPCやスマホなどのオンラインゲームに興じているではないか。また、今日におけるe-sportsの隆盛をみよ)。子どもたちの生活環境から豊かな運動遊び空間を奪ったのは子どもたちのせいではない。これを大人たちは、体力を示す統計値の年次推移から判断して、さかんに子どもたちの状況を嘆き、健康・体力づくりのために運動を半ば手段的に「強制」しようとする。その1つが組織的スポーツの世界に子どもたちをあずけ、そこでスポーツをしているのだから「善し」とする大人たちの態度や見方である。このパターンの末路は、すでに述べた通りである。では、どのようにしたらその落とし穴を回避し、子どもの身体を救うことができるのであろうか。その事例を組織的スポーツの集団的特性と子どもの身体のあり様から考えてみることにしよう。

5.5 大人の組織的スポーツに対する期待と誤解

子どもの運動不足を心配する大半の大人たちは、自ら（あるいはファミリーで）わが子と運動遊びをすることもなく、その理由を時間（的制約）と子どもの遊び場所（の喪失）の問題に帰して、地域のスポーツクラブやスポーツ少年団、学校の運動部活動、あるいは民間スポーツクラブなどに子どもたちをあずけ、とくに組織的なスポーツ活動の世界を通じてこの問題を解決しようとする。

しかし、ここには大きく2つの問題が横たわっている。その1つは、大人（あるいは親）が子ども（あるいはわが子）にこのような組織的スポーツを行わせようとする動機が、健康・体力づくりのためという表向きの理由のほかに、子どもの「しつけ」のためという他律的な依存（他者任せ）的性格にもとづく傾向が見え隠れしているということである[17)]。このような傾向は、少子・核家族化が進行する現代社会において、その教育的機能がすべて学校化されていく傾向と軌を一にしている。これは、現在の大人（あるいは親）たちが子どもの養育という営みに対して不安を抱かざるをえないような希薄なネットワークしかもたない社会環境にあることを示していると同時に、そのぶん過剰なまでに安心を得られると「思われる」「しっかりとした」組織や制度に頼りたがることを示している。

しかし、本来の「クラブ」の起源は、血縁を中心とするファミリーやその広がりとしての地縁＝地域の「絆（きずな）」にあり、それが第1の共同体的生活集団（家族や地域集団）と第2の機能的集団（たとえば、職場・学校などの組織）とのハザマに第3の時空間を形成することによって発展していったものであった[18)]。ところが、現在の親をはじめとする大人たちのクラブに対する依存的な期待は、クラブにさえ子どもを入れておけば自分たちが期待する効果や結果が得られるはずだという単純な因果論[注2)]によって支えられており、実際の子どもたちに対する影響や効果を子どもの側に立って適切に判断するという行為を喪失させてしまっている。このような、いわば「かわいた」機能的な関係が、一方でよりいっそう子どものスポーツをたんなる「しつけ」の道具と化してしまうことに拍車をかけ、他方で組織的スポーツのあり方を業績主義的、結果主義的に評価していく方向を促していくことにもなると考えられよう。

もう1つの問題とは、後者の組織的スポーツそれ自体のあり方に関連してスポーツの世界が子どもにとってもはや「遊び」の世界から遠ざかってしまい、スポーツのクラブが本来のクラブではなくチーム化することによって、子どものスポーツが実社会の現実的利害に絡めとられてしまうところにある。その結果、子どもたちはこれまで述べてきたような周囲の大人（あるいは親）たちからの過剰な期待と、現実的利害の世界に変質してしまったスポーツ自体に身をおくことに疲れ果てて、その世界から早々に離脱していくこと（バーンアウト・シンドローム）になるのだ。前述したホイジンガは 1930 年代に、すでに「スポーツは遊びの領域から去っていく」[19] と述べている。したがって、この問題は歴史社会的に根が深く、たとえば先に示した表 2-1 を持ち出して遊びと競技スポーツとを比較し、競技的チームの欠点を云々してプレイグループの復権を理想として主張したとしても、ではそのためにどうしたらよいのか、という具体的な処方を示すことはなかなか困難なのである。だとすれば、現代社会のスポーツにおける組織的なクラブチーム活動（たとえば、運動部活動）の問題点をスポーツ集団のあり方を論じる集団論から分析して、主にスポーツ指導者を中心に現状の組織的スポーツのとらえ方をどのように変えることで、子どもたちがスポーツにおけるプレイ（遊び）を継続し、発展させていくことができるのかを考える必要がある。

5.6 スポーツ空間論とスポーツ指導

荒井（1994）[20] は、スポーツ指導におけるコーチ（指導者）の役割とスポーツ参加者の身体をスポーツ集団のあり方から考察するために、図 5-1 に示すスポーツ空間の 3 つのモデルを考える必要性を説く。

われわれは、ややもすると即効性を求める実社会の見方からスポーツの世界を「コートの中」の出来事に限定してとらえ、そこでプレイされる「フェアな take」（公平な条件のもとでの真剣な競い合い、奪い合い）における「ハラハラ、ドキドキ」する身体だけに教育的意味があると考えがちである。加えて、スポーツ指導者は、「コートの中」に隣接する「コートの外」におけるプレイヤーの「ヤレヤレ」空間（ヤレヤレするリラックスした身体）を無視して、いつまでもいわゆる「指導者面（づら）」をし、結果的にはプレイヤーを心身両面にわたって追い詰め、その安定性やプレイヤー同士の自発的なコミュニケーションを奪うように働きかけている。プレイヤーの自発性やプレイに対する楽しさは、緊張する「コートの中」と、心身ともに弛緩しリラックスする「コートの外」との往復関係によってもたらされ、育まれていく。だとすれば、スポー

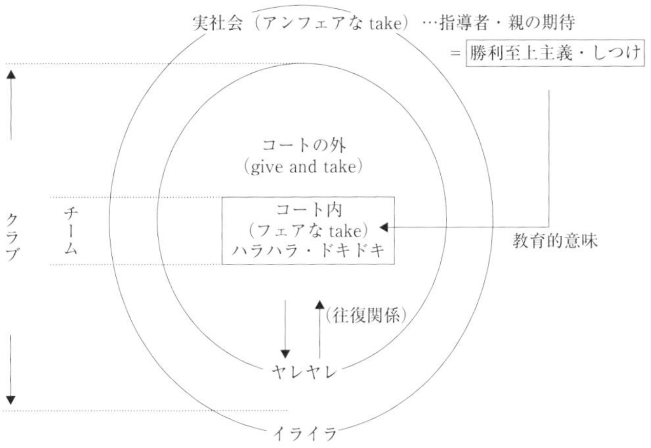

図 5-1：スポーツ空間の 3 つのモデルとクラブ／チームとの関係 [20]

（荒井貞光，1994，「チームワークの形成とスポーツ集団・組織の諸問題」，日本体育協会編『C 級コーチ・アスレチックトレーナー教本［後期用］』，日本体育協会，p.12 と p.13 の図を改変）

ツ指導は、前者において業績達成を目標とする権威を持ったリーダーとしてのコーチによる厳しい言葉かけが受容されるが、後者においてはむしろ和合を図る影響力を持ったリーダーとしてのマネージャー的役割が必要となろう。そして、これら両者の役割の違いを意識し、使い分け、しかも一連のスポーツ空間としてこれらをつないでいくことによってスポーツ参加者の身体に安定性や集中力がもたらされ、結果としてよりよい人間関係づくりが図られていくというのである。

以上のようなスポーツ空間の考え方は、組織的なクラブチームが集団論的には「コートの中」と「コートの外」の両空間を包摂する「クラブ」のあり方によって影響され、「コートの中」だけに注目した集団であるチームのあり方を論じているだけでは、子どもの身体の問題が根本的に解決されえないことを示唆している。組織的スポーツに参加している子どもの身体への対応には、チームを主体とした「チーム＞クラブ」の枠組みではなく、クラブを主体とした「クラブ＞チーム」の枠組みのなかで発揮される、自由な子ども同士の主体的で、身体的なコミュニケーションや共存のための協同関係づくりが重要になってくるのである。その意味では、「コートの外」空間は「コートの中」空間とセットになって、まさにスポーツ世界における「遊び」空間の役割を果たしていることになり、組織的なクラブ・スポーツでは、スポーツ指導者が多元的かつトータルにそれらの空間の意味を理解し、準備することが大切になってくると考えられるのである。

5.7「今できる力」としての子どもの身体・遊び・スポーツ

スポーツの世界には、それが競争的であれ、達成的であれ、「コートの中」のプレイをプレイ（遊び）たらしめる条件や工夫が豊かに備わっている。その条件や工夫を十全に発揮するためには、子ども自身が「これは、プレイ（遊び）である」という時空間的分離を認識し、それに夢中になって取り組む自発性がともなっていなければならない。このとき空間的な分離は、「コートの中」空間に対して「コートの外」空間が隣接しており、子どもの身体が自らその往復関係のなかで緊張したり、リラックスしたりしながら豊かなコミュニケーションを自然発生的に行うことによって認識されていくと考えられる。そこでは、かつての子どもの運動遊びのように遠慮のない会話が交わされ、「コートの中」の出来事の「面白さ」に支えられたトータルな空間として「遊び」の世界がクラブ空間のなかで体験されるのである。

このような子どもたちの協力／協働関係は、「今できる力」で精一杯夢中になって競い合ったり、達成を試みたりする面白さのなかで、それこそ、その達成の「可能性」を追い求めるなかで常に生まれてくるものであり、手段的・計画的なレベルでの「必要性」としてすべてが作り出されるものではありえない。「これは、プレイ（遊び）である」というフレームは、それ以外の現実の了解事項とは異なる了解事項を必要とし、それは単なるプレイのために必要な表層的なルールの意味を理解するばかりでなく、プレイの面白さがあるからこそ、感情や気分を含めた身体全体の欲求を相手に依存してもかまわないような了解事項を互いに共有することを可能にする[注3)]のである。そして、この過剰なまでの相互依存は、その過剰さゆえに必然的に共有していたと思われたフレームを崩していく（逸脱していく）運命にある。しかし、それでもこの関係を維持していく価値のあるプレイであれば、このフレーム崩しは逆説的に以前より幅広い了解事項と強くて深い「絆（きずな）」を子どもたちの身体にもたらすプロセスに昇華されていく[注4), 21)]と考えられる。

結局のところ、このようなスポーツの「楽しさ」体験のつみかさねが、子どもの成長とともに生活におけるスポーツの意味の学習と結びつき、自らの生活（ライフ）にとって価値あるものとして認識されたとき、はじめてライフスタイルとしてスポーツを自ら受け入れようとする「子どもの身体」の可能性に拓かれていくと考えられよう。

だから、大人たちやスポーツ指導者もクラブのなかで子どもたちと同様にプレイを楽しみ、子どもと同じ地平に立って心身を躍らせ、夢中になるプロセスを十分に味わい合うことが大切なのだ。クラブチームにおける子どもの身体への「対応」には、案外「対応」といったフレーズではなく、このような大人の側の、いわば「生きる力」の復権こそが求められているのかもしれない。

5.8 社会的行為としての子どもの身体の可能性

本章では、冒頭に「未来の子どもの育ち」を考える大人の側による、現代社会の特徴と子どもの身体との関係（問題）の「とらえ方（認識の仕方）」自体の「問題性」を指摘し、その問題性を未来に向けて克服していくために、子どもの身体をめぐる遊びとスポーツのとらえ方やかかわり方、あるいはその環境のあり方がどうあるべきかについて考えてみることを目的として掲げた。

その結果、子どもの身体をめぐる現代社会の特徴との関係を考える認識の仕方には、当初定義した「体力や運動技能」の側面から、その「不足や欠落」を強調するステレオタイプ化された量的比較が存在していることが明らかになった。しかし、この量的比較が意味するのは、比較可能だと思われている体力や運動技能に身体概念を限定することによって得られる（大人の側の）危機意識の作られ方自体の「問題性」であった。現代社会に生きる大人による子どもの身体をめぐる体力不足や技能低下という危機意識の作られ方は、子どもの身体に対してこれまでネガティブな影響を及ぼす環境を形成してきた大人自身（現代社会）の根深い問題性を、むしろ隠ぺいすることにつながっているのではないかとさえ思えるのである。大人の側は、子どもの遊びやスポーツの内容と環境との関係、すなわち誰が子どもたちの身体にネガティブな影響をもたらしたのかについて詳細に問うこともなく、量的なレベルで意識される危機的状況の

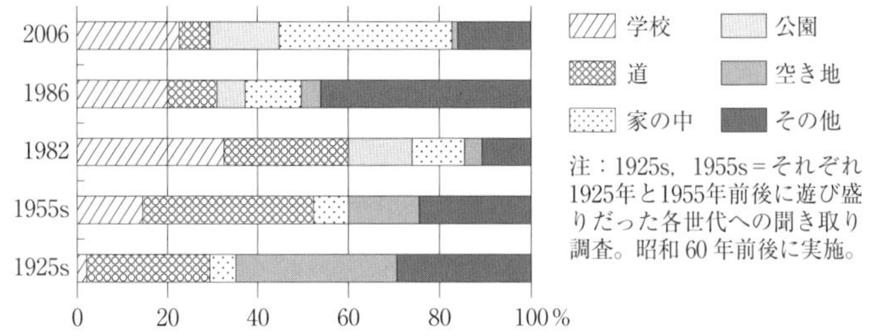

注）世田谷区太子堂・三宿地区での道での遊びの減少。「子どもの遊びと街研究会」調査に新しいデータを加えて作成。

図 5-2　4 世代にわたる子どもの遊び環境の変容[22)]

補完物として遊びやスポーツの運動量を半ば「強制的に」与えることによって、この根深い課題を安易に解決しようとするからである。

木下（2013）[22)] は、子どもの体力低下の要因の 1 つが外遊びの減少であることに同意しつつ、その要因が子どもの身近な生活のなかで遊びを誘引してきた「道」の減少にあることを鋭く指摘している（図 5-2 参照）。

世田谷地区太子堂・三宿地区での 4 世代にまたがる聞き取り調査から明らかになったのは、道での遊びの減少と家の中の遊びの増加である。この結果からいえることは、子どもにとっての「道」という環境が彼らを遊びやスポーツに社会化していくインセンティブな社会的場であり、それは大人に言われて行動する場ではなく、主体的に身体を動かしながら環境とのやり取りで身体がいろいろなことを無意識に覚えていく場であるということだ。子どもたちが過ごす時間について、現代社会の大人たちはあまりにも鈍感であり、大人の時間で考えすぎているのである。

そもそも「人間の体力は生活様式に対応して行使され、また形成される」ものであり、その意味で身体は「高度に抽象化された極限概念であって実体ではない」[23)] とされる。表面的に子どもの身体が動くことは、体力や運動技能によって測定されやすいから、大人の側はどうしてもその測定値によって子どもの身体のあり様を評価しようとするが、これまで本章で述べてきたように、それだけではそのあり様を的確に認識したことにはならない。子どもの身体がなぜ自ら動くのか、すなわち子ども自らがその可能性を追求しようとする欲求の在処には、それを取りまく自然、文化、社会等々の環境との質的な関係が問われなければならず、そのような意味で身体運動はきわめて社会的な行為として出現すると考えなければならないのである。それは大人の身体も同様であり、人間の身体（カラダ）は社会の「どんな目的ともむすびつきうる」[24]のだ。

したがって、現代社会における子どもの身体をめぐる「課題」を生起させている、そのもっとも重要な他者としての環境は、大人による子どもの身体に対する認識のあり方それ自体に内在していると言えよう。少子化とともに進行する高齢化は、子どもの身体をめぐる現代的課題が、早晩、現在の大人たちにも同様にふりかかってくることを示唆している。現代社会における子どもの身体をめぐる課題は、高齢化する大人たちの身体に対して従来の青少年期モデルを前提とした身体性コンピテンシーの限界を自覚することによって、すなわちその「衰えていく」身体の切実感からライフステージ別にみた身体のあり様の「違い」を、むしろ逆説的に「衰えていく」身体の側から意識することで、案外その解決の糸口が見いだされるのかもしれないのだ。

【注】

1）脱産業化社会における教育カリキュラムの大転換は、1984年（昭和59）年当時の中曽根内閣による臨時教育審議（通称、中曽根臨教審）に端を発するが、体育カリキュラムについていえば「運動に親しむ」という教科目標がすでに1977（昭和52）年に告示された小学校学習指導要領に明示されていた。しかし、このいわば「楽しい体育」の論理の先見性は、今日においてもなお思想や実践として十分に理解されず、たんに子どもを放任する体育、子どもに楽をさせる体育、といったような誤解がいまだに横行している現状がある[25]。

2）この単純な因果論は、組織的スポーツやスポーツ指導者への過剰な依存を生み出すと同時に、子どもの親たちがその「『お世話当番』悩みの種」[26]というような過剰な働きかけをも生み出す。どちらも子どものスポーツに対する親のかかわり方の問題が根深いことを示している。

3）日本体育協会（現日本スポーツ協会）・日本オリンピック委員会が創立100周年を記念して採択した「スポーツ宣言日本」では、「スポーツは、その基本的な価値を、自己の尊厳を相手の尊重に委ねるフェアプレーに負う。この相互尊敬を基調とするスポーツは、自己を他者に向けて偽りなく開き、他者を率直に受容する真の親善と友好の基盤を培う」[27]と述べている。

4）上記注3）と同じく『スポーツ宣言日本』では、「スポーツは、運動の喜びを分かち合い、感動を共有し、人々のつながりを深める。人と人との絆を培うこのスポーツの力は、共に地域に生きる喜びを広げ、地域生活を豊かで味わい深いものにする」[28]と述べている。

【文献】

1）文部科学省編・発行（2008）『小学校学習指導要領解説保健体育編』，pp.23-26，pp.38-43，pp.60-63.

2）文部科学（2008）『中学校学習指導要領解説保健体育編』東山書房，pp.29-40.

3）文部科学省（2009）『高等学校学習指導要領解説保健体育編・体育編』東山書房，pp.23-29.

4）文部科学省編・発行（2011）『新学習指導要領に基づく中学校・高等学校における保健体育科リーフレット・体つくり運動』

5）朝日新聞（2013）「どうする体力低下　子どもとスポーツ第3部（1）」5月20日付朝刊.

6）朝日新聞（2013）「どうする体力低下　子どもとスポーツ第 3 部（2）」5 月 21 日付朝刊.
7）朝日新聞（2013）「どうする体力低下　子どもとスポーツ第 3 部（3）」5 月 22 日付朝刊.
8）仙田満（1984）『子どもの遊び環境』勁草書房.
9）住田正樹（1990）「子どもの遊び文化の変容に関する一考察」，『九州大学教育学部紀要（教育学部門）』35：31-62.
10）多々納秀雄（1990）「転機に立つ少年スポーツ」厨義弘・大谷善弘編『地域スポーツの創造と展開』大修館書店，pp.236-253.
11）菊幸一，2001,「私たちは『子ども』をどう見ているか―現代社会の『子ども』観の背景と教育の新たな可能性―」松下ナミ子編『私たちの教育提言』，桂書房，pp.62-76.
12）コークリー，J.〈影山健ほか訳〉（1982）『現代スポーツ―その神話と現実―』道和書院.
13）多々納秀雄・小谷寛二・菊幸一（1988）「『制度としてのスポーツ』論の再検討―Loy, J, W. のスポーツ論をめぐって―」『体育学研究』33（1）：1-13.
14）ホイジンガ，J.（1973）〈高橋英夫訳〉『ホモ・ルーデンス』中央公論社（中公文庫）.
15）菊幸一（2004）「健康の政治学 2―所謂『健康』を超えて―」『体育の科学』54：739-743.
16）菊幸一（2004）「楽しい体育からみた生涯スポーツの可能性―その豊かな可能性を拓くカリキュラムとは―」『子どもと体育』23：133.
17）田代幸代（2002）「空手で礼儀を　キッズ急増中」『アエラ』4 月 29 日－ 5 月 6 日号，pp.78-79.
18）菊幸一（2004）「スポーツクラブと親子の関係―ファミリースポーツの脱構築に向けて―」『子どもと発育発達』2：227-231.
19）ホイジンガ，J.（1973）前掲書，p.399.
20）荒井貞光（1994）「チームワークの形成とスポーツ集団・組織の諸問題」，日本体育協会編『C 級コーチ・アスレチックトレーナー教本［後期用］』，日本体育協会，pp.11-18.
21）菊幸一（2002）「『ごめんなさい』症候群と社会性の育成」『子どもと体育』26：123.
22）木下勇（2013）「遊びで伸びる，子どもの体力」『子どもと体育』162：4-5.
23）佐伯聰夫（1983）「体力の社会学（試論）」名取礼二監修『健康・体力づくりハンドブック―その理論と指標―』大修館書店，pp.44-69.
24）池井望（2008）「生物学と人類学から見たスポーツ」池井望・菊幸一編『「からだ」の社会学―身体論から肉体論へ―』世界思想社，p.24.
25）菊幸一（2007）「『楽しい体育』のカリキュラム構想」全国体育学習研究会編・発行『「楽しい体育」の豊かな可能性を拓く』，pp.78-89.
26）朝日新聞（2013）「親のかかわり方　子どもとスポーツ第 5 部（1）」9 月 25 日付朝刊.
27）日本体育協会編・発行（2011）「スポーツ宣言日本指導者のためのスポーツジャーナル（SJ）」，『日本体育協会・日本オリンピック委員会創立 100 周年記念特別号』，pp.14-15.
28）同上書.

第6章 子ども観のとらえ直しとスポーツ

6.1 ファミリースポーツへの期待

21世紀に入った2004（平成16）年当時の国会では、今後の少子高齢化の進行予測によってもっとも直接的な影響力を被る年金問題で揺れ動いていたが、この年金改正法の国会通過後に厚生労働省からタイミングよく（あるいは、悪く）公表されたのが、2003（平成15）年の出生率1.29という衝撃的な数値であった。この数値が、わが国において長期的に人口を維持できる水準（人口置換水準）2.07を大幅に下回っているという事実は、子どもを持つ世帯家族の核家族化がよりいっそう進行することを予測させるとともに、その担い手である生産労働人口に対して独居老人や老夫婦世帯の増加にともなう財政的負担（介護）と少子化にともなう養育の質的問題とを同時に背負い込ませる結果となることを意味している。すなわち、そこには、一方でかつての大家族にもはや戻ることができない（隠居ができない）ほど寿命が延びてしまった戦後核家族の先頭を切った親世代の自立志向の高まりがあり（その分だけ国家的規模による相互扶助制度の充実が求められることになり）、他方で次世代親子の核家族化による親世代との「きずな」の連鎖が絶たれると同時に、物質的に豊かな次世代親子間の「きずな」の問題が再生産されていく傾向がでてこよう。このような世代間状況の格差と利害の結果として、次世代親子間の養育の孤立化は、ますます助長されていくと考えられる。すでにそのような家族を取り巻く社会の構造的課題が、子どもの発育発達に及ぼす深刻な影響は周知の通りである。

さて、わが国においては、これまで地域を構成する基盤としての家族に注目し、生涯スポーツの担い手となる地域スポーツの一環としてファミリースポーツをとらえようとする施策が展開されてきた。たとえば、1997（平成9）年に保健体育審議会によってまとめられた「ライフステージ別の生涯スポーツ」では、豊かなスポーツライフの指針として、とくに乳幼児期や児童期における親子のふれあいや家族におけるスポーツの重要性を指摘している[1]。確かに、昨今の地域スポーツにおいてファミリースポーツ・イベントも盛んに行われる傾向にあり、たとえば 2002（平成 14）年度の山梨県富士吉田市を中心とした北麗ファミリースポーツフェスティバルでは、家族グループの約半数（47%）が「家族のふれあいを深めるため」に参加していることにみられるように、スポーツを通じた「きずな」の構築が重要な参加動機になっている[2]。しかし一方で、最近急速に子どもの会員が増えている空手道場に子どもを通わせる親の動機が子どもの「しつけ」に集中しているという事実は、親自身が手に負えない養育上の問題をほかの機関に任せて処理し、安心しようとする根本的な考え方の問題も垣間みえる[3]。

このようなファミリースポーツ振興施策の強調と実施の高まりは、前述した家族の諸問題や親子関係にどのような影響を与える可能性があり、そこにどのような限界がみられるのであろうか。また、そのような限界をスポーツクラブが克服する可能性があるとすれば、それはどのような意味においてであろうか。まずは、ファミリースポーツの原風景をクラブとの関係から歴史社会的に辿り、その意味を探っていくことにしよう。

6.2 ファミリースポーツの原風景
—フランス・ローランギャロスのテニス博物館で考えたこと—

2004 年 3 月初旬にテニスの世界 4 大トーナメントの 1 つ、フレンチ・オープンの会場となっているローランギャロスを訪れた。その敷地内には、まだ建設されて間もないと思われる瀟洒（しょうしゃ）なテニス博物館があった。地上ではそんなに目立たない建物なのだが、なかに入ってみるとその地下には通常のモノを中心とした展示物の他にハイテクを駆使した映像施設、個別化された PC 操作による過去のゲームの視聴など、これまでにあまり見たことがない趣向が凝らされていた。その視聴できる過去の映像のなかに、思わず目を留めずにはいられないシーンが映し出されていた。時代はおそらく 19 世紀後半のフランスで、裕福な家族の庭先を映し出したものであろう。広い敷地の中にテニスコートがあり、おそらくその家族の夫婦と思しき人物が男性は白いＹシャツとズボン、女性は同じく白いブラウスにロングスカート姿で優雅にテニスを楽しんでいる。その傍らを子どもたちが走り回り、時にはネットを跳び越しながら鬼ごっこでもしているようである。また、コートの向こう側には日傘をさした若い女性が若い男性に連れ添い、ゆったりとした調子で散歩しながら、子どもたちが駆け回っている様子や夫婦がテニスをしている方に目を向けている。

この何気ない風景の中に、ファミリースポーツの原点とも言うべき親子とスポーツの関係のあり様や、それを規定する社会と家族の関係を知ることができる。まず、スポーツをする家族は、相当裕福な階級、すなわち中・上流階級の部類のそれであり、したがってスポーツは彼らが自由にできる時間を享受するスタイルや親子で「楽しむ」ための内容＝目的そのものであったということが理解できる。まさにファミリー・レジャーの一環としてスポーツが重要な意味を持っていたと言えるだろう。次に、ここで育まれる親子のスポーツは、純粋な意味でプレイそのものであり、勝敗にこだわったり、ルールを厳守したりすることを重んじる制度として確立されたスポーツではない。でなければ、テニスを楽しむ親は傍若無人な子どものかけっこ遊びを叱り飛ばしていることであろう。親も子どもと同様に、プレイという言葉が純粋に指し示す意味で、遊びをまさに楽しんでいるのである。そこには、親子がプレイをともに共有する「親密圏」が創り出され[4)]、身体を媒介とする相互依存の関係（お互いを無条件に許容し合う関係）がみられるのである。

そして、さらに重要なことは、このフィルムがローランギャロスのテニスクラブの出発点を示唆しているという点であろう。もう１つのテニス４大トーナメントで、もっとも歴史が古いとされるイギリスのウィンブルドン・テニスも、そのクラブは中・上流階級を中心としたプライベート・クラブであり、その原点には階級的利益を閉鎖的に守りながら、自らの家族的きずなを深めようとするファミリースポーツの存在があった。そのきずなの遵守と地域における階級的なレベルへの拡張は、家族と階級のアイデンティティを確立する重要な教育的機能を果たすと同時に、その確立によって生じる「ゆとり」が、社会に対するボランティア精神や慈善活動に対する積極的な関与を生み出していくのである。

このようなクラブは、18世紀のイギリス社会の中で中産階級の台頭とともに飛躍的な発展を遂げていくが[5]、その精神は家族集団の延長線上において、家族と組織との間に位置する中間項的な時空間の中で育成され、地域に根ざした「関係（きずな）の再生」を生み出す環境を形成していったと言えよう。ヨーロッパにおいて歴史のある、伝統的なスポーツクラブは、このような意味において血縁集団としての家族と機能集団としての組織（会社あるいは労働組織）を媒介する第3の時空間として、地域に根ざす教育的環境をファミリーが中心となって世代継承していく意味でのスポーツ環境を作り出したのである。したがって、このようなスポーツクラブの成り立ちは、ファミリーからの支持なくして歴史的に実現しえなかったということである。

6.3 親子にとってスポーツクラブとは？　―わが国の場合―

前述したようにヨーロッパにおけるファミリースポーツは、スポーツクラブと家族との強い関係の中で育成されてきた伝統を持つのに対して、わが国のそれは歴史社会的にきわめて脆弱であり、その前提となるスポーツクラブ自体をクラブとして本格的に成立させようとする環境づくりも、まさにこれからの課題となっているのが現状である。2000年9月に当時の文部省から示された「スポーツ振興基本計画」における総合型地域スポーツクラブの推進の強調も、わが国のスポーツクラブの歴史の中にそもそも「クラブ」としてスポーツが成立してこなかったことの裏返しとも読めるであろう。であるからこそ、ファミリースポーツの振興はクラブ・スポーツの発展と切り離せない問題であると同時に現代社会における家族や親子の関係を取り巻く社会環境的な課題に対して、どのようなスポーツクラブを育てていく必要があるのか、あるいはその限界は何か、ということと結びつけて考えていかなければならない重要なテーマなのである。

わが国の場合、地域のスポーツクラブが子どもを対象として本格化し始めるのは、周知の如く1964年の東京オリンピック以降である。いわゆる「スポーツ少年団」の結成や体操、水泳を中心とするスポーツクラブは、その建前が「青少年の健全育成」にあったとしても、競技スポーツ中心の競技的スポーツ集団の最小単位であるチームや個人を中心としたエリート主義によって支えられていた。そのころ、家族は高度経済成長期にあって急速に核家族化され、都市にあっては過密化、田舎にあっては過疎化の嵐の中で親子のきずなを弱体化させていく。このころ、子どもであった現在の親の世代にとってスポーツとはエリート主義のモデルであり、それだけに競技スポーツにおける優勝劣敗の思想に強く影響された世代でもあった。すなわち、スポーツとは「競技的チーム」によるものであり、決してプレイグループによるものではなかったのだ。そのような傾向の前提には、わが国の伝統的なスポーツ観を形成してきた教育としてのスポーツ（＝学校体育）と、競技としてのスポーツ（＝運動部活動）による根本的な影響があることは間違いない。そのような傾向を強めていく中で、クラブは組織としての体（てい）をますます欠落させ、単なる競技会に出場するための集団（＝チーム）として認識されていく[6)]。

ここに、スポーツ「クラブ」ではなく、スポーツ「チーム」をめぐって、親の過剰な勝利志向に対する期待が子どもに寄せられていくスポーツクラブの環境ができあがっていく。子どものスポーツは、競争社会における組織と同様な第2の生産的な組織に徐々に変化し、その豊かなプレイ性は次第に忘れ去られ、場合（結果）によっては親子のきずなを引き裂くように働いてしまうことにもなり得る。このような意味での「子どものスポーツ」の他律的展開は、スポーツの教育的機能にまつわる神話――たとえば、スポーツさえすれば子どもは立派になる。スポーツは無条件によいものだ、スポーツはそれ自体遊びだ、といった思い込み――を親の側に植え付けていく[7)]。否、子育てに迷った親ほど、その解決の万能薬として「スポーツ」を求めたのであり、そのように思い込みたかったのであろう。いずれにしても、ここには「共存のための協同関係」というクラブの精神＝クラブワークはすでに失われ、効果や成功の有無といった結果主義によって物事を単純に二項対立的に決めなければ安心できない、落ち着かない社会的性格を持った親像とその影響を受けた子ども像が浮かび上がってくるのである。そして、このような社会的性格の問題性は「子どものスポーツ」をめぐって再生産され、近年になってこのような「子どものスポーツ」からの子どもの逸脱や逃走が生涯スポーツの観点から問題にされるまで気づかないほど根深いものになってきているのだ。このことは、いまだに大人や親の側が、子どものスポーツの衰退やその典型としての部活離れを「少子化」の影響によってのみ説明しようとする、その姿勢によく現れていると言えよう。

したがって、わが国において子どもの発育発達課題に応じた親子の適切な関係を再構築していくためには、スポーツクラブ成立の原点であるファミリースポーツの復権とプレイとしてのスポーツの可能性を問うことが、今こそ必要になってくるのである。その社会的条件は、バブル期以降の低経済成長社会の定着と少子化による家族の「きずな」への再考の機運のなかから、今日徐々に見え始めているように思われる。

6.4 変わる親子関係の中での子ども観とスポーツクラブ

子どもをめぐるさまざまな衝撃的な事件が報道されるなかで、かつて学歴主義を標榜しエリート主義的価値観を持った現在の親世代には、徐々にではあるがその根本的価値観に変化の兆しが現れているようである。たとえば、塾経営を代表するひとりである日能研代表の高木は、塾の教室の保護者会への父親の出席が数年前まで 100 人中、3 ～ 4 人であったのに最近は 3 割に上り、彼らが子どもとのコミュニケーションの取り方などに熱心にメモを取ること、また地域の子ども会への父親の参加率が上がり、遊びやスポーツなど生活全般の場面でわが子と積極的にかかわろうとしていること、等々を述べている。さらに驚くべきことには、以前いわゆる進学御三家といわれる中学校や高校をける親子など考えられなかったのだが、ある男の子は「家から近い学校でクラブも思い切りやりたい」と地元の進学校を希望し、父親も「勉強だけに追われない生活を一緒に楽しみたい」と同意したという[8)]。

このような親子関係の変化に応じて求められるスポーツクラブこそが、かつてヨーロッパにおいてファミリースポーツから発達し、その受け皿として成長していったスポーツクラブではなかったか。親子が「ともに」汗を流し、同じプレイの中で約束事を守り、相互に依存し合える時空間を共有することによって生じる新たな連帯（きずな）の再生である。また、それは「これは遊びである」という了解事項のもとで多元的な現実を親子の間に突きつけるとともに、自分たちが意味化してよい多様な中間世界を作り出す[9)]。このような本来のクラブワークが持つ体験をスポーツが提供できるとすれば、それはかつての子ども同士（ピュアグループ）による遊び空間の重要性を親自身に体験的に自覚させ、またその世界を広げていく援助者として、これまで一方的に教え、躾ける立場と思われていた親の役割を自ら変化させることにもつながってこよう。

地域における多世代の参加者をめざそうとする総合型地域スポーツクラブの近未来における成否は、社会的な集団的基盤となる家族に対してどのようなスポーツ経験を「継続的に」提供できるかにかかっている。また、そのことが子どもの成長発達に単なる刺激として寄与するばかりでなく、子どもを取り巻く親を中心とした地域住民全体によるより好ましい関係性構築に貢献することによって、地域全体が子どもの自発的で多様な意味生成を育てるスポーツ環境を整えることにつながるのである。これからのスポーツクラブには、子どもの新しいスポーツ環境の核としてのファミリースポーツをいかに育てて、これまでの子ども観にとらわれた「子どものスポーツ」を脱構築していけるのか、その真価が問われているのである。

6.5　ホイジンガの「遊び」を読み直す
—なぜ、いま、ホイジンガなのか—

すでに『中世の秋』(1919年) で歴史家としての地位を確固としたものにしていたヨハン・ホイジンガ (Johan Huizinga) は、研究者としては晩年になる65歳で、これまでの歴史的著作とは少し毛色の異なる文明批判の書『ホモ・ルーデンス』[10] を1938年に出版した。周知のように、Homo Ludensとはラテン語で「遊ぶ人」を意味する言葉であり、彼は人間存在の根源的な様態を「遊び」の中に見出し、この概念を歴史的、社会的に精査しながら、本書冒頭第1節で「遊びは文化よりも古い」(p.15) [注1] と宣言する。そして「遊びから文化になる」のではなく、「遊びとしての文化」なのであり、競争や誇示といった遊びは「楽しみとして文化のなかから発達してくるのではない。むしろ、文化に先んじているのである」(p.112) と述べるのである。

なぜ、彼がこのような「遊び」を基礎とする文化論を唱える必要があったのかについては、19世紀から20世紀にかけて急速に進行するヨーロッパ社会の経済至上主義および物質文明万能の価値観に対する人間精神への影響を考えなければならないだろう。彼の祖国オランダでは、他のヨーロッパ諸国と同様に産業中心主義にともなう急速な都市化と大衆化が進行し、文化 (＝精神) が文明 (＝物質) によって支配され、消費万能社会による人間志向の画一化と文化の均質化がもたらされはじめた。それは、かつて「遊ぶ人」として自由闊達なエネルギーを創造的に放出しながら、営々と自らの文化を築き上げてきた人間精神の危機を意味するとホイジンガはとらえた。したがって、「ホモ・ルーデンス」の思想は、19世紀から20世紀に変化する世紀的「画期」の中で、人間存在の危機が物質文明によってもたらされる（と考えられ、さらにそれが深刻化している現状と認識される）、その対抗と克服の思想なのである。

しかし、この思想は、（不幸なことに）現代においてすでに過去のものになっていないどころか、その需要はますます高まっているように思われる。なぜなら、わが国において、明治期以来の文明化が第二次世界大戦の終結によって再度リセットされ、そのぶん、急速に進行した戦後の高度経済成長の歴史は、ホイジンガが危機意識を抱いた19世紀から20世紀にかけての時代と重なるからである。それどころか、20世紀末に展開されたこのすさまじい物質文明の進行による社会に対する幅広い影響は、もはやホイジンガの時代とは比べものにならないほど深刻化し、さまざまな社会問題をもたらし、またもたらし続けている。翻訳版『ホモ・ルーデンス』（高橋英夫訳，1973年初版，中央公論新社）が、2003年の段階で25刷を数え、文庫本としてロングセラーとなっているのも肯けるところであろう。

子どもの発達をめぐるさまざまな社会的問題をこのような文脈の上でとらえれば、わが国でその処方箋をホイジンガに求めようとする動きは、すでに1960年代から開始されていた（1963年初版，中央公論社）。しかし、一部を除いて、その「遊び」に対する理解や解釈には、ホイジンガがもっともその解釈に注意を促した、社会的効用としての遊びの機能や教育的効果を促す手段的な遊びに着目するという誤解が横行している。「遊びの『面白さ』は、どんな分析も、どんな論理的解釈も受けつけない」（p.19）し、それは「単なる理性的存在以上のものである」（p.21）という意味で、結局のところ「非理性的なものだからである」（p.21）。したがって、われわれは、まず子どもの「遊び」を解釈しようとするわれわれの問題意識や認識の特徴から、われわれが無意識のレベルでとらえている子ども観や発達観の「理性的」な現代的特徴をおさえておかなければならないであろう。

6.6 子ども観の近代と『ホモ・ルーデンス』

そもそも「子ども」という社会的概念は、いつ誕生したのか。この意味は、子どもが、社会的にいつから「大人」と対比、あるいは対立する存在として「か弱く」「欠落した」「不完全な」人間としてみなされ、いわゆる制度的な教育の対象になったのかということである。16 世紀の画家ブリューゲルが描いた子どもとおとなの遊びを詳細に観察したアリエスによれば[1]、当時そのような区別はあまり意識されておらず、「無垢で、純粋で、子どもらしい」遊びという評価は見受けられないという。いわば、そこにいる人間は、小さな「人（大人）」であり、少し年をとった若い「人（大人）」であり、かなり年をとった「人（大人）」でしかない。確かに、この時代の子どもたちは、7 ～ 8 歳になるとただちに徒弟修業に出され、家族や地域の重要な働き手としての役割を負わされ、まさに「人（大人）」としての扱いを受けていたことであろう。つまり、「人（大人）」という概念の連続線上に位置する「小さな人（大人）」であったのである。

これに対して、近代社会は、すべての人間がいわば「自立した市民」「主体性をもった人間」「禁欲、抑制、規範を内面化できる発達した大人」という存在を「ことさら」強調しなければ成立しない特殊性をもった社会であった。しかし、この理念としての大人像は中世までの人間像と異なり、きわめて抽象的で、著しく具体性を欠いている。だから、大人からみて「子ども」という存在が、社会的に常に教え、諭される対象として立ち上げられることによって、また減点主義によって彼らを「子ども」として評価することによって、理性的に理解できる対象でなければならなかったのである[注2), 11)]。

したがって、このような子ども観の近代的特徴は、それとして意識されることなく、理性を絶対視し、その成果としての科学技術文明を至上価値としながら、常に劣った存在として子どもを評価し、「非理性的」な子どもの遊びを軽んじ、貶め、どうでもよい対象に導いていくことになる。戦後の高度経済成長における子どもの自然な遊び環境の破壊は、経済至上主義にもとづく物質文明のなせる業（わざ）であるが、そのような子ども観の近代が導く、おとなによる破壊であるといっても過言ではなかろう。そして現在、このような子ども観の近代は、子どもの発達への深刻な影響を目の当たりにして、それを何とか「理性的に」解決しようとする1つの切り札として子どもの「遊び」の重要性をよみがえらせ、この問題を解決しようとする。その意味でホイジンガは、すでに高度経済成長の終焉期である1975年前後から幅広く読まれはじめたのであろう。しかし、前述したように、その読み方や解釈は、「遊び」をめぐる子ども観の近代をも乗り越える、徹底した現代批判とその実践に道を拓いているとはいえないように思われる。それは、昨今の「ゆとり教育」に対する性急な評価や誤解に現れている。また、学校体育において推進されてきた「楽しい体育」の思想や考え方が、20年以上を経てもなお「遊び」の根源的重要性を確認し、認識するまでに受容されていないことにも現れている。ホイジンガを読み「直す」行為とは、子ども観の近代をめぐるこれらの歴史社会的な諸課題を意識しながら、それらを克服する方向性を『ホモ・ルーデンス』を読み「直す」ことによってどのように見出していくのかという行為にほかならないのである。

6.7『ホモ・ルーデンス』再考　―子ども観の現代に向けて―

ここでは、子ども観の近代を乗り越え、「遊び」の現代的意義にもとづく子ども観の現代を構築する手がかりを求めるため、とくに、1）遊びの定義、2）〈真面目―遊び〉の関係、3）スポーツの定義といった3つの観点から、『ホモ・ルーデンス』を再び読み直してみることにしよう。

遊びの定義を読み直す

ホイジンガは、遊びの概念を次のように定義する。

「遊びとは、あるはっきり定められた時間、空間の範囲内で行われる自発的な行為もしくは活動である。それは自発的に受け入れた規則に従っている。その規則はいったん受け入れられた以上は絶対的拘束力をもっている。遊びの目的は行為そのものの中にある。それは緊張と歓びの感情を伴い、またこれは『日常生活』とは、『別のもの』という意識に裏づけられている」（p.73，傍点削除）

従来、この遊びの定義は、プレイ・エレメントとしてとらえられ、①時間・空間的分離、②自由性、③規則性、などを条件とすることがいわれてきた。また、競争の遊戯では、その未確定性が保障されることによって「緊張と歓び」が高められるが、それはなおルールが守られる範囲内においてであること[12)]も強調され、ルール遵守を強調するスポーツの遊戯的性格の由来を示すものでもあった。しかし、ホイジンガの遊びの概念をこのように要素化してとらえようとすると、漠然としている感が否めない。実際のところ、その定義をさらに詳細に示そうとしたのがカイヨワであった[13)]。したがって、「遊び」とはどのような要素から成り立っているのかという、要素主義的で理性的な解釈を要求する研究的な視点からは、ホイジンガによる定義はあまり評価されないことになろう。

しかし、そもそもホイジンガがめざした遊びの「定義」の重要性は、その面白さが１つ１つの要素を取り出して理解しようとする理性的なカテゴリーを超えた、非理性的なところにあった。この定義から理解されるのは、面白さを支える「自発的」行為が特定の時空間でしか通用しない規則の拘束（しばり）を受け入れるという、「自由と規律（拘束）」との間にある矛盾である。この矛盾は、通常、日常的な理性的判断では理解できないし、解決できない。しかし、遊びは、そのような論理的矛盾を「面白さ」を支える条件として、いとも簡単に超越してしまう。したがって、それは目的が達成されることが歓びなのではなく、その行為自体の中に緊張や喜びが内包されていると考えるのである。目的それ自体が、あるいはそれを達成しようとする過程自体が遊びの内容であるから、目的達成自体が遊びの１つの過程にしか過ぎず、次々と多様な目的が設定されていくことになる（まるでジグソーパズル遊びのように）[14)]。そして、このような行為を支えているのが、時空間の分離を明確化する「これは、遊びである」というメタ意識にほかならないのである。

では、ホイジンガのいう「遊び」は、理性的なカテゴリーでは理解できない＝不真面目な、行為だから「面白さ」を生み出すのであろうか。もちろん、そのような「問い」自体が不毛であることをホイジンガは、それこそ「問い」続けているのである。

〈真面目―遊び〉の関係を読み直す

近代以降の産業社会は、人口を都市に集約させることによってその合理化、効率化を徹底的に追及し、ベースとなる生産労働を価値化させるさまざまな言説を生み出す。その結果、「真面目な」労働を脅かす「遊び」は労働に対立する「不真面目な」行為として貶められ、労働を補完したり、これに従属しコントロールされたりする意味においてのみ価値づけられるようになった。「われわれには、遊びと真面目の対比を1つの絶対的なものと見なす習慣がこびりついてしまっている」（p.52）のである。

しかし、「子どもは完全な真面目さ―これを神聖な真面目さ、といっても少しも間違いではないが―のなかで遊んでいる。けれども、子どもは遊んでいるあいだにも、これが遊びなのだということは知っている」（p.52）。ホイジンガは、前述したように日常世界との時空間の分離を意識する「これは遊びなのだ」というメタ意識のレベルを非常に重視する。それが真面目に行われるのは「面白い」からにほかならない。この面白さに支えられた「真面目さ」は、ときに神聖な性格をともない、スポーツ競技であれ、舞台役者の演技であれ、あるいは高名な演奏者の演奏であれ、同じであると主張する。「こういうふうに、遊びの性格はどんなに高貴な行為にも、その固有の性格としてそなわることができる」（p.53）のである。

したがって、もはやわれわれを別の世界へ連れ去っていくという限りにおいて、「遊びと聖事の同一性」（p.54）は疑いようもない。「共同社会が彼らの神聖な宗教儀礼を体験し享受するときの心的態度は、まず第1に、厳粛、神聖な真面目さというものであるのは、おのずと理解できる。だが、もう一度強調しておきたいのは、本当の、自発的な遊びの心でさえも、深い真面目さのなかに沈潜したものでありうるという、そのことである。遊んでいる人は、全身全霊をそこに捧げる」（p.58）のである。

むしろ、現代社会における日常の「真面目さ」には、人々（あるいは子どもたち）の心を揺さぶるリアリティが欠けているからこそ、子どもの発達にとって遊びにおける「真面目さ」が真の学習の意味を持つということはありえるだろう。遊びにおける「面白さ」に支えられた「これは遊びである」というメタ意識とそこでの「真面目さ」は、とくに他者が参画してくる場合には、この意識レベルを共通の了解事項として「遊び」を成立させる原動力となる。しかし、この共通の了解事項が完全な一致をみることは少なく、常にそのフレームは崩されていく運命にある。本来であれば、そこで「遊び」は崩壊するのであるが、自発的に「面白さ」を追求するリアリティがあれば、このフレーム崩しがさらに深い絆（きずな）をつくるきっかけになっていくのである[15]。ホイジンガは「面白さに支えられたメタ意識と真面目さ」が、遊ぶことの繰り返しを通じて日常世界との間に多元的な現実意識を構成する可能性を示唆しているのではなかろうか。そして、この多元的な現実意識こそが、結果として日常の「理性」（＝発達）を支えるのである。それが遊びの面白さという「非理性的」性格からもたらされるというところが興味深いのである。

スポーツの定義を読み直す

さて、最後にスポーツの問題である。ホイジンガは、すでに『ホモ・ルーデンス』が書かれた1930年代に「スポーツは遊びの領域から去ってゆく」（p.399）と断じている。それは当時のスポーツが、すでに大衆の熱狂を駆り立て、政治・経済・社会の現実に大きな影響力を発揮する社会制度として成立していたからであろう。彼は、この自らの見解が「スポーツを現代文化における最高の遊びであると認める世間一般の輿論とはまさに真向から対立する」（p.400）ことは承知の上で、「しかし断じてスポーツはそういうものではない。むしろ反対に、それは遊びの内容のなかの最高の部分、最善の部分を失っているのである。遊びはあまりにも真面目になりすぎた」（p.400）と述べる。これは、競争から出発した運動遊びが、あまりにも日常の現実を左右する真面目な性格を社会的に帯びたために、例の「これは遊びである」というメタ意識が無効になっていることに対する批判と受けとめることができるかもしれない。もはや、そこに妥協はなく、まさに自由な「遊び」がないのである。言い換えれば、遊びのカテゴリーにおける「真面目さ」がそのカテゴリーを突き破って、日常世界の現実（現象学的には「至高の現実」）と手を結び、その行為の性格を根底から変えてしまったということであろう。

子どもの体育、あるいはスポーツ教育を考える場合、このようなスポーツの定義に対する読み直しには十分に留意しておく必要がある。文部科学省が学校体育において推進しようとしてきた「楽しい体育」の限界も、ホイジンガが断じる「遊びから去っていく」スポーツの性格に対して、遊びからみたスポーツの現状を批判的に検討しないままに「スポーツ」それ自体を「遊び」としてとらえ、その教育的効果に期待したところに生じたのではなかろうか。それは、スポーツの楽しさを目的としながら、制度としてのスポーツに期待される「体力」「技能」「態度」といった項目の向上が並行して掲げられているところにもみられる。また、運動の楽しさが「ねらい」や「めあて」を持つというところだけに焦点化され、肝心の子どもからみた「遊ぶ楽しさ＝面白さ」の特性（＝機能的特性）のとらえ方が授業論の中で十分に理解されていないところにも示されている。

われわれは再度、『ホモ・ルーデンス』からスポーツを遊びとしてとらえる原点を豊かな想像力を駆使して読み直す必要があるように思われる。しかし、その限界の根は、これまで述べてきたように、案外深いところに存在していることは確かなようである。

6.8「子どもの発達と遊び」から「人間にとっての遊び」へ
―成熟社会形成の基盤としての「遊び」の価値―

人は「小さな」ひとから「大きな」ひとに成長し、そしてまた「小さな」ひとに帰っていく。「老人力」という言葉があったように、人生 100 年時代における「老い」と呼ばれる人生の比較的長い期間を過ごすためにも、発達という概念はますます重要になってくるであろう。ホイジンガが述べる「遊び」の概念は、まさに人間のすべての人生に共通して人々を生き生きとさせ、どのようなライフステージにあってもその生を充実させるという意味で、人間の「発達」を支えるものであると言えるのではなかろうか。ホイジンガが「人間は子どものうちは楽しみのために遊び、真面目な人生のなかに立てば、休養、レクリエーションのために遊ぶ。しかし、それよりもっと高いところで遊ぶこともできるのだ。それが美と神聖の遊びである」（p.55）というとき、そこには明らかに発達が意識されている。

ところで、現代社会は、かつてホイジンガが経験した以上に、「遊び」のカテゴリーを教育的観点から狭めたうえで、「遊び」の教育的効果を期待するというドグマに陥っている。「健全な」遊びと「不健全な」遊びとを区分するものは何か、もう 1 度ホイジンガの議論に立ち戻って考える必要があるだろう。

なぜなら、われわれが「いかにレジャーだ、余暇だ、遊びだといって騒ぎまわろうとも、現在のわれわれには、ホイジンガと『ホモ・ルーデンス』に対する自由なパースペクティブがまだ十分ではないと思われる」からである[16)]。

ポスト産業社会の行方が定まらない、不安定さとつまらなさが蔓延している社会状況の中で、ホイジンガはわれわれに人間の生の充実をめざす成熟社会の構図を再び「遊び」の価値に立ち戻って考えるヒントを与えてくれているように思われる。

【注】

1）　6.5 ～ 6.8 の節は、その主題からわかるように、ホイジンガの著書『ホモ・ルーデンス』（高橋 英夫訳，中央公論新社，1973 年初版・中公文庫）を引用しながら論述していくスタイルをとった。したがって、同著から多くの引用文が取り上げられるため、その引用に限っては、「 」（カギ括弧）の後に引用ページを本文中に直接記すことで文献表の煩雑さを避ける方法をとった。

2）　ここでの論拠は、すでに本書第 4 章で詳述している。

【文献】

1）　日下裕弘・丸山富雄・加納弘二（2001）『生涯スポーツの理論と実践』大修館書店.

2）　北麓ファミリースポーツフェスティバル，〈http://www.mfi.or.jp/hokuroku/famiri-fesuta.htm〉（2004 年 10 月 1 日検索）

3）　田山幸代（2002）「『空手で礼儀を』キッズ急増中」，『アエラ』4 月 29 日―5 月 6 日号.

4）　菊幸一（2001）「体育社会学からみた体育・スポーツの『公共性』をめぐるビジョン」『体育の科学』51：25-29.

5）　小林章夫（1991）「情報が価値をもったとき―ロンドンのクラブ文化から―」，小林章夫ほか編『クラブとサロン』NTT 出版，pp.10-31.

6）　荒井貞光（2003）『クラブ文化が人を育てる』大修館書店.

7）　多々納秀雄（1990）「転機に立つ少年スポーツ」厨義弘・大谷善博編『地域スポーツの創造と展開』大修館書店，pp.236-253.

8）　高木幹夫（2004）「教育パパ―勉強も遊びもスポーツも―」朝日新聞朝刊 2004 年 7 月 31 日付.

9）　菊幸一（2002）「『ごめんなさい』症候群と社会性の育成」『子どもと体育』26：123.

10）ホイジンガ，J.（1973）〈高橋英夫訳〉『ホモ・ルーデンス』中央公論社（中公文庫）.

11）菊幸一（2001）「私たちは『子ども』をどう見ているか―現代社会の『子ども』観の背景と教育の新たな可能性―」松下ナミ子（編）『私たちの教育提言』桂書房，pp.62-76.

12）竹之下休蔵（1972）『プレイ・スポーツ・体育論』，大修館書店，pp.117-118.

13）カイヨワ，R.〈清水幾太郎ほか訳〉（1970）『遊びと人間』，岩波書店，p.292.

14）細川亮一（2005）『受験勉強とジグソーパズル』世界思想 32：27-30.

15）菊幸一（2002），前掲誌 9）.

16）高橋英夫（1973）「解説」ホイジンガ，J.　前掲書 10），p.475.

第Ⅲ部

「楽しい体育」論への アプローチ

第7章

「楽しい体育」論への道標

プレイ論にもとづく授業実践は、他の授業実践と同じく、基本的にその学習の単元構成の原理と理論が明らかにされない限り、体育学習のそれとして正当に評価される対象にはならない。ただ、プレイ論にもとづく学習内容の構造化の歩みからも理解されるように、その内容の進展はきわめてゆっくりとしており、まして授業実践として1つの形式と内容を持つまでには、さまざまな授業研究上の試行錯誤を経なければならなかった。とりわけ、竹之下を中心的リーダーとする全国体育学習研究会（以下、全体研と略す）の中心テーマは、戦後学校体育の授業実践を支える1つの柱であったグループ学習とその理論的、実践的発展におかれていたから、プレイ論にもとづく授業実践においても当初はグループ学習にもとづく授業実践にどのように生かすことができるのかといった問題意識から出発せざるをえなかったと考えられる。

したがって、本章ではまず、プレイ論が主張され始めた萌芽期において、それが当初これまでの授業実践のレベルにどのような影響を与えたのかについて検討してみたい。その上で、プレイ論にもとづく学習内容が全体研全国大会の研究上の中心テーマになり始めた1975年前後から「楽しい体育」への転換が図られる80年前後までをプレイ論の実践の過渡期としてとらえ、その特徴を考えてみたいと思う。また、「楽しい体育」学習としてプレイ論の実践が明確な単元構成論をもって位置づけられ、正当化されていった80年前後の初期の頃の実践を通して、そこでは何が具体的に実践的問題とされ、それがその後の実践にどのような影響を与えたのかについても若干検討を加えてみたい。

7.1 プレイ論にもとづく実践への萌芽
―長野県学校体育研究会の事例から―

竹之下によるプレイ論の主張が、彼を中心とする全体研の研究レベルで主張され始める運動論的契機となったのは、1968（昭和 43）年 8 月に開催された第 9 回合宿研究会（戸隠の集い）においてであった。当時の長野県学校体育研究会の中心的課題は、全体研の課題でもあったグループ学習をより確かなものにするために、学習指導の全体像をとらえ、その中で学年別技術をどう位置づけるかにおかれていたので、当時の参加者たちはこのプレイ論をこのような研究課題に具体的にどう結びつけていったらよいのか、大いに戸惑ったという[1)]。したがって、当然のことながらこの研究会では、「論」としてのみの理解にとどまり、現場研究に生かされるまでには至らなかったが、その実践に結びつけるために、以下のような共通理解の下に学校体育の見直しを図ろうとした[2)]。

（1）スポーツの本質を確認し、スポーツとは何かを明確にする。
（2）スポーツ本来の理念を、どのように体育の学習（グループ学習）の中に生かしていったらよいのか。
（3）現在の学校体育の問題を明らかにし、プレイとのかかわりで今後のあり方を考える。
（4）学校体育と社会体育をどう結びつけたらよいかを検討する。
（5）体操・スポーツ・ダンスの特性を明確にする中で、スポーツとは何かを追究する。
（6）これからの学校体育では、どんな子どもを育てなければならないかを、プレイ論の立場から検討する。

しかし、各研究グループともグループ学習と結びつけながら問題の所在を明らかにしようとしていたため、上記の内容についてもプレイ論それ自体の立場から内容を総括し、実践につなげようとする構想はみられなかった。

それから 5 年後の 1973（昭和 48）年 8 月、菅平高原で開催された第 14 回合宿研究会では、プレイの本質から各領域の特性を明確にすることに力が注がれ、各分科会では次のような視点でグループワークが進められたという[3)]。

［学校体育］

プレイ論の理解を通して体育とスポーツの意味を明確にしつつ、生涯体育における学校体育の役割とそれにまつわる諸問題を考える。

［グループ学習］

スポーツ教材における自由性・自発性を生かすための引き出すうつしのあり方を究明する。

［スポーツ］

子どもの欲求にもとづく自発的なスポーツ（生涯スポーツ）にしていくために、プレイの本質をみきわめ、改善の方向と具体的な手だてを検討する。

［体操］

子どもの立場から体操の特性を見直しながら学習指導上の問題点を明らかにし、学習内容と学習活動を再検討する。

［ダンス］

プレイ論を手がかりにミミクリーとしての特性を見直し、学習内容と学習活動のあり方を再検討する。

しかし、この時点においてもプレイ論それ自体は、生涯スポーツを志向する社会における学校体育の新たな役割を考えていく中で、スポーツやダンスとは何かを明らかにする手掛かりとして考えられてはいるが、それを「直接学習指導論と結びつけていくには無理」[4]があるとみるのが大半の受けとめ方であった。したがって、以下に示す中学校1年生の鉄棒運動の試案では、個人の能力に応じて個人に目標を持たせ、自発的学習にしようとするレベルにとどまっており、プレイ論の意味を十分に踏まえた実践案には至っていなかった。

確かに、表7-1の試案をみる限り、学習内容を学年別技術としておさえながら、その枠内で個人差や個人目標を取り扱おうとする実践案になっている。このような実践案を通じてプレイ論を授業実践にどのように生かすことが必要なのか、とりわけプレイの自由性・自発性をどのように取り入れて楽しい体育にするのかといった課題が浮かび上がり、それが現場の教師の中にもプレイ論をめぐってさまざまな考え方や実践を芽生え始めさせる契機となったと言われている[6]。この点において、プレイ論の実践の萌芽は、まずグループ学習における先行実践を踏まえつつ徐々にその独自性を現わし始めることとなる。

表 7-1　個人差と自発的学習を重視した鉄棒運動の単元試案 [5]

［単元名］　鉄棒運動　中学 1 年男子

［単元のねらい］ 自分の能力をたしかめ連続技の意味がわかり、あがり方、まわり方、おり方の一連の動きを工夫し、より高める

［展開］

1. 学習のねらいや内容をつかみ鉄棒運動の学習計画を立てよう	1. 先生から鉄棒運動における連続技について説明を聞き、単元の計画を立てる ●学習の内容、連続技の例、（資料）を参照する ●学習の進め方 能力のたしかめ（連続）―目標をつかむ（連続技を通して）―高度化のためのつなぎ・先どりの練習– ねらいに沿った練習（連続結合）―発表会 ●グルーピング　役割分担 ●用具の正しい扱い、安全についての学習上の決まりの認識など
2. 練習を通して目標をつかもう	2. 学習内容のうち既習のものを使って試技する ●できそうな技をやってみせながら自分の技能をたしかめ、自分の目標をはっきりさせる ●基本になる握り方、まわり方の要点を試技を通してつかむ ●できるもの―友達と違う点はどこか（でき方･力強さ･なめらかさ･美しさ） ●できないもの―できない原因は何か（1 つ 1 つの技､連続のしかた）
3. 連続技をより高めるために練習しよう	3. それぞれに自分の技をより高めていくために、中心となる種目、個々の種目、連続のしかたを工夫しながら練習する。部分↔全体の繰り返し
4. 自分の技をまとめて発表しよう	4. 発表会をする 評価の観点―できばえ、工夫した点、さらに工夫したり練習して高めたい点など

竹之下休蔵監修（1986）『長野県学校体育研究会「体育の学習を子どものものに」』学習研究社，pp.177-178 より作成

7.2　学習内容のとらえ方の変化と実践の特徴

全体研全国大会のレベルでは、1974（昭和 49）年、第 19 回神奈川大会から表 7-2 にあるように、これまでの学年別技術を中心とした学習内容から各運動特性を学習過程に生かすために目標や内容をどのようにとらえるか、そしてそれを指導計画にどのように具体化するのかに関する実践的レベルでの検討が研究テーマとして位置づけられることになった。すなわち、学習内容を技術とし

て、いわば「構造」的にとらえる視点から、運動の特性のとらえ方を子どもの欲求や必要の立場からプレイ論的におさえることによって、どのような目標や学習内容を構想することができるのか、それは授業案としてどのように具体化されるのかが本格的な研究課題となったのである。そして、このような内容研究の立場からプレイ論を授業実践のレベルに生かそうとする試みが、1978（昭和53）年第23回佐賀大会まで継続されることになる。

しかし、そのような実践の試みの最後になった佐賀大会を顧みた宮原のまとめによれば、「集団スポーツでは、子どもが授業を進めるものは技術が核となる。従来はスポーツ全体から探っていたものを、たとえば『ボールを早く運ん

表 7-2　全体研第 19 回神奈川大会における研究内容[7]

<table>
<tr><td rowspan="7">内容</td><td rowspan="7">○体操・スポーツ・ダンスの特性を学習過程にいかすため目標や内容をどのようにあらわしたらよいかを考えていく。</td><td>◎動きの具体的ねらい（課題）をどこにおき、自分の体力の高まりをどのようにしてとらえるか、そのためには学習過程をどのようにしたらよいかについて話し合い指導計画を具体化する。</td><td>体操</td></tr>
<tr><td>◎スポーツとしての器械運動のあり方とそれにともなう目標や内容をどのようにおさえ学習過程に位置づけたらよいかを検討し、指導計画に具体化する。</td><td>器械</td></tr>
<tr><td>◎ひとりひとりの能力や欲求を学習過程に生かすために陸上運動における目標や内容をどのように改善したらよいかを検討し、指導計画に具体化する。</td><td>陸上</td></tr>
<tr><td>◎グループ課題とひとりひとりの課題を学習過程に生かすためにはどうしたらよいかを目標や内容の立場から検討し、指導計画に具体化する。</td><td>球技</td></tr>
<tr><td>◎ダンスで学習する内容は何かを目標と内容の両面より検討し、指導計画に具体化する。</td><td>ダンス</td></tr>
<tr><td>◎能力に応じた学習内容と学習過程はどのようにしたらよいかを目標と内容の立場から検討し、指導計画に具体化する。</td><td>水泳</td></tr>
<tr><td>◎低学年における学習指導はどのようにおこなうことが望ましいかを目標と内容の上から検討し、指導計画を具体化する。</td><td>低学年</td></tr>
</table>

全国体育学習研究会編（1975）『つみかさね』17：14 より作成

で攻める』のように、ゲームをいくつかに区分してその中から技術を探らせた」[8)] と述べているように、いまだに実践レベルと研究協議のレベルでのちぐはぐさはぬぐい切れない状況であった。また、「ダンスでは、今までのダンス授業の学習過程を破り、子どもたちの好みに応じたフォークダンス、民踊などいくつかのグループに分けていったことは意欲や欲求の面から活動が活発になり、ダンス学習のあり方に１つの方向を与えられたものと思う」[9)] と評価しており、各運動領域間においてもプレイ論の実践のあり方やとらえ方が多様であったことが理解されよう。

このような実践の混迷状況は、前述した長野県体育学習研究会においても同様であった。たとえば、1977（昭和 52）年に開催された長野県体育学習研究大会では、「すべての子どもの運動への意欲とよろこびを引き出す指導はどのようにしたらよいか」をテーマにゲームを中心とするスポーツの学習過程の解明や自由性と自発性の強調、プレイ論にもとづく学習内容の構造化を図り、本時案の形式・内容の改善をめざそうとした[10)]。しかし、表 7-3 の「小学校におけるゲームづくりの実践」に見られるように、ゲーム中心の楽しさ体験を重視していることは理解できるものの、それをゲームの楽しさの深まりとしてどのような学習として発展させていくのかは明確にされておらず、ゲームづくりそれ自体を主体とした学習が楽しさとして位置づけられる結果となっている。確かに、「グループごとに特色のあるゲームが工夫され、それによって子どもたちが楽しむ姿がみられたが、…（中略）…工夫したゲームも大部分はやってみるだけで終わってしまうというようなことから、このようなゲームづくりを主体とした学習のあり方について、やはり問題が残された」[11)] のである。

ところで、竹之下は、プレイ論にもとづく授業実践が部分的、表層的な内容に終始してしまう１つの大きな要因を、良くも悪くもこれまで全体研が中心テーマとしてきたグループ学習への呪縛にあることに気づいていたように思われる。だからこそ、第 23 回佐賀大会では、「体育の授業に関する若干の私見―グループ学習を考えながら―」[13)] と題して、現状におけるグループ学習の内部的問題を社会変化に応じた体育の内容論に深められない、その保守主義的傾向にあるのではないかと警告し、補足ながら次のような重大な問題提起を行っている。すなわち「学習グループは小集団論など参考に、異質グループを主体にグループの成員をある期間固定するという考え方をとってきた。しかしなが

表 7-3　小学校におけるゲームづくりの実践[12)]

1. 考え方

チームゲームの楽しさは、アゴンへの欲求にもとづくものであり、それはプレイすなわちゲームそのものにある。したがって、ゲームを中心とし、ゲームの楽しさの体験を主体としながら常にゲームからゲームへの発展の程度に応じてゲームづくり（ルールづくり）をさせることによって、自発的・創造的な学習にしようとした。

2. 指導計画

（1）単元名　サッカー　　中野小学校 4 年

（2）目標

①みんなでゲームや練習のしかたを工夫し、意欲と喜びをもって運動に取り組むようになる。

②チームの課題に向かって協力し合い、解決するようになる。

③健康や安全に注意しながら運動できるようになる。

（3）展開

段階	学習問題	内容・活動	時間
はじめに	1. 学習計画を立てよう	単元の計画を聞きみとおしをもつ ●グルーピングをする ●既習のルールでゲームをやってみる ●グループでかんたんなゲームづくりをすることを理解する	1
なか	2. だれもが楽しくゲームができるサッカーをつくろう	グループごとにみんながシュートをしやすいゲームを工夫してつくりやってみる ●コートの形・大きさの工夫：長方形、正方形、円形、多角形など ●ゴールの位置、数、大きさの工夫：エンドラインをゴールとする。エンドラインに 2 カ所とする。コートの中央におく、エンドライン、サイドラインの中央に置く、など。	1
	3. 工夫したゲームをやってみよう	2 つずつグループを組んで、工夫したゲームをやってみる。 ●ルールのたしかめ ●交替し合って審判する 他のグループの工夫したゲームを見たりやってみて、より楽しそうなゲームをえらぶ。 えらんだゲームの練習をする。 ●ゲームの方法（ルール）をたしかめる。 ●必要な技能の練習も加える。	2 3
まとめ		グループ対抗の競技会を行う 反省をし、まとめる	2

竹之下休蔵監修（1986）『長野県学校体育研究会「体育の学習を子どものものに」』学習研究社，p.184 より作成

ら生涯スポーツとの関連や運動の特性と学習過程の問題などを考えるとき、再検討を要する点があるのではなかろうか」[14]と。ここでは、プレイ論の授業実践への全面的な展開のために、必ずしもグループ学習のこれまでの成果に具体的なレベルでもこだわることはないのだとするプレイ論にもとづく実践研究への期待が込められているとみてよいであろう。

そして、以上のような実践レベルにおける試行錯誤を経ながら、1979（昭和54）年における楽しい体育学習への問題提起が行われ、プレイ論の実践に向けて単元構成の基本的な考え方（大枠）が示されることになるのである。

7.3 単元論の確立と実践上の問題点

プレイ論の実践の姿を決定的にしたのは、1980（昭和55）年の第25回京都大会と翌81（昭和56）年の第26回東京大会で行われた研究委員長の佐伯聰夫による問題提起であった。いわゆる「楽しい体育」の授業計画の考え方を具体的に示したこの提起は、授業を構成する学習のまとまりとして単元のレベルからプレイ論を具体化する授業実践の姿を具体的に描き出し、そのための方法を以下の表7-4のような各概念の定義と手続きを例示することで一般化させようとした。

したがって、このような単元計画の形式それ自体が、プレイ論の実践をある意味で統合化するベクトルとして働いたことは言うまでもない。初期の実践においては、提示された単元計画の形式にそってその具体的な授業の姿を求め、確かめようとするエネルギーが至るところで具体的な授業実践に結びついて展開されることになる。たとえば、小学校のとび箱運動では、以下の表7-5に示されたような学習指導案が立案され、実践された。

この授業を指導した中桐ら全体研京都グループの実践報告によれば[17]、この実践ではすべての子どもたちが自分で挑戦したいと思うとび箱の障害（高さ）に力いっぱい向かっていき、それをとべた（克服した）喜びやうれしさを味わうことができたとして、そこにこれまでの授業ではみられなかった子どもたちの変容を見出している。また、障害別（課題別、めあて別）グループでは、これまでのグループ学習では考えられなかった流動的グループのために互いの人間関係が稀薄になることが懸念されたが、かえって運動の特性にあった

表 7-4　楽しい体育における単元計画の形式 [15)]

単元（運動種目が入る）

(I) 運動の特性　　楽しい体育の基本的な目標（楽しさの追求）から種目を単元（まとまったその種目特有の楽しい運動内容・経験）としてとらえ、子どもに対するとり上げ方をきめる手続き

(1) 運動の一般的特性　　種目の一般的な楽しさ、魅力、楽しみ方を明らかにする。

(2) 子どもからみた特性　　種目に関わる子どもの技能、心理的態度、人間関係等の実態から種目をとらえ直し、子ども達はどんな楽しみ方ができ、どんな工夫ができるか等の視点から単元を決める。

(II) 学習のねらいとみちすじ

単元全体の学習活動を方向づけ、どんな運動を、どこを工夫して、どんな段階で歩んで行けばよいかを示す。

(1) 学習のねらい……単元全体の学習活動を方向づけ、個人差を吸収した運動の楽しい行い方を示す。

(2) 学習のみちすじ…楽しむためにどんな運動を、どこを工夫して行えばよいか示し、狙いを区分けしたもの。

めあて（1）……自分の力を知り、その運動を楽しむ。

めあて（X）……挑戦のめあてを持ち、工夫を深める。

(III) 学習と指導の展開……（II）を子どもの具体的な学習活動として予想し、必要な教師の指導活動を予定する。

（どんな運動をどこでだれとどんなことを考えて行なえばよいかわかるようにする。）

（楽しみを求めてどんな工夫をすればよいかがわかるようにする。）

はじめ	1. 学習のねらいと進め方がわかる 2. グループや用具等の学習のしかたを決める	必要な物的条件を予定する
なか	学習のめあてと活動	指　導
	めあて 1 の活動をする 例　……………… ……………… ……………… めあて X の活動をする 例　……………… ……………… ………………	○めあてがわかり自発的に活動しているか ○工夫のしかたがわかり楽しく学習しているか 等
まとめ	1. どんなことが楽しかったかまとめる 2. どんな工夫ができたかまとめる 3. 改善したいことをまとめる	計画と指導を整理してまとめてみる

○子どもが自分を知り、みんなで楽しむためにどうすればよいかまとめられるようにする。
○学習と指導を整理し、次の単元を計画する具体的な資料にする。

佐伯聰夫（1981）「楽しい体育の基本的な性格と授業の計画・実施について～楽しい体育を求める上で全体研が当面している諸問題を中心に～」全国体育学習研究会編『つみかさね』24：29-30 より作成

表 7-5　楽しい体育にもとづくプレイ論の授業実践[16)]

体育学習指導案　　　　　　　　　　（伏見板橋小学校第 6 学年 3 組）
（昭和 55 年 11 月 22 日～ 12 月 2 日　4 時限　講堂）　指導者　中桐法子

1. 単元　跳び箱運動
2. 運動の特性
（1）一般的特性
いろいろな跳び箱にいろいろな跳び方で挑戦し、跳び越す楽しさにもとづく運動である。
（2）子どもから見た特性
◎本単元の学習は 6 年生になり 2 度めである。多くの子どもがかなり意欲的であるが、2 名の子どもは消極的である。
◎多くの子どもが 7、8 段の開脚跳びを楽しんでいるが、5 段の開脚跳びができるようになった子どもから、たて長の閉脚跳び 8 段が跳べる子どもまで、個人差がある。
◎跳び箱の高さや距離に挑戦したい子どもと、跳び方の工夫をしたいと思っている子どもが半々である。
◎多くの子どもは同じ高さの跳び箱を共有して学習する障害別グループをのぞんでいる。
◎自分のめあてをもち、友だちとの関わりや資料などを使って意欲的に運動に取り組む子どもがでてきたが、めあてがもちにくかったり、めあてをもっていても解決の方法がわかりにくい子どももいる。
3. 学習の狙いと過程
（1）ねらい
いろいろな跳び越し方で、いろいろな跳び箱にみんなと力いっぱい楽しく挑戦する。
（2）過程
ねらい①今、跳べる高さの跳び箱で開脚跳びか、閉脚跳びか、横跳びか、あお向け跳びか、できそうなものから挑戦する。
ねらい② 4 つの跳び方の中から、自分のできる跳び方で、高さか距離に挑戦する。
ねらい③ 4 つの跳び方の中から、跳び方をかえて、高さか距離に挑戦する。
4. 学習活動と指導（45 分× 4）

<table>
<tr><td rowspan="2">1</td><td>はじめ10分</td><td>●準備グループで図を見ながら場の用意をする。
○図や表を見ながら学習のねらいと過程を知る。
●学習の仕方を知る。
運動は障害別グループでする。
安全に運動を行うために必要な約束を決める。
○友達の演示や図をみながら 4 つの跳び方を知り、イメージをもつ。</td><td>施設・用具・人数</td><td>男子 23 名　女子 17 名　計 40 名
跳び箱　8 台
マット　24 枚
ステップホルダー　8 組</td></tr>
<tr><td rowspan="2">なか（35分・45分×2・35分）</td><td>学　習　活　動</td><td colspan="2">指　　　導</td></tr>
<tr><td>2
3</td><td>ねらい①　略
例　4 段…閉脚跳び
5 段…横跳び
6 段…あお向け跳び
ねらい②　略
例　6 段たて…開脚跳び
7 段よこ 20cm…閉脚跳び
8 段たて 1m…開脚跳び
ねらい③　略
例　6 段よこ…跳び段
7 段よこ 40cm…あお向け跳び
8 段よこ 1m…閉脚跳び</td><td colspan="2">○安心して跳べる高さの跳び箱を選ばせる。
●学習の仕方がわかっているか巡視する。
○ 1 時間の途中で自分のめあてを確認する時間を設ける。
○跳び方のわからない子どもには助言する。
（貼付〝とび方の工夫〟の資料の利用など）
○能力と挑戦する運動があっていない子どもには挑戦の仕方について助言する。
○真剣に挑戦しているか観察する。
○恐怖心を持っている子どもには励ます。
○なぜ跳べないのか考えずに跳んでいる子どもについて助言する。
（貼付、〝とび方の工夫〟の資料の利用など）</td></tr>
<tr><td>4</td><td>まとめ10分</td><td colspan="3">●学習の反省をし、次のことを話し合う。
・力いっぱいできたか　・たくさん挑戦できたか
・一番心に残っていることは何か
●記録やノートを整理する。</td></tr>
</table>

○は、ねらいに直接かかわる学習および指導

中桐法子（1981）「楽しいとび箱運動の授業づくり―小学校での跳び方と障害への挑戦―」『学校体育』34（8）：40 より作成

グループが編成されたことで、その課題（めあて）の解決がお互いに身近な学習内容として受けとめられ、自然で無理のない人間関係が形成されたと評価している。

このように、プレイ論の実践は、「楽しい体育」のスローガンの下、その単元論の一応の確立とともに新たな段階に入ったと言えるだろう。しかし、この新たな段階は、前述したようにプレイ論の実践に対して、ある一定のモデルにそった合理的、組織的、計画的な授業の姿を明らかにする基礎を提供したが、その反面、教師の指導性の問題やグループ学習で検討されてきた学習形態を運動の特性とどのように関連させるのか、あるいは各種目における学習過程の違いやそこで取り上げる学習内容の違いは何かといった実践的課題をも提示することとなった。また、中・高校における選択制授業が問題とされているように、単元論の範囲では解決できないカリキュラム論への展開も、実践上必要とされる段階に入っていたと言えよう。したがって、佐伯の問題提起の後、1982（昭和57）年の第27回北信濃大会では、研究委員長であった嘉戸脩が次のような実践上の研究課題を提示しているのである[18]。

（課題1）学習内容の選定、ならびに一般的特性と学習過程の検討

（課題2）運動の特性に応じた学習形態の検討

（課題3）楽しい体育における指導活動の検討

（課題4）小・中・高校のカリキュラムの検討

7.4 実践経過の今日的評価と課題

このようにプレイ論の実践経過をプレイ論が主張され始めた頃からその方法化の問題として辿ってみると、いくつかの段階がみられるが、少なくともその当初から竹之下休蔵や松田岩男らのグループ学習を中心とした運動論には、具体的な実践プランの形成やその検証を現場の教育実践研究者とともに、根気強く行おうとする姿勢がうかがえるように思われる。

確かに、グループ学習の強い影響力の下でプレイ論の実践は遅々として進まない経過を辿ったが、それでもなお少しずつ教師の体育観や教育観に影響を与え、それがプレイ論にもとづく学習内容に目を向けさせるように働いたと考えられる。そのような教師たちの歴史的な試行錯誤の所産の上に、楽しい体育へ

の転換が1980年前後になって一挙に展開され、実践上のモデルが提示されることになったわけである。つまり、プレイ論の実践は、プレイ論にもとづく授業論の展開を理念化、形式化することによっていっきに単元論のレベルで具体化されていった経緯をもつのであり、この点が理論と実践、運動論と実践などとの関係において、これまでの試行錯誤時代とは多少異なる理論研究者としての大学教員と実践研究者としての教員との新たな関係を形成していく契機となったように思われる。そこでは、実践上の問題点をあくまで教師の実践の範囲内のそれとして取り上げるのか、それを支える理論上の問題点として取り上げるのかについて、それ自体が新たな課題を形成することになった。後に、プレイ論の実践上の問題の延長線上で取り上げられることになる、いわゆる「めあて学習」をめぐる諸問題の根本的な背景には、プレイ論の実践を形成していくこのような運動論上の歴史社会的な背景や課題をも視野に入れておく必要があるのかもしれない。

しかし、いずれにしてもその課題は、他の独自な授業実践がもつ課題と同様に、プレイ論にもとづく実践それ自体の歴史社会的、運動論的、認識論的等々、あらゆる角度からの総合的な検討によって見出され、克服されるべきものであることは確かであろう。

7.5 「楽しい体育」論の体育授業への影響とその視点

「楽しい体育」論が今日の体育授業に与えた影響は、時代の流れや思潮に則った体育授業の方法や学習内容の構成といった方法論や内容論に止まるものではないので、そのようなレベルで影響や功罪を論じるのは議論のレベルを浅薄にしてしまう可能性を持つ。そこで本節では、まず体育授業への影響を述べつつも、その影響をとらえる「視点」それ自体の特徴を明らかにした上で、体育授業の存在論の変化という比較的マクロな視点から「楽しい体育」論の体育授業「論」への影響や新たな可能性を論じることにしたい。また、とくに「学習」や「学習内容」のとらえ方の変化を踏まえつつ、学校体育の新たな可能性を問う21世紀における1つの体育学習論として、その課題や展望にも若干触れてみたい。

ここでの「楽しい体育」論は、全国体育学習研究会（全体研）が1979（昭和 54）年からスローガンとして提唱してきた学習論を指しているが、その影響が今日、全体研という一民間教育研究団体の枠を超えて全国的な体育学習（授業）に影響を及ばさざるをえなくなったのは、その後の 82 年の学習指導要領の改訂に大きな影響を及ぼした（と言うよりは全面的にその内容が取り入れられた）からであることは衆目の一致するところであろう。ここに「楽しい体育」論の体育授業に対する 1 つの評価の視点が生ずることになった。

すなわち一方では、このような取り上げられ方が、いわゆる「官製」を背景にした体育授業の画一化への方向を招来させ、ましてその論が個別化・個性化や自発性・自主性といった子どもの学習を中心とする教育的自由の問題を扱っているがゆえに、さらにその批判は強まる傾向を持ったと言える。確かに、「楽しい体育」論の方法的矮小化は、この論にもとづく体育授業の展開を実現化するために単元レベルの研究に最初に着手せざるをえなかった全体研の研究内容に起因するところもあるだろうが、その内容を踏まえつつもその考え方を全国的に具体化し、実践するためには関係者が「めあて学習」と称するまでに影響力を持つ内容を打ち出し、それを方法のレベルにあえて焦点化して例示せざるをえないわが国の教育行政の制度的構造にも帰着する問題であろう。

しかし他方では、「楽しい体育」論をプレイ論にもとづく体育授業論として構想した竹之下休蔵が、すでに全体研において 1967 年にこの論の骨格を問題提起し、社会の変化と教育や体育の役割及びその課題を先見的に読み取りながらこの論をじっくり検討していた事実も見逃してはならないように思われる。つまり、70 年代後半から 80 年代にかけての「楽しい体育」論の体育授業への影響は、すでに 10 数年前から予見されていたのであり、それを可能にしたのは「体育授業」論を単に教科「内容」レベルの授業論からではなく、社会（変化）と教育の存在論を視野に入れつつ制度論的視点から学校論、教科論、学習論を論じる中で体育の目標論を大胆に構想していったからに他ならない。その結果、この体育論の広がりは、単に行政レベルや指導者の思惑を超えて、まさに子どもたちが「生き生きと」体育学習を進めていく中で教師に受け入れられ、その実感を大切にすることによっても支えられていたと考えられるのである。

このように「楽しい体育」論は、その出自からして適応主義的体育論では決してなく、またこれとは逆に体育学習に向けた子どもたちの横溢するエネルギーを創出するがゆえに、従来の体育授業論への方法的矮小化を乗り越える新たな思想やそれにもとづく方法「論」を構築していく必要に迫られているとも言えよう。

以上の事柄と関連して、「楽しい体育」論は教科内容論からみた学習の目的や内容のあり方が曖昧であり、「楽しい」という情意目標は方向目標としては機能するが、決して学習者が獲得すべき目的・対象とはなりえないとする見方や批判がある。だからこそ、「楽しい体育」論にもとづく体育授業では子どもたちに技能の高まりや技術認識の深まりがみられず、教師の指導的関与も不明確になるとする見解である。

また、目標・内容に対するこのような教師の指導的関与の不明確さは、「楽しい体育」がスローガンとして掲げられた初期の頃にみられた「楽しい体育は授業の活動自体が楽しければよい」とか、「プレイ（遊び）は本来自由であるから自由放任でよい」とか、「技能や体力を高めるために学習を楽しく行わせるのが楽しい体育だ」といったような、あらぬ誤解を生む原因になったことも否めない事実であろう。しかし、運動の特性を追求する授業方法論が浸透するにつれて、このような誤解は少なくとも徐々に払拭されていったように思われる。

翻って「楽しい体育」論の当面の課題は、その学習内容の構造化（機能的特性にもとづく学習内容の分類）が体育授業にとってどのような意味を持ち、そこでどのような学習内容が生成されていくのかを明らかにする視点を持つことであろう。それは、いわゆる「楽しさ」の意味や価値を体育的営みの中でどのように広げ、高めていくことで、近代（モダン）という時代が「楽しさ」に対して作り上げてきた情意的な言説戦略から逃れ、新たな意味や価値として体育学習の評価的視点を獲得することができるのかという課題につながってくる。実は、このような視点こそが、21 世紀における体育授業「論」を構築していく上で、「楽しい体育」論がその授業展開を通じてもたらす可能性のある、あるいはもたらすべき影響であったと考えられるのである。

7.6　体育授業「論」への影響

以上のような体育授業への影響を考える視点の特徴から浮かび上がってくるのは、「楽しい体育」論が、これまでの体育授業「論」における認識論的前提（アプリオリに教科の成立を受け入れてしまうハビトゥス）に対するラディカルな問い直しを迫っているという点で、その影響を再認識する必要性である。

それは、まず第1に体育学習における「学習」概念自体の問い直しという点に求められよう。たとえば、学習内容の客観的側面、すなわち運動における技術・認識や科学知を重視し、それによって学習内容が構成されるとする考え方は、認識論的に極論すれば、学習の主体が彼の置かれた状況や文脈に「関係なく」、一般的・抽象的な内容を学習の客体として内面化するということであり、その方法の工夫は必然的に効率化や省力化、あるいはそれを実現するテクニカルな方法への志向を強化させる。この点では、その理念がどうであれ、「楽しい体育」論の場合にもその思想が鍛えられ、認識論的課題が意識されていないと同様な陥穽に落ちることは前述した通りである。

その一方で、「楽しい体育」論における「運動の特性」という考え方はプレイ論にもとづく、ある一定の基本的内容を提示してはいるが、その基本的視点は運動を行う子どもからみた自己目的的な意味や価値に置かれているため、その学習内容は子どもが自ら運動を行う特定の状況や文脈から学習内容を独立してとらえないこと、すなわちその「主―客」関係の関係性の自由を保障することによって「意味」生成を促進しようとする間主観的なパラダイムを指向している。その意味は、ときには情緒的に現れるかもしれないし、またあるときにはより理性的なレベルで表現されるかもしれないが、いずれにしても両者はこの意味生成の過程の中で相互に関連し合わなければ、リアルな意味を生成しえないであろう。この両者を統合的にとらえようとすることによってのみ、自覚的な、さらには覚識された内容として自他にとっての運動の価値形成に迫る学習を実現することができるのである。このような過程においては、学習内容の主観性や客観性を二項対立的に問題とすることは学習論としてあまり意味をなさなくなるのではないか。むしろ、このような二項対立的な認識の仕方自体が、20世紀までに近代という時代と社会の秩序を形成する基礎になっていたことを歴史社会的に認識し、批判的に評価すべき時期にきているのではなかろうか。

また、このような意味から学習指導における「指導性重視対自発性重視」といった二項対立的考え方も再考せざるをえなくなるだろう。すなわち、理論それ自体を実体化し、それを適用するという方法論的認識は、それがどのような理論であれ一方向的な理論の適用という流れを必然的に形成し、結果として常に教師の規範的な理論適応能力を問うことになってしまうからである。前述した運動の特性の追求には、子どもと学習内容との関係に止まらない教師と子ども、子どもと子ども、教師と学習内容などの関係性が重層的に意味領域を生成していく可能性が広がっている。この「多元的現実」ともいうべき意味領域の可能性の中で教師も即時的に学習する対象を子どもたちと共有し、その「ゆらぎ」が新たな「学び」を形成する可能性をもつという認識が必要ではないか。

すなわち、このような「学びの共同体」こそが、理論の規範型的作用からの脱却、すなわち体育授業における「ゆらぎ」をまさにカオスと偶然によるプロセスに変えてしまう危険な出来事だととらえる、それこそ規範化された近代的理性の限界を乗り越える可能性を持つのである。「楽しい体育」論の理念とその論理構成は、このような視点から再度これまでの体育授業「論」を 21 世紀における授業論へ展開させていく可能性を持っており、またそのような影響力が現在必要とされているように思われる。

7.7 新たな学校体育の役割創造と「楽しい体育」論

学校体育の役割は、これまで少なくとも近代社会の教育制度の枠内で、必ずすべての子どもたちが履修することを前提として語られてきた。なぜなら、その前提となる歴史社会的背景には、近代国家が教育に要求する人間像が、教育の一側面である学校体育を通して実現されるという確固たる信念が隠されていたからだ。このような制度的庇護の下で、社会がどのように変動し、その求められる役割が変化しようとも、その社会の代理人たる教師にとっては、学校体育の役割それ自体も、またそれを実現する体育授業も比較的不変なままで済ませていられるという奇妙な逆説的関係（いわば「新しがり屋の保守主義」とも揶揄される現象）を生み出すこととなったように思われる。その関係性を決定的にし、体育教師の自由な発想と専門的力量を結果的に減じるように作用する一面をもつのが、学校体育の社会的役割をもっとも明確に強制力を持って示そうとした学習指導要領であったことは、歴史的アイロニーとしか言いようがない。

21 世紀におけるこれからの学校体育は、そのような制度的呪縛からある程度解き放たれる方向性を持つことは確実であろう。それは、教育がその社会的役割と同時に被教育者たる子どもにとっての意味や価値を問い始めたとき、必然的に要求される教育的自由の問題であるからだ。その意味で「楽しい体育」論は、体育学習論の歴史の中で、その問題の克服を担うと同時に、これまでの体育授業「論」を認識論的に脱構築していく可能性のある画期的な思潮の1つであったと言ってよいだろう。しかし、その主張はこれまで述べたきたような学校体育の制度的な歴史的規定性の中で必ずしも十分に消化されているとは言えないし、また理論的な精査やその発展的な展開への課題は、むしろ今後に残されたままであるように思われる。

【文献】

1）竹之下休蔵監修（1986）『長野県学校体育研究会「体育の学習を子どものものに」』学習研究社，pp.167-168.
2）同上書，pp.167-168.
3）同上書，pp.175-177.
4）同上書，p.177.
5）同上書，p.177-178.
6）同上書，p.178.
7）全国体育学習研究会編（1975）『つみかさね』17：14.
8）宮原敏（1978）「大会を顧みて」全国体育学習研究会編『つみかさね』21：10.
9）同上書，p.10.
10）竹之下休蔵監修，前掲書1），pp.178-180.
11）同上書，pp.184-185.
12）同上書，p.184.
13）竹之下休蔵（1978）「体育の授業に関する若干の私見―グループ学習を考えながら―」全国体育学習研究会編『つみかさね』21：5-9.
14）同上書，p.6.
15）佐伯聰夫（1981）「楽しい体育の基本的な性格と授業の計画・実施について～楽しい体育を求める上で全体研が当面している諸問題を中心に～」全国体育学習研究会編『つみかさね』24：29-30.
16）中桐法子（1981）「楽しいとび箱運動の授業づくり―小学校での跳び方と障害への挑戦―」『学校体育』34（8）：40.
17）同上誌，pp.42-43.
18）嘉戸脩（1982）「第27回全国体育学習研究協議会研究委員会問題提起～楽しい体育の理解と当面する課題～」全国体育学習研究会編『つみかさね』25：32-35.

第8章

「楽しい体育」論の課題

8.1 楽しい体育の理論的・実践的問題

いわゆる「楽しい体育」と呼ばれる体育授業をめぐる1つの思潮が、これも民間研究教育団体の1つである全国体育学習研究会（以下、全体研と略す）が主張する「楽しい体育」論をさすとすれば、その問題の取り上げられ方はこの研究団体がそれを主張して以来、その実施や進め方をめぐって問題や課題としてきた内容やその克服の方向性を探ることが中心になる。しかし、ここであえて「楽しい体育」が理論的・実践的諸問題の対象として特定化されなければならない大きな理由の1つは、これまで前章でも論述してきたように、この思潮が1977（昭和52）年の学習指導要領における「運動に親しむ」ことを体育科の目標として掲げたことと連動して大きな注目を浴び、またそのことが内外の体育実践に多大な影響を及ぼさざるをえない状況を形成してきたからに他ならない。このような状況は、それに続く1989（平成元）年の学習指導要領においてもよりいっそう進展しており、さらにはその後の学習指導要領の展開からみても体育授業の構想や実践に大きな影響を与え続けている。

したがって、全体研の主張する「楽しい体育」論は、まずもって一民間研究団体の主張の社会的先見性を立証したこと以上に、それが行政レベル（制度的レベル）で社会化され、一般化されようとしていること自体に根本的な課題を背負わされることになった。たとえば、いったん行政的レベルでこの種の言葉を用いる機会が多くなり始めると、その本来の基本的考え方とは別に「楽しい体育」という標語からイメージされる内容が1人歩きをし始め、次のような種々の誤解が生まれるようになった。曰く、「楽しい体育は授業の活動自体が楽しければよい」、「プレイ（遊び）は本来自由であるから自由放任の体育でよい」、「技能や体力を高めるために学習を楽しく行わせるのが楽しい体育だ」、「ある一定の技能を身に付けなければ体育は楽しめない」等の見解において[1)]、である。このような実践的レベルでの誤解は、全体研が主張する「楽しい体育」論、すなわちホイジンガやカイヨワのプレイ論を基調とする運動の機能的特性から体育学習の目的・内容を構成し、学習過程や学習形態（グループ学習）のあり方を考え、学習のまとまりとしての単元を種目それ自体の学習におこうとする考え方に対する理解の不足によるものであることは間違いない。

しかし、このような全体研の主張する楽しい体育学習の論理にも、もちろん全く批判や問題点の指摘がないわけではなく、むしろ前述した行政的レベルでの流布の仕方やその影響と相まって、その理論的、実践的な問題が鋭く問われるようになってきている。そこで、本章では比較的初期（80年代初頭）の問題の取り上げられ方を概観してその特徴を述べた後、主に理論的、認識論的問題を鋭く追究した多々納、杉本らの批判の内容を紹介する。また、実践的レベルでは、全体研の楽しい体育の授業論の推移とその実践的課題を取り上げながら、理論的課題を含めたそのあり方と克服の方向性を探ってみたい。最後に、これら理論的、実践的諸問題が全体研の今後の運動論のあり方とも連動せざるをえない状況にあることから、今後の楽しい体育の位置づけや戦略をめぐる課題についても若干触れておきたい。

8.2　80年代初頭における「楽しい体育」論への疑問

『学校体育』1980年5～9月号の「論点」で展開された「『楽しい体育』をめぐる問題」[注1)]における小野、佐伯両氏による論争と高部によるまとめは、この当時の「楽しい体育」論に対する体力主義体育論者からの素朴な疑問と偏見、誤解等を反映している点で大へん興味深い。論争の推移は高部によって手際よくまとめられているので、ここでは割愛するが、学校体育における体力づくりを重視する小野の主要な批判点は、人間の個体としての生命維持に不可欠である運動刺激は運動の「楽しさ」によって達成されるものではなく、むしろ身体的苦痛や心理的嫌悪さえ感じさせる中で達成させられるものと言えるのであり、「楽しい」体育の「楽しさ」への一般的なイメージがもたらす社会的影響がその達成にマイナスに働くことこそが重大な問題なのだということであった。これに対して、佐伯は楽しい体育が主張される根拠と内容を主に歴史社会的背景から説明し、その視点から小野の主張は身体を道具化した体力主義体育として位置づけられると論じ、あくまで楽しい体育では人間の運動に対する欲求と必要を充足する学習として体育を位置づけると主張する。ここでは、具体的な学習論として楽しい体育をどのように展開することで、健康や体力にかかわる問題を克服しようとするのか、またそれが生涯にわたる健康や体力の維持・増進にどのような影響を及ぼす可能性があるのかについて論じられていないので、「楽しい体育」論への誤解や偏見は払拭されないままに終わっている。

しかし、あえて言えば、この点こそがその後の体操（現「体つくり運動」）領域における必要の充足の授業実践に課題を残したと言えるであろうし、それが高部の佐伯に対する「体力の充実―健康ということは、欲求の充足ということになりませんか」[2)] という最後の疑問にもつながっていくのであろう。もちろん、このような類いの疑問はプレイ論的な「楽しい体育」論の基本的なとらえ方に課題を残すものとなっており、それゆえ依然として楽しい体育が主張する「運動の学習における自発性を尊重し、欲求と必要の充足とを統合する方法」[3)] を求める中で、学習論として必要の充足が欲求の充足とどのように統合されるのかが明らかにされないままになっていることは確かであろう。

また、高部は「教育論の立場から」と題して両者の論争を総括しようとしているが、とくに「楽しさ」が方法上の問題であるのか、佐伯が言うように教育の目的としてとらえられるのかについては明確な判断を避けている[4)] ように思われる。実は、このような教育学のレベルから楽しい体育をどのように評価し、その目的である「楽しさ」の位置づけをどのように考えるのかが、現在まで継続している教科体育としての楽しい体育の問題のとらえ方やその学習論を評価する上で大きな認識論上の分岐点を形成していると考えられる。

そのような楽しい体育をめぐる基本的な論争点と課題を浮き彫りにしたのが、同じく 1980 年 12 月号の『学校体育』誌上で特集された誌上シンポジウム「体育における『楽しさ』の考え方と学習指導のすすめ方」[注 2)] であった。ここでは、全体研の中心的リーダーであった竹之下休蔵の上記の提案を受ける形で各論者がそれぞれ疑問や課題を提示しているが、さすがにこの時点では本章の冒頭にみられたような「楽しさ」に対する表層的な解釈はみられない。しかし、その上でなお体育学習の中に「楽しさ」を位置づけようとする場合、たとえば中森が「学習における楽しさは、学習をプレイに近づけるということよりも、それぞれの教材の文化としての特質を追求していくことの中で生まれてくるというべきではないだろうか」[5] と述べ、また高田が「体育授業の楽しさを内容という観点からみれば、…（中略）…単一なものにはとらえられない」[6] と述べるように、学習内容としての「楽しさ」をどのようにとらえ、位置づけるのかについて、なお疑問が提示されている。中森の主張は、学習内容として位置づくのは「楽しさ」ではなく、「楽しさ」はあくまで教師が教材化した学習対象から導かれるものであるとし、高田は学習内容としての「楽しさ」は単一のレベルではとらえられず、その多様性と全体的な結びつきを明らかにしながら、むしろそれらの変容の過程が重要だと主張する。また、中森の主張とつながる形で佐藤らは、とくに竹之下が述べる「『学習される各種目は学習の目標であり、かつ内容であるとされるので学習の狙いは同時に内容を示すようなものにするのがよい』という主張はよくわからない」[7] とし、その学習観や構成論に認識論的な疑問を示している。

前述したように、このような楽しい体育の学習構成論をめぐっては、90 年代の高橋の論稿 [8] による疑問にも代表されるように、今日まで根強い認識論的な対立が存在している。このような対立を「学習内容構成論における客観主義と主観主義」[9] をめぐる対立と読みとるとすれば、少なくとも 80 年代当初から、言わば「主観主義」的立場に立つ楽しい体育の学習内容論が重要な教育学的課題として提示され、論争の焦点にあったことは事実であろう。したがって、楽しい体育の主張する学習内容構成論の認識論的問題、とりわけ運動の機能的特性のとらえ方それ自体が課題にならざるをえないのであるが、この時点において全体研ではほとんどそれらは問題にされず、むしろ機能的特性が「運動に内在するもの＝客体の性能」としてとらえられ、それらに「ふれる」楽しさ、喜びの追求が学習論の実践的課題となっていた。また、高田の主張との関連で言えば、楽しさをめぐって運動技術や体力、あるいはマナーや安全等の従来の学習内容との関連や位置づけが問題とならざるをえない。これらについては、全体研の全国大会における問題提起とも常にかかわる問題となっている。

いずれにしても、80 年代当初から存在したこのような楽しい体育をめぐる理論的、認識論的課題を論理的により明確にしようとしたのが、杉本や多々納らの論稿であった。

8.3「楽しい体育」論への理論的、認識論的批判

1984年に発表された杉本の論稿[10]と1990年に発表された多々納のそれ[11]は、その批判の論点においてきわめて類似した内容になっている。そこで、ここでは主に後年発表された多々納の論稿を中心にその概要を紹介し、その特徴と楽しい体育の理論的問題のあり様について考察してみたい。

まず、多々納の「楽しい体育」論に対する批判の論点は、次の5点に集約することができよう。

(1) 社会変化と体育のあり方に関する適応主義の誤り

来るべく脱工業化社会の到来を予見し、それに対応する意味で楽しい体育の必要性が論じられているが、それは結果的に社会変化に体育が追従するという「適応主義」「社会還元主義」の視点に立脚していることになる。体育の基本的特性と内容は、教育として相対的に普遍的な目的を中核としつつ、脱工業化社会への適応とその変革を止揚するところの理念から導かれる必要があるのではないか。

(2) 体育・スポーツ・プレイの概念の混乱と「楽しさ」を目的とすることの誤り

楽しい体育には、「体育＝スポーツ」あるいは「スポーツへの教育」といった概念上の位置づけがみられるが、これはたとえば教育と体育は認識次元が、プレイ・スポーツと体育は価値次元が、プレイとスポーツは制度化水準が異なるとみるべきであり、それぞれの意味・価値の完全な一致はありえない。それと関連して、楽しさは運動主体による感情的評価の産物であり、楽しさが運動自体に内在するものではなく、「目標＝内容＝楽しさ」は概念の実体化による認識の誤りでしかない。「それ自体」なるものは学習不可能というよりは認識論的に存在不可能であり、逆に運動はわれわれ自身の観点から間主観的に認識される存在にすぎない。

(3)「目的―手段」関係における二項対立論理の不当性

運動「目的」論と運動「手段」論の区別は、「目的と手段」の基本的な枠組みからみて運動を目的とみなすか、手段とみなすかの差異が長期的―短期的、あるいは直接的―間接的という認識目的による差異にすぎないことから、極め

て相対的なものである。したがって、目的と手段の概念の実体化を前提にしてその機能を特定化したり、一定の側面だけを過度に強調することは無意味である。目的はもとより運動の意味も、極めて間主観的かつ対自的なものである。

(4) 運動の「内在的―外在的」価値の規定における実在論的価値論の誤り

楽しい体育論の基本的構成原理である上記の「目的―手段」図式の第1の基礎となる「内在的―外在的」価値の規定の仕方は、「目的―手段」関係における二項対立論理を踏襲している。運動・スポーツにどのような価値を認め、どのように意味づけるかは、その特性や属性を基礎に主体が主体的に構成し、付与することによって相対的に決まるものであり、主体から離れて存在したり、獲得や学習の客観的対象・目的となるものではない。同様な意味で、内在的価値＝目的的、外在的価値＝手段的という区分も誤りであり、行為（運動・スポーツ）が目的的であれ、手段的であれ、その行為に付与される価値はすべて主体的なものである。

(5) 運動の機能的特性と分類にみられる機能の鋳型化・物神化

一定の運動・スポーツがどんな機能的特性をもつかは、基本的には運動の属性と実施者の意味づけによって相対的に決まるものであり、また同一の運動に対して異なる意味付与も可能であることから、その機能的特性が即時的に存在したり、運動に内在したりするものでは決してない。運動の機能的特性を実体化すると、楽しい体育論の理念や思惑とは正反対に学習者の主体性の疎外、学習内容の固定化・鋳型化、学習方法の形式化等がもたらされる危険性がある。

以上の批判は、いずれも楽しい体育の学習論とその構成方法に対する社会科学論的な立場からのラディカルな認識論的問題を提起している。その批判の特徴を全体的にみてみると、体育の存在論をめぐる社会との関係のあり方を問うマクロな視点からの批判（1）と、運動・スポーツと人間の相互関係のあり方を問うミクロな視点からの批判（2）～（5）の2つに大別できるものと考えられる。そして、さらに両者の批判に通底する立脚点として、楽しい体育に対する教育論の立場からの論理構成を問う視点と、論理構成の際にみられる内容の実体化やその認識を可能にする二項対立的図式を問う視点が考えられるであろう。

確かに、楽しい体育では運動やスポーツにおける「楽しさ」の学習を目的化する論拠とそれを学習論として立論し、さらには具体的な実践の俎上に乗せるための合理的、計画的、組織的な単元論が必要であることは論をまたない。このことはどのような立場からの体育学習論であれ、それが実践化されていくための共通な手続きとして必要なことであろう。しかし、本来「楽しさ」を目的とすることは、これまでの教育論の立場からは容易に受容できることではなかったし、まして運動・スポーツに対する評価的内容を構成すると思われる「楽しさ」を目的とすることは、それ自体実体化論の批判を免れえない。その点で、上記の批判の論点は、科学論的、認識論的なレベルでは現在のところ妥当と言わざるをえないのであり、むしろ同様な視点から批判されるべき他の体育学習論も多いのではないかと思われる。

確かに、楽しい体育の論理構成がさらにその認識論的レベルで課題を背負っているとすれば、それは「楽しさ」というきわめて情緒的な要素を文化論的に取り上げ、それを目的とした学習論を構成していく方法論的認識論に対する非常に慎重な配慮の有無にかかわってこよう。ところが、現実には楽しい体育の実践の拠り所となる論構成の明晰性と合理性を優先させるあまり、その認識の立脚点は構造―機能主義的な内容の実体化におかれ、それを二項対立的にラベリングするという戦略の下でその学習論（単元論）と実践が結びついていくことになった。したがって、そこには多々納が指摘するように、楽しい体育の理念やイデオロギーが忘れ去られ、その方法的実体化のみがテクノロジーとして一人歩きをしていき、逆にその理念とは正反対のベクトルが常に働いてしまう危険性があることになる。

また、教育的論議の中での「楽しさ」の位置づけについては、さらにマクロな視点からの教育の存在論や、近代社会における教育の機能を体育の機能との関連で冷静に分析していく必要がある。すなわち、制度論としての学校の可能性と限界、近代社会の構造変動とその行き詰まり（ポスト近代）の中での学校の役割変化、そしてそのような動向における体育の存在論を新たな視点から論理構成していく必要性である。このような立場から考えれば、社会科学のパラダイム転換が歴史社会的な構造変動と同時発生的に生起する可能性がある[注3)]のと同様に、きわめて論理的中立性を保っていると神話化されている教育学的な認識論的パラダイムでさえもその対象になりえる[注4)]ことは十分に考えられる。その意味からは、多々納が立脚する論理的中立性をも相対化する新たな教育学的パラダイムや制度としての体育論を創造していく可能性として、楽しい体育の論理構成が考えられなければならない時期にきていると言えよう。

8.4 楽しい体育の実践をめぐる諸問題と克服の可能性

前述したような楽しい体育をめぐる論理構成の認識論的諸問題は、ある意味で常に実践的レベルにおける諸問題を同時発生的に引き起こす可能性があることは確かであろう。1980 年代の全体研全国大会における研究委員会の問題提起をたどってみると、主に単元論を構成する運動の機能的特性のとらえ方や運動の特性に応じた学習形態の検討、あるいは学習内容の選定や学習過程の検討、さらには学習活動や評価のあり方の検討がみられ、中・高校における選択制の導入に関連する諸問題の検討も行われている。選択制の導入を除いては、いずれも単元構成レベルにおける各運動領域の学習の進め方に関連した実践的諸問題であるが、これらの諸問題の検討を通じて、次のような基本的な課題が浮上してきたという。それは、80 年代後半になって永島が「単元の計画とその実施の両面において、ただ理論を適応するということではなく、理論を踏まえつつ、その場の状況に応じて、適切に判断し、決定し、処置していく能力こそ、私達が求める専門家としての教師の最も大きな力である」[12] とあえて指摘しているように、楽しい体育の理念の方法化が精緻化されればされるほど、それが皮肉にも「皮相な実用主義に堕落する」[13] 可能性を持ち、またそのような理論の規範型的作用が指導のあり方にマイナスの影響を及ぼしている点である。そこには、授業における「ゆらぎ」をまさにカオスと偶然によるプロセスに変えてしまう危険な出来事だととらえる規範化された理性の限界が存在している [14]。そのように規範化された理性は、楽しい体育が現実の授業において教師の運動やスポーツに対する豊かな感受性と多様な関係性に対する想像力を要求するがゆえに、その理念と現実とのギャップをよりいっそう大きくし、結果的にはより深刻な影響を生徒に与えてしまう可能性も考えられる。

したがって、80 年代後半から 90 年代の前半にかけて、全体研の問題提起は単元論を離れ、もっぱらカリキュラム論やそれを支える楽しい体育の存在論、あるいはその目的・方法・内容の再検討に移行していくことになる。このような課題設定の意義は、「とくにカリキュラム論の検討を導入することで、必然的に時代のコンテクスト―生涯学習社会、生涯スポーツ、スポーツの産業化等

―を問題にし、それとの関連において体育理念を検討することになり、問題の『技術的対応・処理』を超える可能性を豊かに持っている」[15]ことにある。また、それは、前述した多々納の指摘する楽しい体育の適応主義的性格を乗り越えようとする第１歩としても位置づけることができるであろう。

そして、1992（平成4）年から95（平成7）年まで全体研の研究委員長であった青木真を中心とする研究委員会は、楽しい体育における実践的な諸問題から理論的、認識的問題を真摯に取り上げ、その集大成の意味から1996（平成8）年の第41回東京大会では実行委員会として「体育に対する基本的な考え方」と題する問題提起を行った[16]。そこでは、生活におけるスポーツの文化的享受を目標とする楽しい体育のあり方から教育や学校の枠組みの変容が論じられ、その中で学校知としてのカリキュラムの問題が取り上げられたが、それは絶対的なものではなく、生活者（子ども）との緊張関係のもとで関係論的に存在するものであることが認識論的基礎として提示された。その上で、学習と指導の進め方については、運動の機能的特性に関する認識を絶対的な、実体論的な立場でとらえるのではなく、関係論的な立場からその運用を考えることが大切にされ、学習の「まとまり（種目の楽しさ）」はそれを求める過程の意味生成から問題にされることになった。したがって、このような視点からは、「運動の機能的特性の中でこれまで軽視されがちであった『イリンクス（めまい）』や『アレア（偶然）』といった特性も生活の中でどのような原初的意味をもつのかが再検討され、これまで重視されてきた『アゴン（競争）』『ミミクリー（模倣）』との関係で、学習指導の中にどのように位置づけるのかが改めて問われなければならない」[17]であろう。さらに、体育学習の豊かさを求める視点にもとづいて人間と運動の関係を切り開く新たな視点への移行が、定着の世界から生成の世界へ、実体論から関係論へ、機能的特性の深まりから関わりのひろがりと深まりへなど、関係性の多様化を関わりの中で認識する戦略[注5]として総括された。

このような楽しい体育を標榜する学習論の理論的、実践的問題のとらえ方とその克服の方向性は、そもそも「プレイ論を背後仮説とする一人である」[18]多々納らの鋭い理論的、認識論的諸課題の提示と全体研における80年代以降の実践的諸問題から生起する理論的認識への深まりによって、徐々にその問題を新たな時代に向けて、体育が克服し、創造していく課題や目標として位置づけるようになってきていると考えられる。しかし、当然のことながら実践的検証やその深まりは今後の課題であり、その中から新たな問題がフィードバックされてくることは間違いのないところであろう。21世紀における体育学習では、これまでの体育論の脱構築に向けた楽しい体育の存在論がよりいっそう問われることになる。

【注】

1） 『学校体育』誌上における具体的な論点の各題目と掲載年月号は、以下の通りである。小野三嗣（1980）「『楽しい体育』をめぐる問題（1）体育の哲学確立を—健康維持の体力つくりの立場から—」『学校体育』33（6）：53-57，小野三嗣（1980）「『楽しい体育』をめぐる問題（3）その社会的影響もふまえて」『学校体育』33（9）：54-57，佐伯聰夫（1980）「『楽しい体育』をめぐる問題（2）『楽しい体育』論の根拠と内容」『学校体育』33（8）：64-68，佐伯聰夫（1980）「『楽しい体育』をめぐる問題（4）楽しい体育への批判と偏見に答えて」『学校体育』33（10）：62-67，高部岩雄（1980）「『楽しい』体育をめぐる問題（5）教育論の立場から」『学校体育』33（11）：58-61.

2） 『学校体育』1980年12月号における具体的な誌上シンポジウムの各題目は、以下の通りである。竹之下休蔵「〈提案〉体育における『楽しさ』の考え方と学習指導のすすめ方」pp.10-17，高田典衛「『虫瞰図』的に見た体育授業」pp.24-30，佐藤裕ほか「楽しさを『教授—学習』と切り離す危険性」pp.31-37，加賀谷凞彦「能力に応じた運動課題を」pp.38-43，岡田和雄「運動の特性を捉える視点を明確に」pp.44-49，柿沼日吉「楽しい体育学習をめざして」pp.50-55，古谷三郎「小学校体育では基礎的なものをこそ」pp.56-60.

3） 科学的パラダイムの発展過程における変換可能性とその機序を「パラダイム」概念によって明らかにしたのが、クーン，T.（1971）[19)]であり、科学的パラダイム自体の被歴史社会的構造による規定性を社会科学のみならず自然科学においても明確に論証したのが、村上陽一郎（1979）[20)]である。

4） 1990年代後半における教育学や教育社会学、あるいは教育史の理論的動向を見てみると、価値中立的な言明による人間学を基礎とした説明にとどまらず、ミッシェル・フーコーやヴァルター・ベンヤミンらの批判哲学にもとづくもの、あるいは社会史、現象学的社会学の理論的成果に学びながら、ラディカルな視点から教育現象を説明しようとする試みが多くみられるように思われる。

5） その基礎にあるのは、たとえば、作田啓一（1993）[21)]による現象学的人間学ともよぶべき論理や、ブルデュー，P. & パスロン，J.（1991）[22)]で明確に展開された文化資本の再生産論とその戦略的視点などである。

【文献】

1） 宇土正彦（1986）『体育授業の系譜と展望』大修館書店，pp.40-47.
2） 高部岩雄（1980）「『楽しい』体育をめぐる問題（5）教育論の立場から」『学校体育』33（11）：61.
3） 佐伯聰夫（1980）「『楽しい体育』をめぐる問題（4）楽しい体育への批判と偏見に答えて」『学校体育』33（10）：65.
4） 同上誌，pp.60-61.
5） 中森孜郎（1980）「体育科教育は生涯スポーツへの準備だけか」『学校体育』33（15）：23.
6） 高田典衛（1980）「『虫瞰図』的に見た体育授業」『学校体育』33（15）：28.
7） 佐藤裕ほか（1980）「楽しさを『教授—学習』と切り離す危険性」『学校体育』33（15）：36.
8） 高橋健夫（1993）「『楽しさ』の位置づけをめぐって」『女子体育』35（10）：4-7.
9） 佐伯聰夫（1995）「学習内容構成論における客観主義と主観主義」宇土正彦監修『学校体育授業事

典』大修館書店，pp.119-120.
10）杉本厚夫（1984）「『楽しい体育』論再考」『近畿大学工学部紀要』13：61-82.
11）多々納秀雄（1990）「所謂『楽しい体育論』の批判的検討」『健康科学』13：73-86.
12）永島淳正（1987）「研究委員会問題提起」全国体育学習研究会編・発行『つみかさね―第 33 回全国体育学習研究協議会佐賀大会―』，p.2.
13）佐伯聰夫（1991）「『楽しい体育』のこれまでとこれから再考」『体育科教育』39（4）：15.
14）菊幸一（1993）「選択制授業における授業スタイル」『学校体育』46（13）：32-34.
15）前掲誌 13），p.17.
16）青木真（1996）「体育に対する基本的な考え方」『第 41 回全国体育学習研究協議会研究紀要』，p.3-22.
17）嘉戸脩・立木正・新開谷央・菊幸一（1994）『小学校体育科授業研究』教育出版，p.94.
18）前掲誌 11），p.85.
19）クーン，T.〈中山茂訳〉（1971）『科学革命の構造』みすず書房.
20）村上陽一郎（1979）『新しい科学論―「事実」は理論をたおせるか―』講談社.
21）作田啓一（1993）『生成の社会学をめざして』有斐閣.
22）ブルデュー，P. ＆バスロン，J.〈宮島喬訳〉（1991）『再生産』藤原書店.

第9章
「楽しい体育」論の新たな可能性とカリキュラム構想

9.1 ゆれる社会、ゆれる教育

2006（平成18）年12月、ついに安倍内閣の下で教育基本法が改正された（12月22日公布・施行）。戦後の制定から59年を経て、政府がその権限をもって直接、教育に介入し、教育の政治化とその影響の拡大が懸念される事態となった。その背景には、少子高齢化や情報化、経済のグローバル化等々の新たな社会的な構造変動の中で、子どものいじめ問題や学力低下問題が「深刻」な教育問題として取り上げられ、これらの問題が現代社会における秩序形成に対して直接的、かつ「深刻」にかかわる政治課題としてクローズアップされたことがあげられよう。しかし、政治が直接、教育に介入することによって、あるいは法改正によって、どれほど現代社会における混迷状況を打開できるのかは未知数である。法改正をにらんだある調査によれば、これによって日本の教育がよくなると回答した者はわずか4％に過ぎず、むしろ「政府の都合のいい徳目ばかりが教え込まれる」、あるいは「日の丸・君が代の強制が広がる」など、教育に対する政治の介入を警戒する意見が多く寄せられていたという[1)]。

確かに、いじめや不登校、あるいは校内暴力等、学校ではさまざまな問題が生じ、そのたびに教育の危機が叫ばれてきた。それは、単に学校現場を制度的に支える教育的対応の問題ばかりでなく、それらの問題を生起させる社会全体の問題でもあった。しかし、この法改正をめぐる事態は、ゆれる教育の現状がそのまま政治課題として「深刻」に受け止められるほど、社会が「深刻」にゆれていることを示している。そして、そのような受けとめ方が、制度的には従来の文部行政の範囲内における［文部科学省—教育委員会］のラインと平行して、あるいはそれを超える形で［首相官邸—教育再生会議］という政治に直結した教育の意思決定機関を設ける結果となり、その二重性がゆれる教育の「深刻さ」をさらに露呈するとともに、マスコミによる学校悪玉論ともいうべき無責任な批判を助長する結果となることが懸念されたのである。

9.2　教育的対応の現実と近代教育の呪縛

さて、このような学校不信ともいうべき社会的課題は、メディアを通じて国内外の政治的な課題＝統治としての社会秩序の政治的な再構築、とストレートに結びついて強調されるとともに、そのような不安定な社会状況への認識が、全体的には継続的で、安定した経済的需要を鈍化させる方向に導く。そこで、政治的には規律・規範意識のさらなる覚醒が個人に求められるとともに、経済的にはその需要を喚起する供給側の（情報）テクノロジーを中心としたメディア開発がカンフル剤として投入されるという経済システムを恒常化させる。

これらの課題に教育的に対応するのが、学校全体の規律強化を１つのねらいとする教育基本法の改正であり、（情報）テクノロジーを支える知的教科の強化と基礎・基本の徹底であり、それらを通じた規律訓練型教育法の正当化なのである。また、これと同時にとくに若者の生き方にかかわる「つまらなさ」に関する社会的問題への対応として、生きがいのある労働とか、あるいは適切な職業選択とかいったことと関連してこの問題をとらえ、中等教育から高等教育の段階での、いわゆるインターンシップを中心とするキャリア教育が積極的に奨励されるようになる。

しかし、このような教育的対応の現実は、かつて近代社会が必要とした教育目標に関する画一化と効率化への「先祖返り」とでもいうべき現象としてとらえることができるではないか。かつての近代の社会的秩序は、自立した市民、主体性をもった人間、禁欲と抑制および規範を内面化することができる「発達した大人」の存在を前提とすることで成立すると考えられた。ここに、発達されるべき対象としての「子ども」が教育の対象として発見され、そのための教育制度が計画的に準備されることになったが、その目標とする「発達した大人」像はきわめて抽象的にならざるをえないため、具体的な子どもの姿と常にかけ離れて営まれる宿命を負っていた。近代教育のパラドックスは、このような教育の営みにおける抽象性と具体性のハザマでその到達目標の具体化が求められるようになると、教育の計画性、合理性、組織性が必然的に強化され、子どもと教育内容との具体的なかかわりをかえって無視してしまう規律訓練型教育が容易に作動してしまうところにある。だから、たとえば、ただでさえ極度に同調主義的な学校空間が現代のいじめを生み、その閉塞状況の中で、自殺が逆説的にも自己承認の手立てとなってしまうような負のプロセスに対する対策として、学校の規律強化という「改革」路線を突き進むことの限界はすでに明白なのである[2)]。したがって、現代の教育課題は、その課題に対する教育的認識の根本的な近代的パラダイムによる呪縛からどのように逃れ、それを現代社会に求められる教育の新たな現代的パラダイムに返していけるのかにあると言えるだろう。まさに、教育課題の現代化が求められているのである。

9.3 教育課題の現代化とその対応

教育課題の現代化に対する要請は、前述したように、すでに 1970 年代から 80 年代における脱産業化社会に向けた構造変動の中で予測され、求められたものであった。西側（資本主義経済体制）の先進諸国では高度経済成長を成し遂げた後、例外なく（バブル経済を除いて）低経済成長社会、あるいは安定経済成長社会に移行していく。わが国の場合には、1973（昭和 48）年と 1979 ～ 1980（昭和 54 ～ 55）年にかけて 2 度にわたる石油危機（オイルショック）を契機として、高度経済成長は終焉を迎え、低経済成長社会に移行していった。このような社会は、産業構造が重化学工業（ハード）を中心とする第二次産業から知識や文化にもとづく情報化社会（ソフト）に対応する第三次産業へ移行する特徴をもつ。また同時に、人口構造の高齢化が進み、少子高齢化する社会でもあり、人びとの社会的志向はモノを所有する（to have）ということに豊かさを求めることから、自分が生涯を通じていかに生きるべきかという自己実現（to be）に重きがおかれ、そのための情報や心地よさ、安らぎを実現するソフトウェアを求めることへと移行していく。

このような脱産業化社会では、余暇時間が増大して時間資源が豊かになり、この資源を自己の存在証明に向けてどのように有効に活用するのかという現代的課題が出現すると同時に、労働に求められる質や能力もこれまでの質や能力とは 180 度転換せざるをえない状況が出てこよう。つまり、マニュアル的な能力から脱マニュアル的（創造的）な能力へ、忍耐から意欲へ、規律（自主）から自発へ、まじめさから楽しさへ、トップ・ダウンからボトム・アップへ、といった変化である。またこのような動きは、産業社会を中心とするわが国の加工貿易体制が外国からの需要（外需）によって貿易収支を黒字にし、経済を豊かにしてきた体制から、いかに国内の経済的需要（内需）を拡大して、この水準を維持するのかという経済政策的な課題と連動することになった。

このような課題に対して、政治が教育政策を通じて具体的に応えようとしたのが、1984（昭和59）年に中曽根内閣が内閣総理大臣の諮問によって設置した臨時教育審議会（通称、中曽根臨教審）であり、その課題認識は前述したような「産業構造の変化、情報化社会の進展、生涯学習への期待の増大、各分野における国際化の趨勢など、社会の一層の変化や文化の発展に対応する教育の実現が求められている」[3)]というところに示され、これらの課題に対応して教育改革の基本的視点が、①個性重視の原則の確立、②生涯学習体系への移行、③国際社会への貢献、④情報化社会への対応、等におかれることになったのである。当然のことながら、このような臨教審答申による教育の考え方に対応する形で1989（平成元）年の学習指導要領も編成されることとなり、教育制度の柔軟な対応が学習者による学習の個別化・個性化をめざすカリキュラム編成に現れ、生徒の選択を大幅に保障する大胆な教科選択が実施されることになった。

体育においては、このような全般的な社会と教育の動きとは別に、すでに1970年代後半の1977（昭和52）年に告示された学習指導要領において、従来通りの技能や体力の向上に加えて「運動に親しむ」という目標が加えられ、学習者の側から見た運動の意味や価値をとらえようとする考え方がすでに存在していた。このような動きは、社会の動向と体育が直接結びつけられることによって、来るべき社会のビジョンの中で体育の新たな可能性が見出されていくという、独自な視点にもとづく教育課題の現代化に向けた展開といっても過言ではなかろう。

その後の教育の動きは、中曽根臨教審の答申を基本的に引き継ぐ形で、21世紀を目前に控えた1995（平成7）年に第15期中央教育審議会が発足し、当時の文部大臣から「21世紀を展望したわが国の教育の在り方について」諮問を受けたことに引き継がれる。そこには、①今後の教育のあり方及び学校・家庭・地域社会の役割と連携のあり方、② 1 人ひとりの能力・適性に応じた教育と学校間の接続の改善、③国際化、情報化、科学技術の発展等社会の変化に対応する教育のあり方、等々が検討事項として示された。これに対して、中教審は翌年第一次答申として、完全学校週休 2 日制を前提とした子どもの視点に立った「ゆとり」の中で、子どもの「生きる力」をはぐくむことを原則とする教育のあり方の方向性を示した[4)]。このような基本原則は、その後、1998（平成 10）年告示の学習指導要領に具体的に反映され、科目「総合」の時間の設置や教科内容の 3 割削減、あるいはよりいっそうの選択制の充実という結果をもたらしたのである。これは、少なくとも教育レベルにおいて平成以降の個性化・個別化といった教育の基本方針の継続であり、成熟社会に向けた自発的な学習とそれを許容するゆとりの強調が社会の構造変動に沿ったものであることの教育的認識を示すものであった。

しかし、周知のように、その後このような「ゆとり教育」批判が大々的に展開され、学力低下問題と相まって、一転して再び基礎学力重視、ミニマムな教育内容の具体的策定という方向に教育の考え方が転換しつつある。このような教育的対応は、すでに述べたように教育課題の現代化を阻む近代教育の根強い呪縛としてとらえられるとともに、たとえどのような理念であれ、教育の政治化とそれにもとづく説明責任（アカウンタビリティ）という名のもとでの政治的迎合化体制の中では限界が生じるということを歴史的に示唆していると言えよう。教育課題の現代化に求められているのは、まさに教育の自立にほかならないのである。

9.4 体育における教育的対応の限界と課題

教育課題の現代化を阻む動きと連動して、体育ではこのような社会的動向に対応する教育の基礎・基本の徹底方針を受けて、これを子どもたちに対して最低限に保障する身体的能力とは何かという側面からとらえ、他教科に先がけて「いち早く」この要求に応え（迎合）ようとした。そこでは、「すべての子どもたちが身につけているべきミニマムとは？」と問いかけるなかで、学力に匹敵する、わかりやすい実体として「身体能力の要素」があげられており、再び「体」力や技術があたかも先祖返りのように強調されていると受けとめられかねないような状況がみられた[5)]。しかし、その成果の限界については、これまでの学校体育における目標の変遷にかかわって、半ば強制的な体力や技術のトレーニングを目標とする授業が、結局は「体育嫌いのスポーツ好き」を再生産するということで、すでに経験済みのはずである。

また、このような教育的対応では、先に述べた社会的な課題を生み出す人びとの不安の裏側にある「つまらなさ」に対して根本的に応えたことにはならない。なぜなら、この「つまらなさ」の背景には若者を中心とした生活のリアリティの欠如があると考えられるからである。だから、むしろ体育におけるプレイの中にある体験的学習が導く学びのリアリティこそが、その課題を解決していく出発点の１つになるのではないか。これに反して、教育＝供給の論理から従来と変わらない目標やカリキュラムを設定してしまうと、それが仮にどのようなすばらしい教育目標を掲げたとしても子どもにとって「表のカリキュラム」として一時的に機能するだけで、相変わらずその規律訓練型の手法は「陰のカリキュラム」として生き残り、生きてはたらくリアルな学習内容として記憶にとどまらない結果を繰り返してしまうように思われる。

したがって、多様な観点から体育における運動実践を評価していくためには、教師の側から単元の「ねらい」とその「道筋」や発展の方向が明確に導き出されることによって、運動を行う児童生徒の側が自己に適した「めあてをもって」体育学習を自発的に展開していく力＝学力が総合的に発揮される必要がある。自らが積極的に「自己に適しためあてをもつ」ためには、対象となる運動やスポーツに対して「興味・関心」を示すことがかかわりの出発点となるだろう。また、そのうえで「めあてをもつ」ということは、すでにいま自分ができる技能の程度を知るという「知識」が整理されたうえで、挑戦可能な「めあて」の質や量のレベルを「思考・判断」するということにもとづく。そして、その思考・判断が適切であれば、いま自分が発揮できる工夫されたパフォーマンスの全体＝その１つとしての技能、が発揮されるということになるのである。

このように教育課題の現代化とは、子どもから見た学習課題から教育課題をとらえ直すということであり、これに応える体育の現代的課題とは、なお「楽しい体育」論が導く授業論とそれを支える思想を必要としているのである。しかし、ゆれる社会とゆれる教育の影響のもとで、現在、その思想や授業論は著しく誤解され、歪曲されていると言わざるをえない。したがって「楽しい体育」

は、現代の教育課題に応えると同時に、教育課題の現代化を導く根本的な近代教育批判を「学習」の論理から徹底的に展開することによって、「楽しい体育」の現代化を実現し、その期待に応えていかなければならないであろう。

9.5 教育の論理か、学習の論理か

教育の営みそれ自体は、education 本来の意味である生徒がもっているあらゆる可能性を「引き出す」「伸ばす」といったことを目標とするが、現実に制度化された教育のしくみは「教える」「授ける」といった指導者側の立場から何を目標にし、何を教えるのかが先行すると考えられる。それは、国家が設定する教育水準や教育目標に照らして必要とされる能力や成果から減点法によって評価される性質をもつ。あらかじめ、個々人の能力の実態とは関係のないところで基準が決定され、それから不足したり、欠落したりすることを想定して、その部分を満たす「必要性」を強調するわけである。

学校教育という枠組みから考えると、このような「教育」の論理の強調は、至極当然のこととして受け止められるだろうが、社会教育の枠組みでは人びとが少なくとも公教育の一環としての学校教育のように強制的に教育を強いられることが前提にはならない。したがって、社会が複雑化し、学校教育だけでなく学卒後の継続的な教育が社会にとって必要とされる場合には、生涯における主体的な学びの継続性、すなわち自発的な生涯にわたる「学習」の論理が強調され、そのための条件整備が提唱されることになる。

このように、教育の考え方について生涯にわたってその必要性が求められる社会にあっては、従来のような考え方の延長線上においてこれをとらえようとする「教育」の論理と、学ぶ側からの可能性の追求としてこれをとらえようとする「学習」の論理という 2 つの立場に大別してとらえることができると思われる。このような考え方の違いが比較的明確に示されたのは、1960 年代からユネスコの成人教育部長であったポール・ラングランが提唱した「生涯教育論」と、それ以前の 1930 年代から米国においてグレート・ブックス（真の教養となる偉大な古典書）を編纂したロバート・ハッチンスらによるグレート・ブックス・セミナーにみられた「学習社会論」との対比においてであった。佐伯[6)]は、前者が社会の急激な技術革新によって必要とされる学校教育だけではカ

バーできない能力を「教育」の論理によって補完するという意味で、生涯にわたってそれを継続しようとする考え方であるのに対して、後者はあくまで学ぶ側１人ひとりの人間にとっての生涯が、彼らの成熟を求める人間的可能性の開発の過程であるととらえ、社会の側がそのような学習をすべての人に可能にするよう構成されるべきであるとする「学習」の論理に立った考え方であると述べる。また、「生涯教育論が『必要』の視点を重視する人材開発的傾向が強いのに対して、学習社会論は『可能』の視点を重視し、人間的成熟を探求する新しいライフスタイル論であるから、両者の間には基本的な思想の違いがある」とも述べている。

「楽しい体育」の現代化は、なお現代の教育課題がこのような「教育」の論理によってその現代化を阻まれている状況を的確におさえながら、現代社会におけるスポーツ需要の特徴に引き寄せて、人びとの生活の質（Quality Of Life, QOL）の向上と人間的成熟の「可能性」を切り開く「学習」の論理やその思想を徹底化させることによって実現していくものと言えるだろう。

9.6「楽しい体育」の可能性

「楽しい体育」がめざすものは、たとえば現代社会における健康問題に対する学校体育の意義や役割のとらえ方の違いに明確に現れる。従来の発想では、健康問題の直接的側面とみなされる体力低下を要素的に取り出し、その向上という「必要」の論理から処方的役割を学校体育に求めて、体力を高める体力つくりの内容がカリキュラムとして組み込まれる。しかし「楽しい体育」では、1960年代以降顕在化している疾病構造が、その要因の明確な伝染性疾患からむしろその要因が不明確で複雑なライフスタイルに起因する習慣性疾患（生活習慣病）に変容していることを重視して、結果的に健康問題を克服する「可能性」を自ら自発的に運動しようとするライフスタイルの確立によって示そうとしているのである。そこでは、単に運動が好きであるという次元から自分にとって望ましい価値のある運動へとかかわりが洗練化されていくことがめざされ、そのための継続的、発展的な学習が保障される必要がある。また、その克服のために必要な生活条件の整備、および運動への欲求と必要を充足させる社会的なハード・ソフトの諸条件整備に対する要求が行える文化的・社会的諸能力を培うこともめざされなければならない。

前述したように、21世紀に入って間もなくの学習指導要領施行後、教育界やそれを取り巻く社会状況は、われわれの予想をはるかに超えるペースでめまぐるしく変動している。このような動きの中では、前述した「確かな」学力論の主張を背景とした受験教科を中心とする年間総授業時数確保の巻き返しと体育授業への影響が大いに懸念される。しかし、大切なことは、体育が何をめざし、それが具体的成果として児童・生徒にどのような力を身につけさせることにつながり、何よりも児童・生徒自身や保護者からそれがどのように評価されるのかといったことを前提とした、それに対する授業成果の質を高めることなのである。その際、短絡的にこの力を従来の体育が歴史社会的に焦点化してきた「体力」や「技能」といった要素に還元するような逆戻りをしないことは言うまでもない。あくまで、行う者＝児童生徒の立場から運動とのかかわりをとらえ、これを総合的に発展させて生涯スポーツにつなげていこうとする「楽しい体育」の、これまでの歩みを着実に確かな授業成果に結びつけていくことが大切なのである。なぜなら、いわゆる「めあて学習」を通じて「楽しい体育」が大きな誤解と偏見にさらされている例に見られるように、その追求の深化は思想的にも方法論的にも未だ道半ばであることが十分に理解されるからである。

9.7「楽しい体育」によるカリキュラム・イノベーション

従来の「教科カリキュラム」という考え方に限定して体育をとらえれば、体育授業のカリキュラムのみがカリキュラムを議論する対象になるが、実は特別活動や課外活動として位置づけられてきた、いわゆる「生活（経験）カリキュラム」と呼ばれるカリキュラムにも重要な学習のリアリティがあり、子どもたちにとってはむしろこの生活カリキュラムのほうが記憶に残る体験学習として評価されていることが多いようにも思われる。体育のカリキュラムをこのような「学習（学び）の経験の総体」として位置づけるとすれば、体育という教科の目標は、これらすべての学習を通じて達成されていくという考え方が生まれてくるし、そのような自発的でリアルな楽しい体育学習を現代社会が必要としていると考えることもできる。また、そこまで想像力を働かせなくとも、今、ここにいる学校の子どもたちの生活を自ら生き生きとさせている運動遊びや自発的なスポーツ学習のこれまでの役割の大きさを考えれば、このことはすぐに理解できるであろう。

ところで、かつて1990年代半ばに経済同友会が、「学校」から「合校（がっこう)」へと学びのシステムを大胆に変えることを提唱したことがあったことは、すでに第1章でも述べた。そこでは、知的教科を中心とする学校のスリム化論が展開され、体験教室などが周辺に位置づけられた。これは、知的教科を中心とする経済界の要求に沿った教科カリキュラムの編成原理にもとづく。同じ教科カリキュラムでも、体育や美術、音楽といった教科には、これとは異なる編成原理が必要であろう。それは、これまで述べてきたように共同同時的な生活における文化の体験的学習を中心に、これをどのように学習として広げ、深めていくのかという道筋＝課程、すなわちカリキュラムを編成していくという原理にもとづく。このようなカリキュラム編成は、その体験＝活動のみを従来の教科カリキュラムの原理に対比させれば、ややもすると学校で中心的に扱われる対象にはならず、せいぜい地域や家庭などに自由に任せればよいという、先の経済同友会による体験教室としての提唱に同調させられる結果を招く。しかし、これを体育学習におけるカリキュラムとして目標化すれば、学校学習にこそ、その中心的な場所と時間が提供される必要があると考えられよう。戦略的には、当面、人的・物的資源を地域や家庭に求めながらも、将来的には徐々に自立的な地域や家庭の教育力を回復させ、ともにパートナーとして子どもたちの学習カリキュラムを編成していく方向性を展望することも可能である。

このような観点から体験的学習としての体育カリキュラムの重要性を考えてみると、その学習成果は「楽しい体育」のカリキュラムを通じて確固としたものにされ、今日あるいは近未来の社会的課題を克服していく大きな可能性を秘めている。だから、体験教室はむしろ、逆に共同同時学習の機会を提供する学校生活の中心に置かれることによって、「楽しい体育」による自発的な学びのリアリティから学びの発展的自由を保障し、確固とした知的学習によってライフスタイルを創造する学習へ発展させるようなカリキュラムへと導くことが可能なのだ。これは、まさに経済同友会が提唱する「合校」論の逆バージョンであって、「楽しい体育」から見たカリキュラム・イノベーションにほかならない。そして、それは、最終的にそれぞれの地域に暮らす子どもたちから見た特性からスポーツを学習する多様性を生み出すカリキュラムにもなるから、地域、家庭の教育力をいったん学校という場に集約させることはあっても、同時的かつ将来的には、生涯学習の一環としてスポーツ学習カリキュラムを広く地域や家庭に再度浸透させることによって、それぞれ個人のスポーツライフスタイル形成に対しプラグマティックに寄与していくという側面をもつことになるだろう。

これまで学校カリキュラムの編成原理は、近代社会の形成に大いに貢献してきた。現代社会における生活の諸問題に対しても、学校化社会における中心的存在である学校を地域・家庭における学習社会の推進というビジョンに向けて戦略的に利用する必要がある。そのためには、学校カリキュラムの「教育」から「学習」へのイノベーションが必要である。その意味で体育は、スポーツ享受をめぐる自己開発享受モデルを「楽しい体育」の学習カリキュラムとして示すことによって、学校の教科カリキュラム全体に対するフロンティア的役割を担う可能性に拓かれていると考えることができよう。

9.8「楽しい体育」のカリキュラム構想試案

「楽しい体育」におけるカリキュラムの編成原理

「楽しい体育」におけるカリキュラムの編成原理は、基本的に全体研がこれまで研究してきた単元構成の原理を生かしながら、このカリキュラムを通じて、いかに学習者にとってリアルな欲求や必要が連続的に充足され、それに付随する技能や体力などをめぐる学習の必要性や理解が深まっていくのかを求めていくことになる。「楽しい体育」では、いわばこのような学習のリアリティを積み重ねていくことによって、その最終的な目標である生涯スポーツの実践者を育てていこうとするカリキュラムを考えることになる。したがって、それは「教育」課程としてのカリキュラムというよりは、まさに「学習」課程の意味をもったカリキュラムとして構想されることになるだろう。

「学び」のカリキュラム・デザイン─その時系列性（シークエンス）

「楽しい体育」における学びのカリキュラム・デザインでは、まず学びの時系列性（シークエンス）における連続性それ自体が重視される。それは、言い換えれば、「今もっている力」で自発的に学びを継続していく（あるいは継続していける）ことをすべての子どもたちに保障するカリキュラムであるということだ。このような観点から、学びの「系統性」を考えたとき、従来から言われている学びの発展という視点と、共同同時学習における今もっている力の格差の広がりという視点をどのように統合したり、収斂させたりしていくのかという課題が出てくる。確かに、これまで私たちは、この課題に対して中・高校期における「選択制」というカリキュラムをデザインしてきたが、そこでの学びの発展をこれまでのように単なる種目選択の中での「楽しさ」享受の深まりだけで終わらせてよいのかどうかが大きな課題となる。また、文化としてのスポーツ学習が、このような選択制授業の中でどのようにカリキュラム化されるのかについても本格的に検討されなければならない。

「学び」のカリキュラム・デザイン―そのねらい＝内容（スコープ）

「楽しい体育」における学習内容（スコープ）の構成の広がりと深まりという観点から、各校種段階のカリキュラムの目標は次のように考えられる。

小学校期では、従来のように運動の機能的特性に十分にふれてその楽しさや喜びを享受することに向けて、どのような特性のふれ方や深め方の連続がカリキュラムとしてデザインできるのかが課題である。ここには、とくに低学年の運動をめぐる課題をカリキュラム論からどのように位置づけ考えていくのか、あるいは低・中・高学年の「楽しい体育」の発展をどのようにカリキュラムとしてデザインし表現していくのか、といった課題があげられる。

中・高校期では、基本的に先ほど述べた選択制をどのようにカリキュラム化していくのかについて本格的に着手していく必要がある。このうち中学校期では、小学校期における運動の楽しさ享受をベースにして体操やスポーツ、ダンスの各運動領域をめぐる文化的享受能力の育成を総合的に図っていくことが大切である。そのためには、この「文化的享受」といった場合の、またこれを「総合的に図る」といった場合の、学びの対象が単なる「種目」や「領域」の学習ではなく、広い意味での「文化としてのスポーツ」にどのように結びつけて学習していけるのか、ということが課題となる。具体的には、各種目や運動領域の技能的要素や体力的要素といった行動文化的なレベルだけでなく、それを支えるルールとの関係やそれらを方向づけるスポーツ観や運動観の学習を、できれば保健領域の健康観の学習とも交差させながら幅広く学んでいけるカリキュラムのデザインである。また、将来的には、前述したように運動部活動や課外の体育的活動を体育カリキュラムの中に組み込み、シーズン・スポーツという発想も取り入れながら、スポーツや運動に対する自己開発の幅を広げたり、深めたりする享受スタイルを学んでいくことも大切になってくると思われる。そして、高校期では、「楽しい体育」のカリキュラムによって育成された運動やスポーツに対する文化的享受能力をふまえて、それを自発的な運動やスポーツに対する明確な価値観に裏打ちされたスポーツライフスタイルの形成や創造に発展させていくようカリキュラムを編成していくことが課題となる。ここでは、本格的に地域のスポーツクラブや運動部活動を含めた関連資源をカリキュラム資源として取り込み、自らのトータルなスポーツ生活（スポーツライフ）をデザインしていく能力の育成がめざされることになる。

以上のカリキュラム・デザインをこれまで単元レベルでねらいの要素にしてきた「場の工夫」や「ルールの工夫」、あるいは「マナー・フェアプレイの徹底」との関連で、それらの学びの連続が高校期におけるスポーツ目的論としてのスポーツライフスタイルの確立にどのように関係づけられるのかを示すと、次の図 9-1 のようになろう。

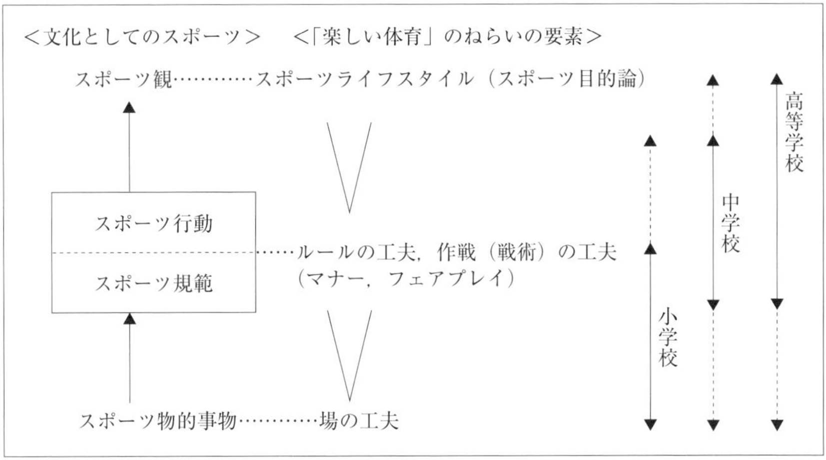

図 9-1　「楽しい体育」のカリキュラム・デザイン（筆者作成）

「楽しい体育」におけるカリキュラムの基本構想

このように「楽しい体育」のカリキュラム・デザインは、運動が好きになる（楽しい）学習（あるいは学習のしかた）をベースにして、このような共同同時的な楽しさを支える多様で個性的な好みや楽しさをスポーツ文化との関連で自覚し、さらにそのような学習の積み重ねの上に自らの運動やスポーツに対する価値観に支えられた生き方、暮らし方（スポーツライフスタイル）への自覚に発展させる道筋をもつことになる。そして、楽しい体育のカリキュラム・デザインは、（学齢期を含めた）生涯スポーツが、まさに学齢期において培われ基礎づけられた運動に対するライフスタイルを出発点にして、人生のさまざまなライフステージにおける条件や環境に影響されながらも、その文化的享受能力をさらに高め、体力や技能のいかんにかかわらず運動の特性にふれる楽しさや喜びの領域を拡大していく諸相であるととらえて、学卒後以降の「未完のカリキュラム」としても機能することをめざすことになる（図 9-2 を参照）。したがって、このようなスポーツライフスタイルの確立に向けた「楽しい体育」のカリキュラムから見た生涯スポーツの可能性は、むしろ技能や体力が衰える中高年期や老年期にこそ、運動の多様な楽しさを文化的に享受する質の深さと領域の広がり（＝運動需要の量的な拡大と質的な深まり）に拓かれていくと考えることができる。

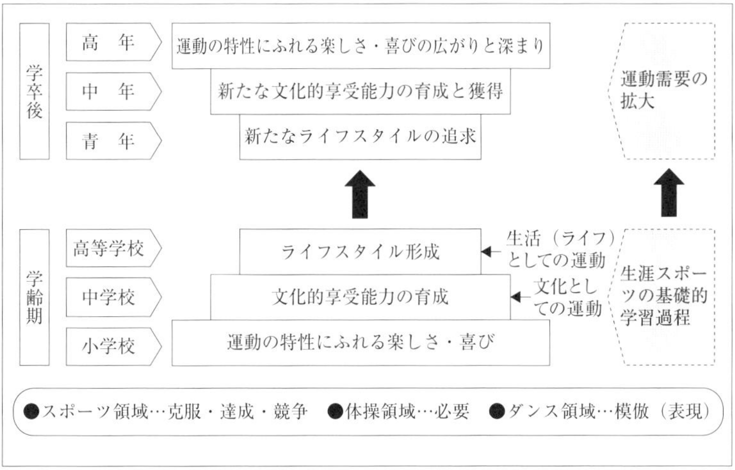

図 9-2 「楽しい体育」におけるカリキュラムの基本構想（筆者作成）

最後に、「楽しい体育」のカリキュラムの性格をこれまでのカリキュラムと比較して表現するとすれば、それは、文化達成ではなく文化「享受」のカリキュラムであり、目標達成ではなく目標「探求」のカリキュラムであり、完成追求ではなく「自己開発享受」のカリキュラムであり、教育ではなく「学習」のカリキュラムであると言えよう。従来の体育カリキュラムは、現実社会の要求する目標達成の手段＝教材として運動をめぐる身体性、文化性、社会性の各要素を体力、技術（技能）、協力（人間関係）等に目標化し、段階化して強制するプロセスを構成してきた。これに対して「楽しい体育」のカリキュラムでは、目的＝内容論の立場からプレイの中における学習者の自発的な探求が、どのように内在的な身体的、文化的、社会的な「洗練化」をもたらし続けるのか、その可能性をカリキュラム構成の原理としていく「未完のカリキュラム」なのである。

【文献】

1） 高谷秀男（2006）「be between 教育基本法」朝日新聞朝刊，2006 年 11 月 25 日付.

2） 杉田敦（2006）「いじめと日本社会」朝日新聞夕刊，2006 年 12 月 27 日付.

3） 黒羽亮一（1993）「臨時教育審議会」奥田真丈・河野重男監修『現代学校教育大事典第 6 巻』ぎょうせい，p.522.

4） 「月刊高校教育」編集部（1996）「第 15 期中央教育審議会第一次答申」『月刊高校教育』29（12）：6-7.

5） 中央教育審議会初等中等教育分科会教育過程部会健やかな体を育む教育の在り方に関する専門部会（2005）「これまでの審議状況—すべての子どもたちが身につけているべきミニマムとは？—」，pp.5-7.

6） 佐伯年詩雄（2006）「スポーツプロモーションビジョンの検討」佐伯年詩雄監修『スポーツプロモーション論』明和出版，pp.2-15.

第IV部

体育理論のプロモーション

第10章

体育理論の必要性と可能性

10.1 スポーツの歴史や文化を学ぶ意義

「体育に理屈はいらない」という考え方にもとづいて体育の指導を行えば、それが強制的指示・命令の多発する体育授業の根拠にはなり得ても、生徒が自発的、自主的に体育学習を展開するための指導になり得るはずのないことは明らかであろう。しかし、今日までの体育授業は、少なくとも前者の悪しき伝統を引きずってきており、しかもあらゆる面で知的関心と理解力が旺盛な中・高校の生徒たちに、そのニーズを満足させるような学習内容を提供してこなかったと言えるのではないか。

ある高校の体育教師は言う。「生徒は体育に知的学習なんか求めてはいない。彼らは体をただ動かしたいだけなのだ」と。だから、体育教師は授業において形式的な運動実践の場を提供し、生徒をただ運動させる半ば調教師的な態度か、あるいはこれとはまったく逆に生徒の運動したい欲求に任せる半ば放任的な態度を正当化してきたのだ。

この両極端の授業観の中で、知的学習によって引き出される可能性をもった新たな運動への興味・関心の芽は摘みとられ、中・高校生らしい多様な運動へのかかわり方は圧殺され、実技の一方的な押しつけによるマンネリズムとパターン化は学習意欲を減退させていく。

そこでは、自分が今かかわっている運動種目のルールや技能に対して何の疑問も抱かず、それが鉄の檻のように自らを拘束し始め、運動からの離脱を促進する方向に働く。このような現象は何も運動の不得意な生徒にだけ起きる現象ではなく、ある一定の目標やルールの下で自らの技能を限界にまで高めることができた運動が得意な生徒にとっても早晩訪れることになるだろう。いずれの場合にも、このままでは運動からの離脱が促進される運命にあることに変わりはないのである。

問題の解決の在処はどこにあるのか。言うまでもなくその原因の 1 つは、今自分が向き合っている運動種目を所与のスポーツとして、スポーツ種目それ自体が変更のきかない、固定的な文化として考えるところにある。たとえば、バスケットボールとは何か、バレーボールとは何かは、生徒にとってすでに多くのマスメディアによってインプットされたオリンピックの種目であったり、世界選手権でのそれであったりしている。

マスメディアは知らず知らずのうちに、生徒たちに固定的なスポーツ種目「像」を植え付けるばかりでなく、その像を頂点とする種目レベルのヒエラルキー（権力的階梯性）をも浸透させる。それは、マスメディアにとっては必要な消費戦略であるが、その戦略に取り込まれた多くの視聴者（生徒たち）は、たとえばバレーボールという運動種目とは「かくあるべし」という強い価値観を植え付けられてしまうことになるのだ。そして、それは前述した運動種目の存在それ自体に知的レベルで指導的な目を向けようとしない多くの体育教師の指導観やそれにもとづく実技授業によってさらに強化され、確認されていくことになるのである。

スポーツの歴史や文化を学ぶ意義は、まず第一にそのようなヒエラルキーを解体していく基礎的な視点や考え方を学ぶことによって、実技学習を自分たちの適性や能力に応じた学習内容に再構成していく力を養うところにあると考えられよう。体育学習にとって「ルールや技術は疑ってよい」のである。なぜ疑ってよいのか、どのように疑ってよいのか、疑うことから次に何が生み出されていく可能性があるのか、それらすべてに自分たちなりの回答を考え出していくことが、スポーツの歴史や文化を学ぶ体育授業なのである。

10.2 単元としての生かし方

このようなスポーツの歴史と文化を学ぶための学習のまとまり（単元）は、単独の単元構成と、選択した運動種目の実技授業（中・高校における選択制授業）に生かす単元構成の 2 つが考えられる。

1999（平成 11）年の学習指導要領の改訂では、中学校の「体育に関する知識」

が第3年次にも履修することが義務づけられ、従来の高校における「体育理論」の履修を含めて中・高6年間の一貫した知的学習の指導体制が敷かれることになった。また、「内容の取り扱い」では、中・高校とも「指導に当たっては、内容の「H 体育に関する知識」との関連を図るとともに」（中学校）や「内容の「A 体つくり運動」から「G ダンス」までの領域の指導に当たっては、内容の「H 体育理論」との関連を図って指導するものとする」（高校）とあるように、明確に選択制授業との連携強化を指摘している。その意味でスポーツの歴史や文化を学ぶことは、選択した種目の運動実践と結びつく、いわゆる実践的知識として生かされることに意義が求められているようにも受けとめられる。

しかし一方で、生涯スポーツとの豊かなかかわり方とは、その知的学習が「する」ことのみに生かされることを前提としている訳ではなく、「知る・調べる」「観る・支援する」といった多様なかかわり方と結びつくことによって、それらのかかわり方をより豊かにしていくことを求めることでもある。

したがって、中・高6年間の一貫した体育の知的学習において、スポーツの歴史や文化は何を目的として、どのように学ばれることが、生徒たちのスポーツニーズを豊かにし、知的発達の要求に応えるカリキュラムを構成していくことになるのかに関して、カリキュラム論のレベルから十分に検討しておく必要がある。

一般に、中学校では運動実践と関連させながら、ルールや技術の歴史的変化や文化的特徴をスライドやビデオ、図版などの資料を用いて具体的に学習することで、ルールの工夫に対する観点や技術の特徴をつかむことができるであろう。高校では、中学校におけるこれらの知的学習がより詳細なレベルで全面的な選択制授業への展開（たとえば、種目選択の基準や自分たちの力量に応じたルールの改変の基本的考え方、あるいは技術や戦術を考える上での基本的な考え方など）に同じように生かされていく可能性がある。また、それと同時に、前述した単独の単元としてスポーツの歴史や文化を支える考え方や意義（観念や理念）に触れるテーマ型の学習がより多く設定される必要があろう。なぜなら、スポーツの歴史や文化を学ぶことは、運動実践を中心とする体育学習では十分に考えることができない近代スポーツの理念的特徴を相対化し、もっとも変化が困難なスポーツ文化の構成要素（近代スポーツ観）の特徴を歴史的な観点から明らかにすることができるからである。

10.3 学習内容構成の基本的視点

図 10-1 に示したように、スポーツ文化の構成要素は、大きく観念文化、行動文化（規範体系・技術体系を含む）、物質文化の 3 つに分けることが可能である。そして、これらのスポーツ文化を構成する 3 要素のうち、上位に位置する観念文化の体系の影響力は当該社会の構造（たとえば、家族的・地域的な有機的構造か、組織的な機能的構造か）や歴史的背景（たとえば、前近代か近代か、あるいは〈ポスト・後〉近代か）との関係でたいへん強く、容易に変化しない性質（不易的性格）を持っている。

これに対して、下位文化である行動文化や物質文化は、その時々の状況に応じて多様に変化しやすく（流行的性格）、それは一方で近代スポーツの発展を保障するものであったが、他方でその変化は上位文化たる観念体系への影響力の弱いものでもあった。

このようなスポーツ文化の構造とその特徴を歴史的に明らかにしていく視点を学習内容の構成に生かしていけば、ルールや技術に対する文化的・歴史的学習が運動実践においてどのような学習内容の可能性と限界を示すのか、そしてその限界を克服していくために、それらのルールや技術の特徴（近代スポーツ

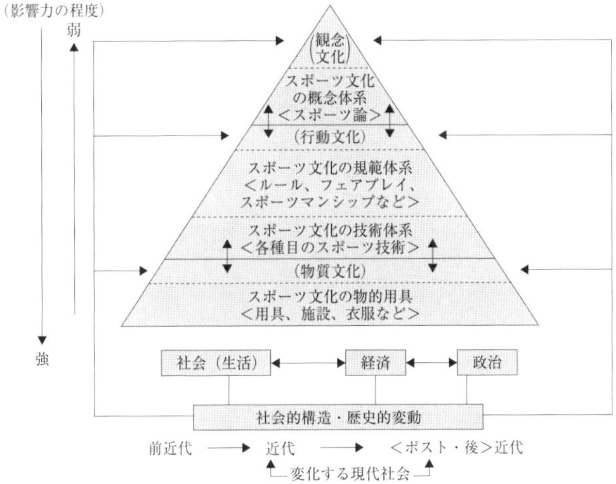

図 10-1　スポーツ文化の構成要素間の関係と歴史（筆者作成）

の特徴）を支えている当該社会の構造と歴史的特徴に支えられた理念や考え方、価値や観念をどのようにとらえたらよいのかというカリキュラム構成の視点に発展していくことになる（具体的な単元レベルでの活かし方については、本章第６節で高校の場合を取り上げる）。

スポーツの歴史や文化を学ぶことは、すべての生徒の生涯にわたる運動やスポーツへの多様なかかわり方を正当化する歴史的、文化的な根拠と妥当性を付与すること、すなわち中・高校における教科「体育」必修の必要性を自ら論証するものでなければならないのである。

10.4 スポーツ文化への知的要求　―それは必然か？―

では、「生徒の知的要求」に応えるスポーツ文化のカリキュラムとは、どのようなカリキュラムなのか。そこで、まず基本的な問いかけをしてみたい。スポーツ文化に対する「生徒の知的要求」とは、それに応える前提としてア・プリオリに存在するものなのか、それは中・高校期において必然的に形成されていくものなのか、と。答えは、否、であろう。

確かに、今日では多様なメディアによって大量のスポーツ情報が、毎日中・高校生の耳目に達しており、彼らは好むと好まざるとにかかわらず、それなりにスポーツに興味・関心を抱き、また抱かせられていることであろう。しかし、だからこそ、その興味・関心がストレートにスポーツ文化に対する「知的要求」を生み出す保証はどこにもない。むしろ、よく言われるように、たとえばマスメディアが一方的に伝える情報を彼らはそのまま鵜呑みにし、物知り顔で、ある特定の種目のスポーツ情報を披瀝し、スポーツのルールや技術について語るであろう。「バレーボールとはかくあるべし」「バスケットボールとはかくあるべし」と。マスコミが一方的に流している興味本位の情報が、その真偽を問われないまま無意識のレベルで行われていることが、スポーツの文化的理解や解釈に悪影響を及ぼし、体育の実技学習にも何らかの弊害となる固定的なモデルを提供していることは大いに考えられることである。

だから、むしろこのような状況下においては、スポーツ文化に対する生徒の「知的要求」を生み出すこと自体がかえってむずかしい環境であることを自覚する必要がある。もはや、生徒自身のそのような知的要求は、マスメディアを介した二次的、三次的な経験の向こう側に押しやられ、退けられている。しかも、その当事者である本人たちは、そのような知的状況を誰からも気づかされないままに中・高校期の多感な、問題意識が旺盛であるべき時代を過ごしていくのである。これは、中・高校期の体育学習が生涯スポーツの多様なかかわりを豊かに創造していく基礎的学習として、その役割を果たしているとはとうてい考えられない状況であろう。

また、これまでこのような状況を放置してきたのは、教える側の教師にとっても、教えられる側の生徒にとっても、「体育に理屈はいらない」「体育は汗をかく教科だ」というディスクール（言説戦略）による奇妙な見解の一致があったからでもある。だから、スポーツ文化のカリキュラムが応えなければならないのは、「生徒の知的要求」よりは、第一に「教師の知的要求」でなければならないのかもしれないのだ。さまざまなスポーツ番組やスポーツ報道を視聴する中で、体育教師自身がどれほどの問題や課題をそこから感じとれるのか。また、それを解決するためには、どのような文化的、社会的アプローチが可能であり、必要であると考えることができるのか。そのような「問い」が生まれたとき、自ずとスポーツ文化のカリキュラムは教師の手から生徒の手へ移り、さまざまな「生徒の知的要求」となって教師に返ってくるものと思われる。

10.5 スポーツ文化の体育カリキュラムにおける位置づけ

スポーツ文化を学ぶための学習のまとまり（単元）は、前述したように単独の単元構成と選択した運動種目の実技授業（選択制授業）に生かす単元構成の 2 つが考えられる。そのような単元構成の原則を踏まえつつ、中・高校で扱う知識・理論の構成要素を、(1) 実技・学び方的要素、(2) 文化的要素、(3) 社会的要素、の 3 つの要素に分けて、その学習内容のシークエンス（時系列）を考えると、図 10-2 のような中・高一貫したカリキュラムの流れの中でスポーツ文化（文化的要素）の位置づけが示されるように思われる。

一般に、中学校では運動実践と関連させながら、ルールや技術の歴史的変化や文化的特徴をスライドやビデオ、図版などの資料を用いて具体的に学習することで、ルールの工夫に対する観点や技術の特徴をつかむことができるであろう。それらにもとづいた運動の特性に対するより深い理解と運動の学び方へ

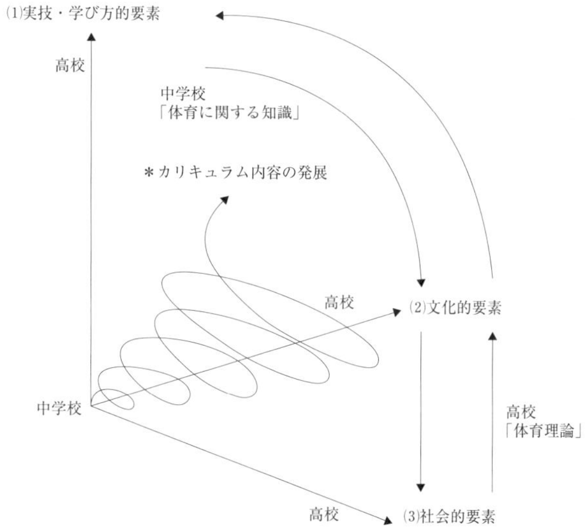

図 10-2 「知識」「理論」の各構成要素におけるスポーツ文化学習の位置づけ

の応用は、自分の身近な生活の中で運動やスポーツをどのように取り入れ、生かしていくことができるのかを考える基礎的な知識を提供することになる。また、そこから発展して、社会の中での運動やスポーツの意義や価値の問題にもある程度内容を広げていくことが可能であろう。したがって、中学校における「体育に関する知識」のカリキュラムは、3 年間を通じて（1）実技・学び方的要素→（2）文化的要素→（3）社会的要素の順序で考えることが可能であり、とくにスポーツ文化の学習が 2 年次における最初の選択制授業の予備的・基礎的学習として重要な意義を持つことを踏まえておく必要がある。

高校では、中学校におけるこれらの知的学習がより詳細なレベルで全面的な選択制授業への展開（たとえば、種目選択の基準や自分たちの力量に応じたルールの改変の基本的考え方、あるいは技術や戦術を考える上での基本的な考え方など）に同じように生かされていく可能性がある。

また、それと同時に、前述した単独の単元としてスポーツの歴史や文化を支える考え方や意義（理念や価値）に触れるテーマ型の学習がより多く設定される必要があろう。この場合、社会の変化とスポーツの必要性や意義といった社会的要素の学習を出発点にして、それらの学習をベースにしたスポーツの歴史的、文化的特徴について運動実践を中心とする体育学習では十分に考えることができない近代スポーツの理念的特徴を相対化する「問い」を生み出すようなカリキュラムの工夫が求められる。そして、そのような「問い」が、3 年間を通じて具体的な実技や運動の学び方に創造的に生かされていく見通しが必要である。

このような見通しとスポーツ文化の学習を核とする理論学習が展開されなければ、生涯スポーツにつながる豊かなかかわりをもった選択制授業の学習は実現されないように思われる。

したがって、高校における「体育理論」のカリキュラムでは、中学校のそれとは逆に、3 年間を通じて（3）社会的要素→（2）文化的要素→（1）実技・学び方的要素の順序で考えることが可能であり、とくにスポーツ文化の学習が、近代スポーツの作り上げてきたもっとも変化しにくいスポーツ観を相対化し、多様なスポーツ観の育成とその実践（選択制授業）に生かされるように期待されていると考えるべきであろう。

10.6 スポーツ文化のカリキュラム構成への視点 ―高校の場合―

スポーツ文化を理論的な学習の対象とした場合、そのテーマをどのような視点や順序性、あるいは因果関係の予測の中でとらえるかは、多様な文化概念それ自体のとらえ方と絡んで一義的に定義できるものではない。しかし、ここでは前述した体育学習の目的にもとづいて生徒が身近に感じることができる「問い」の対象としてスポーツ文化をとらえる立場から、先に示した図 10-1 のようなスポーツ文化の構成要素とその要素間の関係、及びそれらと対社会（生活）、対政治、対経済といった諸領域との関係を軸に、主に高校生を対象として考えてみることにしよう。

まず、図 10-1 に示したように、仮にスポーツ文化の構成要素を大きく観念文化、行動文化（規範体系・技術体系を含む）、物質文化の 3 つに分けて考えてみる。生徒が実技学習で意識せざるをえないのは、文字通り行動する対象の文化（行動文化）としての技術やルールの問題であろう。この技術やルールには歴史があり、また現在の国際社会においても部族や民族による異なったルールの原則や行い方がみられることを知ることによって、現行のルールや技術の成立に対して「なぜ」という「問い」を引き出すことは可能である。

しかし、図 10-1 によれば、前述したようにこれらのスポーツ文化を構成する 3 要素のうち、上位に位置する観念文化の体系の影響力は、当該社会の構造（たとえば家族的・地域的な有機的構造か、組織的な機能的構造か）や歴史的背景（たとえば前近代か近代か、あるいは〈ポスト・後〉近代か）との関係でたいへん強く、容易に変化しない性質（不易的性格）を持っている。そして、現実には近代以降の競争主義にもとづく優勝劣敗思想は、その思想の実現に向けて合理的に機能する広範囲な組織的社会を形成する中で、より高度な、より難度の高い技能が要求されるルールや技術を求め、開発するように働きかけるのである。

これに対して、この下位文化として位置づけられる行動文化や物質文化は、その時々の状況に応じて多様に変化しやすく（流行的性格）、それは一方で近代スポーツの発展を支え、保障し、強化していく要素にはなりえるが、他方でその変化は上位文化たる観念体系それ自体を変化させる影響力がきわめて弱い要素として考えることができる。

たとえば、陸上競技の走り高跳びの場合を考えてみよう。この競技における安全マットの開発（物質文化）は、より高くバーを跳び越える技術としてバーに背を向けて頭から落ちることが可能な技能（行動文化）を実現した。それは既存のルールの改変を促し、結果としてより高く跳ぶという目標の妥当性を観念的に強化すること（観念文化の強化）に働く。また、このような物質文化の変化は、当然のことながらより安全な用具を開発する経済的な動機が働かなければ実現できないし、その動機は安全マットの開発が資本主義経済における利潤の追求の対象になりえるという、対社会的、対経済的な因果関係の道筋の上で成立している。すなわち、安全マットの開発というモノを文化としてとらえていくことによって、スポーツそれ自体を構成する文化的要素を関係的にとらえることができると同時に、その小さな窓から社会や経済のしくみ、あるいは考え方の一端が垣間見えてくるということなのである。

逆に、上位文化である観念文化からの行動文化に対する強力な影響力は、「みるスポーツ」の隆盛とともに顕著に現われてきている。たとえば、スポーツに対するテレビ視聴者の爆発的な、世界的増大は、視聴率がより多く獲得できるスポーツのビッグ・イベント—たとえば、オリンピックやワールドカップ・

サッカーなど―における「見せ物」としてのストーリー性の確保と契約 TV 局の視聴時間帯の都合によって、よりエキサイティングな、ストーリー性のある競技規則への変更や選手のコンディショニングを半ば無視した形での競技時間帯の変更を強いる。これは、前述した観念文化における単純な優勝劣敗主義から「いかに」「どのように」勝敗が決定されるのかという、より高度な競争主義の内容を求める変化である。この影響は、比較的迅速にその目的に応じるようなルールや技術の変更を促し、それを実現するための施設・用具の開発や制約を実現していく。

以上、簡単ではあるが、中・高校の「知識」「理論」の一貫性に対する考え方やスポーツ文化を体育学習としてカリキュラム構成していく視点について高校を事例にして述べてみた。

しかし、実はスポーツ文化の構成要素やそれらと対社会的なレベルでのさまざまな関係を理解することが、生徒の「問い」を伴う知的要求を引き出すことにそのまま結びつくわけではない。いくらそれが正しい知識であり、ものの見方であるにしても、教師が訳知り顔にそのような内容を一方的に伝達したところで、体裁のよいスポーツ番組や興味本位な報道に慣らされている、今日のメディア視聴世代ともいうべき生徒たちには届かない可能性がきわめて高い。

では、どのようにすれば興味・関心を「問い」のレベルにスライドさせることができるのか。そのためには、生徒たちが普段「何気なく」見て、行い、感じているスポーツ現象をいったん教師が文化的にとらえ直してみることで、まず教師自身が驚きを持った「問い」を発見し、その「問い」をいかに驚きを持ってそのまま生徒たちと共有できる可能性があるのか、ということに尽きるではないかと思う。

スポーツ文化のカリキュラムについて言えば、近代以降の観念文化を揺さぶる民族スポーツの事例や障害者スポーツの実践、あるいは近代以前のスポーツの歴史的事実を辿ってみることで、自分たちが「当たり前」のように行っているスポーツの世界を相対化し、解体し、自分たちの物差しに合ったスポーツ文化とは何かを考えたくなる内容構成が求められているのだ。そのようなカリキュラムから引き出された知的要求は、自らの世代の生涯スポーツのあり方を文化創造していく基礎的な学力を形成していくことにつながっていくのではなかろうか。

10.7 なぜスポーツ＝すること「だけ」、になってしまったのか

体育学習において、その中心的内容が「運動」にあることは論をまたない。しかし、運動＝すること、という受け止め方には大きく2つの見方の違いがあるように思われる。

1つは、運動する主体である身体に着目し、その身体を動かすことが社会にとってどのような意味を達成する手段になるのかという見方であり、社会が必要とする身体の力（＝体力）の水準が強制され、「させる」という意味での運動である。

ここには、運動「する」主体である人間にとっての（主体からみた）運動の意味や価値は問われない。いわば、理屈抜きで繰り返し運動＝トレーニング、をさせることによって身体に刺激や負荷を与え、社会＝国家が必要とする軍事力や労働力に見合う体力の維持・増進を図ろうとするものであった。わが国の戦前における運動に対する見方は、このような「身体」を鍛える意味での過剰な要求を強いるものであったから、むしろその意味を明らかに（暴露）されては困るということでもあったに違いない。ヘタに知恵をつけられては、命令（強制）に従う従順な身体は誕生しないからである。戦前の体操は、この国家による意図的、計画的、組織的な体育の目標にとってはうってつけの運動として取り扱われ、スポーツもそのような意味で奨励されたのであった。

それに対して、もう1つの運動に対する見方は、運動する主体＝人間の側から、運動の意味や価値を見出そうとするものであり、いわば自己目的的な運動のとらえ方である。ここで第一に問題になるのは、なぜ人間は自ら運動しようとするのかという目的それ自体に対する考察であり、そのために必要な知識と理解の仕方である。スポーツは、そのような意味で自発的に運動を行おうとする対象であったからこそ、人類の歴史とともに今日まで継続してきたに違いない。

しかし、このような運動に対する見方は、戦後のわが国においても1970年代後半になってようやく現われてきたのであり、それまでは目的がどうであれ、運動「による」教育がめざされてきたからスポーツ＝「する」だけ、の体育的観点がそのまま引き継がれることになった。そして、およそ100年にわ

たって体育を支配してきたこのような運動観は、他の教科との相違を鮮明にするという意味においても、その学習内容を「する」ことだけに特化させてきたと言えよう。また、運動部活動中心のスポーツのとらえ方の影響は、ただひたすら勝利をめざすという勝利至上主義のもとで、子どもや指導者にとって練習＝トレーニング＝「する」ことだけに終始する、という習慣や考え方を自動的に植え付けさせてきたところにもみられよう。

だから、「することだけがスポーツ」ではないという主張に対する表層的な理解を得ることは簡単かもしれないが、これを体育学習論のなかに位置づけ、体育学習の重要な柱として考え、展開していくことは、案外むずかしい。体育学習における知識の学習の強調が、ややもすると「する」だけの学習と同様に「知る」だけの学習になってしまい、この両者の統合的学習の重要性が見失われがちになるからである。その根本的な課題は、人間と運動（スポーツ）との関係、すなわち人間はなぜスポーツに魅力を感じ、それに意味づけられ、社会における重要な価値を形成するものとしてスポーツとかかわってきたのかを「問う」ことから始めなければならない。

10.8 なぜスポーツ＝すること「だけ」、ではいけないのか

仮に、体育が運動（スポーツ）をするだけに特化して、その実践的パフォーマンス（成果）を競い、向上させる学習だけを展開したとしよう。この様子を見ていた（仮に人間と同じ思考力をもっている）動物たちは、このような人間の行為をどのように評価するであろうか。

人間の「走る」という運動がめざす「速さ」は、チーターのそれにはかなわない。同様に、人間の「泳ぐ」という運動がめざす「速さ」は、イルカのそれにはかなわない。さらに、人間の「跳ぶ」という運動がめざす「高さ」は、鳥のそれには……。つまり、結果だけをみれば、人間という動物の運動能力は、他の（人間が下等と位置づける）動物のそれにはかなわない。

したがって「する」という人間の運動のみを人間が評価するためには、「する」ということの結果から得られる勝利や記録の達成を、動物に比肩する「する」という運動からだけでは評価できないことになる。「する」ということを評価するためには、それが何よりも人間が意味づけ、価値づけた「行為」であ

るという理解が前提になければならないのであり、しかもそれは個人ではなく社会的合意のもとで目標化された性格を持たなければ存在する意味がないという認識が必要になってくる。

そのような認識を成立させる社会とは何か、そしてそれを正当化する考え方や行い方とは何か、が問われなければ、「する」運動の人間的意味は明らかにならない。このような人間的意味と社会的価値を明らかにする「知」の学習こそが、スポーツ＝する、という学習を正当化できるのである。もし30キロメートルを歩き、4メートルのザイルを登り、20メートルを泳いで4メートルの水中にある目的物を取ってくる三種オリンピック競技を哺乳類動物界で開催したら、優勝するのは人間だけであり、しかもこれは人間のきわめて平均的な運動能力によって簡単に達成できてしまう。人間は、動物と同じくらいには「専門的ではない存在をめざした専門家」なのである[1)]。このような運動の専門家をめざした人間にとってのスポーツの身体的、文化的、社会的な意味や価値を明らかにすることが、スポーツに対する「知」の学習ということになるだろう。

10.9 サッカーの不思議　―手・腕を使わないことを受けいれること[2)]―

「する」ということに少しこだわって、サッカーというスポーツを考えてみよう。運動する人間の側からこのスポーツを考えてみると、これほど不思議で、ある意味厄介な運動はないだろう。

人間は、普段の生活では運動の機能を全開させて、生活の利便性を向上させ、あるいはその機能を機械に代行させることまでしながら自由な運動を拡大していこうとすることが当たり前に行われている。ところが、サッカーでは人間の運動にとってもっともその自由を拡大し、利便性を高める手・腕を使用してはならないことになっているからだ。

一般生活において他の誰かから、理不尽なルールとして「手・腕を使ってはならない」と言われたら、人びとはたちまちのうちにその不自由な状態に我慢ならなくなり、ルールを破っていくことであろう。しかし、サッカーというスポーツでは、誰もが不平・不満をいうこともなく、むしろ嬉々としてそのルールに従い、その動きを機械に代行させないで、自ら汗を流しながらこれを楽しもうとする。むしろ、普段の生活ではルールを守ろうとしない子どもたちの方が、積極的にサッカーのルールを守り、わざと不自由な運動の状態をつくって遊ぶのである。いったい、サッカーをするという運動に何が起こったのであろうか。

ここには、どちらも同じ運動でありながら、生活のために手段化される運動と遊ぶことを自ら求めようとする目的としての運動に大きな意味の違いがあることに気づかせられる。それは、運動することが他律・手段的か、自律・目的的かの違いなのである。

そもそもサッカーの歴史を振り返ってみると、その原型であるイギリスにおける中世庶民のモブ・フットボールの形式は、現在のサッカーとは異なり、かなり荒々しく、暴力的なゲームであった。すなわち、それは村対抗、町対抗で競われる群衆フットボールであり、豚や牛の膀胱で作られたボールを数百人の人びとが入り乱れて奪い合うスポーツで、殴る、蹴る、取っ組み合うのが当たり前のけが人続出（死者が出ることも珍しくないほど）のゲームであったという。

このような暴力的なスポーツであるサッカーを、一転して現在のような禁欲的で、非暴力的なゲーム形式に変えたのが 19 世紀におけるイギリスの私学エリート校であるパブリックスクールであった。当時のパブリックスクールの子どもたちは、産業資本家（ブルジョアジー）を中心とする子弟たちであったから、我がままのし放題であり、聖職者を中心とする物静かな教師たちの手に負えるような相手ではなかった。そこで、ラグビー校校長であったトーマス・アーノルドは、彼らが大好きであったモブ・フットボールを自由な時間（＝課外活動時間）のなかで行えるようにするとともに、対抗戦を校内から郊外に拡大させていくことで、生徒自らがそれにふさわしい（対抗戦を継続させていくために安全な）ルール作りを奨励し、自己規律化する運動を自ら求めるように仕向けたのである。その結果、プレイする自己目的的な運動の喜びの追求のために、生徒たちは自ら進んで規律を受け入れ、結果的に学校側から認められるような洗練された運動をスポーツとして形成していったのであった。

このように自ら規律を求めて困難な課題（サッカーの場合には手・腕を使わない）を設定することが、複雑で豊かな戦術や戦略を生み出し、運動の楽しさの追求（過程）を長引かせるという近代社会に特有の運動形式＝近代スポーツ、を誕生させたのである。

10.10 体育で学ばせたい「知」

これまで述べてきた近代スポーツの成立の事例から考えると、運動する側からみた体育の目標は、スポーツの楽しさを追求する人間的エネルギーを保障し、それを社会にとって望ましい運動（スポーツ）のあり方（価値としてのスポーツ）に生涯にわたって自らを向けさせせることにあると理解されよう。それは、人間がスポーツをするだけでなく、見たり、支えたり、読んだり、調べたり、…といったさまざまなかかわり方をすることの意味を考え、具体的にこれらを享受する豊かな文化全体の 1 つとしてスポーツへの認識を深めていくことによって導かれていくのである。

そこには、常に「なぜか」というスポーツへの知的欲求を引き出す体育学習が欠かせない。否、自発的な体育学習が成立するためには、体育という学習を目的論的にとらえ、その意味や価値を理解し、ルールの意味とその工夫やマナーの学習といった知的学習によって「する」スポーツの学習を組織化していくしかないのである。

汗をかき、心臓がドキドキし、疲労する身体の生理的な変化や、緊張したり、喜びや悲しみを感じたりする心理的な変化、そして技能の変化に代表される動きそれ自体の物理的変化を、人間が運動することによって体験するトータルな変化として見つめ、その変化の要因を探る知的学習が保障されなければならない。

そして、何よりも大切なことは、そもそも人間にとって運動やスポーツを「する」こと＝「人間の」運動やスポーツ、となっているのは、そこに「人間にとっての」社会的、文化的な意味や価値が存在しているからであり、その学習は知的学習によってしか保障されないという体育指導者の深い理解である。「する」スポーツは、スポーツ観やスポーツ規範にコントロールされることによってのみ、はじめて人間的意味と価値をもつのだから[3)]。

【文献】

1）池井望・菊幸一編著（2008）『「からだ」の社会学―身体論から肉体論へ―』世界思想社.

2）菊幸一（2007）「運動・スポーツの文化的価値と『からだ』」『中等教育資料』56（7）：20-25.

3）佐伯年詩雄（1998）「スポーツ文化とスポーツの学習指導」日本体育協会編・発行『C 級コーチ・アスレティックトレーナー教本［前期用］』，pp.44-46.

第11章 21世紀における体育理論のプロモーションに向けて

11.1 中学校における「体育に関する知識」から「体育理論」へ

1998（平成10）年に告示された中学校学習指導要領保健体育編（以下、中学校要領）では、「体育に関する知識」が図11-1の左側に示されるようにきわめて簡単な文言で述べられている。すなわち、「(1) 運動の特性と学び方」では、①各種の運動の特性に応じた学び方、②安全の確保の仕方、③自己の生活の中での生かし方の3つ、「(2) 体ほぐし・体力の意義と運動の効果」では、①体ほぐしの意義と行い方、②体力の意義と高め方、③運動の心身にわたる効果の3つが、それぞれ知識で扱う内容として示されているのみである。また、時間数の指定はなく、その具体的な扱い方は半ば教師の裁量に委ねられてきたというのが実際のところであった。

この中学校要領は2002（平成14）年に施行されたが、90時間に削減された体育分野から考えれば、「体育に関する知識」に対する扱いについて、いくら要領上で教室の中で学ぶ座学としての単元を構成するよう求められたとしてもその余裕はないであろう。また、学習内容も抽象的なレベルに止まってしまう危惧があり、さらには教師自身がこれらの内容にあまり興味・関心を感じることができないといった現状であれば、この領域に対する扱いをさらに著しく軽視する背景になっていたと思われる。したがって、実際には、各運動領域の単元における「はじめ」の段階でのオリエンテーションや、「なか」や「まとめ」の段階での各運動領域にかかわる具体的な安全や効果に関する知識として扱われているのがほとんどなのではなかろうか。

これに対して2012（平成24）年に施行された中学校要領では、「知識」から「理論」への名称変更もさることながら、図11-1の右側に示されているように、

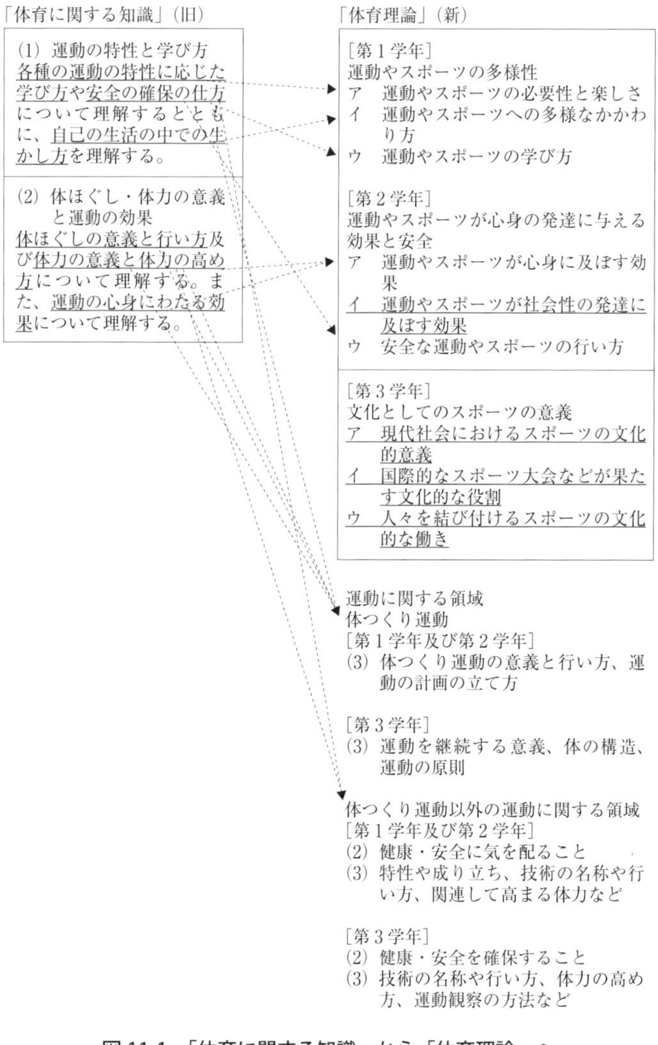

図 11-1　「体育に関する知識」から「体育理論」へ

各学年で大項目が示され、その大項目の内容としてア～ウにわたる小項目が明示されている。しかも、時間数の取り扱いでは、各学年 3 単位時間以上をあてることとなっており、学年ごとに示された 3 つの小項目の内容を 1 時間ずつ取り上げるような設定になっている。

1998（平成 10）年要領との比較から、もう少し詳しく「体育理論」への変化を見ておこう。まず大きな違いとして指摘できるのは、「体育に関する知識」の（2）で扱われていた「体ほぐしの意義や行い方」が運動に関する領域である「体つくり運動」領域に移行したことである。そして、「体力の意義と高め方」についても、その一部が第 2 学年における理論の「ア 運動やスポーツが心身に及ぼす効果」で扱われるものの、その大半は各運動に関する領域の「(3) 関連して高まる体力」（第 1 及び第 2 学年）や「(3) 体力の高め方」（第 3 学年）といった「知識、思考・判断」で扱うように指示されたことである。

「体ほぐし」については、1998 年要領で初めて取り上げられた経緯から、生徒たちにその意義や行い方を座学でも十分に理解させるよう求めたものと思われる。が、およそ 10 年を経過してその意義や行い方が浸透してきているという見方から「体つくり運動」領域の「(3) 知識、思考・判断」で扱うように変化したものとみられる。また、2008（平成 20）年告示の要領における体力重視の観点からは、各運動の実践的な効果や結果が、体育授業以外の課外活動、あるいは日常生活における運動やスポーツの実践等に結びつくように、なおいっそう実践的な知識として各運動領域の中で「体力」の効果や高め方を扱うよう求めたものと思われる。そして、この要領における「体育理論」の目玉は、第 3 学年で取り上げられる「文化としてのスポーツの意義」である。学習指導のポイントについては後述するが、中学校段階でスポーツを文化としてとらえる学習はこれまでになかったことであり、画期的なことではある。しかし、それだけにその内容の変化や単元としての取り扱いをどのように考えるのか、具体的な授業展開をどのように構成していくのかについては、「文化」的内容に限らずこれまでの「体育に関する知識」の扱いと大きく異なるだけに教師側にもかなりのとまどいが予測される。これを単なる内容の変化として受け止めるのでなく、そもそも「体育理論」への名称変更とその重視の背景には何があり、教育や体育に何が新たに求められているのかを考えなければ、理論を扱おうとする体育教師のモチベーションもなかなか上がらないのではないかと思われる。

11.2「体育理論」重視の背景と内容構成の原理

2005（平成 17）年の中央教育審議会答申における「我が国の高等教育の

将来像」では、21 世紀社会とは、政治・経済・文化をはじめ社会のあらゆる領域で、新しい知識・情報・技術が飛躍的に重要性を増す「知識基盤社会」（knowledge-based society）の時代であることが指摘された。インターネットの普及を例に挙げるまでもなく、情報のグローバル化と教育による知の大衆化は、たとえば経済分野における消費対象としての「モノ」を単なる機能の補完という観点からその使用性や有用性からみるのではなく、それに付与される意味や価値といった記号性の観点から評価するような変化を促しており、このような需要を高める記号性をさらに豊かな知識によって形成しようとしていく。したがって、このような社会における人生の豊かさとは、受動的な供給量（たとえば、GDP= 国内総生産など）によって代表されるのではなく、知識を基盤とする能動的で自発的な文化的需要（たとえば、豊かな知識に支えられた「モノ」の消費あるいはスポーツや芸術、音楽等への創造的活動など）によって、長期的なスパンを伴いながら質的にめざされていくのである。

このような「知識基盤社会」に向けた教育改革への考え方は、2008（平成20）年 1 月に出された「幼稚園、小学校、中学校、高等学校及び特別支援学校の学習指導要領の改善について」の答申でも引き続き指摘され、要領改訂に大きく反映された。このことを受けて、中学校保健体育科の改訂でも、知識に関する領域については、運動の合理的な実践を通して、生涯にわたって運動に親しみ豊かなスポーツライフを送るために必要とされる基礎的な知識を定着させることがいっそう求められることとなった。また、高等学校保健体育科の改訂でも、知識に関する領域については、運動やスポーツについての総合的な理解を深め、実践に生かすことが求められていることから、中学校の内容を踏まえた系統性のある指導ができるよう指導内容が明確に示されたのである。

このような「体育理論」重視の背景にもとづく改訂の趣旨を踏まえ、中学校の「体育理論」では、指導すべき知識の内容の精選や基礎的な知識の確実な定着と高等学校への接続を考慮して、領域名がこれまでの「体育に関する知識」から従前の高等学校と同じ名称である「体育理論」に改められたというわけである。また、中学校の「体育理論」では、各運動領域の「知識、思考・判断」との内容の整理を図って、各運動領域に共通する内容やまとまりで学習することが効果的なものを精選し、高等学校との内容の系統性や発展性を考え、新たに内容が構成されることになった。その意味で、前述した第 3 学年で取り上げる「文化としてのスポーツの意義」は、高等学校における「体育理論」への橋渡しという観点から、高等学校第 1 年次で取り上げる「スポーツの歴史、文化的特性や現代のスポーツの特徴」につながる学習内容として捉えることができよう。

したがって、中学校「体育理論」では、主に次の 2 つの構成原理によってその学習目標を考えることができる。1 つは、「体育」にかかわって中学生が自らのスポーツ種目経験だけでは得られない運動やスポーツに共通する考え方や学び方、心身や社会性への効果や安全な行い方、そして文化としてスポーツをとらえることの意義を学ぶことによって、体育分野がめざす豊かなスポーツライフ実現に向けて科学的知識や考え方の基礎を培うということである。そしてもう 1 つは、「理論」にかかわって高等学校への接続を図り、知識基盤社会において運動やスポーツにかかわる豊かな人生を送るためにメディア・リテラシー（メディア情報に対する正しい選択・認識能力）を培い、運動やスポーツに対する理論的思考を広く他の社会的な分野や出来事にも応用し、その知性を磨くということである。

11.3 内容構成からみた学習指導のポイント

大半の教師は、保健の授業と同様に各地方で採択された「体育理論」編の教科書にもとづいて授業を展開することであろう。しかし、要領に示された各学年の小項目に沿った教科書の内容を読み上げるだけでは、せいぜい 5 ～ 10 分程度で授業は終了してしまうことになる。ここでは、言うまでもなく学習指導上、周到に準備された単元計画と指導の工夫が必要になってくる。以下、「体育理論」に関する学習指導のポイントをいくつか挙げてみよう。

(1) 中学校 3 年間の「体育理論」学習の見通しを持ちつつ、各学年で取り上げる内容のまとまり＝単元、で何を学ばせたいのかを明確にする。

3 年間の理論学習は、生徒たち一人ひとりがこれまで経験してきた具体的な運動やスポーツへのかかわり方や学び方の限界に気づかせるとともに、現代社会とのつながりでスポーツの価値を「文化」という概念で考えさせるところにねらいがある。このようなねらいを達成する各学年の理論学習のまとまりとして、「運動やスポーツの多様性」（第 1 学年）、「運動やスポーツが心身の発達に与える効果と安全」(第2学年)、「文化としてのスポーツの意義」(第3学年)、をそれぞれ単元化し、各単元で何を学ばせたいのかを明らかにすることが大切である。

(2) 授業展開のアイデアとして、関連する資料や発問、予想される回答などから1時間ごとの授業の流れを構成する。最初は、時案を考えてみる。

通常の体育授業では単元計画にもとづいて大まかな時間計画が予測されるが、理論学習の場合には小項目の内容が各時間計画の学習目標として設定されることになる。したがって、各時間の授業案（時案）に関連する資料の提示や発問と想定される回答、あるいは知識としておさえておくべき内容が具体的な授業展開のアイデアとして構成されなければならない。このような授業づくりには、各学校の体育科全体、あるいは各地方での体育研究会等におけるアイデアを持ち寄り、共通の「授業書」作成を試みることも大切であろう。

(3) 評価規準や評価機会をどのようなタイミングで、どのような内容として設定するのかを計画する。

理論学習は、「運動の技能」を除く「関心・意欲・態度」、「思考・判断」、「知識・理解」の3つの観点から評価がなされる。もとよりこれらの評価は、評定のためだけにあるのではなく、むしろ指導の改善のための評価、学習意欲や各観点別評価内容の向上のための評価として機能させなければならない(指導と評価の一体化)。時系列からは、単元の「はじめ」の段階における知識や理解の程度を知る診断的評価、「なか」の段階において学習成果の高まり具合を評価する形成的評価、「まとめ」の段階における総括的評価の使い分けが大切である。

また、グループ学習やロールプレイングなど生徒同士の意見交換を主とする学習活動を促す学習形態の工夫から、「関心・意欲・態度」や「思考・判断」を評価する工夫も必要になってこよう。

(4)「体つくり運動」をはじめその他の各運動領域の「知識、思考・判断」や保健分野との関連を意識したり、単元同士の関連から文化としてのスポーツの理解を深めたりする。

第1学年の「運動やスポーツの多様性」は第2学年の「ア運動やスポーツが心身に及ぼす効果」では、とくに体力に関連した内容について「体つくり運動」やその他の運動領域に関連して高まる体力要素及び体力の高め方との関連を意識して指導する。また、心と体の一体化について「体ほぐしの運動」や保健分野の「欲求やストレスへの対処と心の健康」との関連を考えて指導する。さらに、第 1 学年に学んだ「運動やスポーツの多様性」の単元と関連させて第3学年の「文化としてのスポーツの意義」を扱うことにより、「みる」「ささえる」などの幅広い観点から発展的な学習として文化的意義がとらえられるように工夫する。

11.4「問い」を共有する「知識」の重要性

メディアが発達した環境に育った生徒たちは、一見スポーツ情報を豊かに享受し多くの知識を得ているように感じられる。

しかし、ここで言う「情報（information）」とは、文字通り「情に報いる」知識のレベルであり、大衆の情緒や感覚・感性に訴え、これを扇動し、一瞬のうちに消費させてしまう性質を持つ。これに対して体育理論で扱う「知識（knowledge）」とは、その意味を仏教用語の「智識」にまで遡ると、人々が善業を積むために自ら（自発的に）寺院や公共物の建築に携わったり、金品を寄付したりすることに由来する言葉である。つまり、なぜこの知識を学ぶ必要があるのかという善業への「問い」が自発的にあって、初めてその内容は体系化され深く理解されるとともに、長く生かされていくのである。

このような自発的な「問い」を共有する「知識」の習得を促す体育理論の学習が、感受性豊かな中学生の時期に展開されてこそ、生涯にわたる豊かなスポーツライフをめざすこれからの体育学習の重要な基礎・基本となりえると考えられる。まずは、教師の「問い」が問われているのである。

11.5 21 世紀に求められる体育理論とは
—野球は、なぜ「スポーツ」なのか？—

たとえば、野球がスポーツであることに異論をはさむ人は、まずいないであろう。では、改めて「野球は、なぜスポーツなのか？」と問われたら、答えに窮する人は案外多いのではないだろうか。

実は、このような問いには、21 世紀において体育理論が求められるヒントが隠されているように思われる。

1896 年に開始されたオリンピック大会は、メディアの発達とともに今日、約 70 億人が暮らす地球村の大運動会の様相を呈している。なぜ、そうなるのか。そこではさまざまなスポーツ「種目」が展開されているが、地球市民はそれを単なる「種目」としてではなく、「スポーツ」が持つ「共通」の魅力としてこれをとらえ、解釈しようとしているからではないだろうか。そうでなければ、多様な異なる言語、宗教、人種、年齢などで構成される人類が、オリンピックを彼ら／彼女らの共通の関心事にしようがないのだから。

では、21 世紀におけるグローバル社会が、まさにこのような種目を超えた単数形の「スポーツ（sport)」として、言い換えればグローバル文化の 1 つとして、これを共通に受け入れているのは、いったいなぜなのだろうか。この問いに答えるためには、「野球は、なぜスポーツなのか？」を理解していなければならない。

そして、この問いに答えることは、21 世紀社会において日本の子どもたちがたとえ他の言語や宗教がすぐに理解できなくても、スポーツという文化への共通な理解を通じて、「種目」に限定されることなく、容易に人々と「sport する」身体を通じて交流やコミュニケーションを図ることができる可能性を理解することになる。

21 世紀における体育理論の学習には、「sports（種目)」の（実技）学習では到達できない、グローバルな文化としての「sport」の（知的）学習が、ますます求められるのである。

11.6 体育理論の妥当性を検証するのは誰か？

では、たとえば 2012（平成 24）年に施行された中学校学習指導要領と 2013（平成 25）年に施行された高等学校学習指導要領における体育理論では、上記のようなグローバルなスポーツ現象に伴う意味や価値を深く理解しようとする必要性や課題に応えてきたといえるのであろうか。答えは、イエスである。中学校第 3 学年では「文化としてのスポーツの意義」が、高等学校入学年次には「スポーツの歴史、文化的特性や現代スポーツの特徴」が位置づけられ、中学校ではスポーツをまずもって「文化」としてとらえること、そして高等学校ではオリンピックムーブメントへの理解を含め、スポーツの歴史や現代スポーツと社会との関係などをさらに深く理解する単元が設定されているからである。ここでは、まずもって生徒たちの課外活動が、なぜ「運動」部と「文化」部という名称によって区分されているのか、に対する根本的な問い（疑問）が生まれてくることになるだろう。

また、中学校第1学年では、文化として運動やスポーツをとらえることの「かかわり」の幅を広げ、「する」以外に、「みる」「ささえる」などの多様なかかわりも重要であることが示されている。そのことが、高等学校最終学年における「豊かなスポーツライフの設計」において、ライフステージやライフスタイルに応じた運動やスポーツへの多様なかかわりを豊かにしていく計画や、そのための環境を考え、整備していく必要性を学ぶことにつながっている。つまり、体育理論のカリキュラムとしては、その入口と出口が「豊かな」スポーツライフとは何かを理解するとともに、これを設計化していく目標において一貫しているのである。

このような入口と出口の一貫性は、言うまでもなく、2008（平成 20）年に告示された学習指導要領における「生涯にわたって運動に親しむ資質や能力を育てるとともに…明るく豊かな生活を営む態度を育てる」（中学校）や「生涯にわたって豊かなスポーツライフを継続する資質や能力を育てる」（高等学校）という教科目標に対する知識（理論）分野からのアプローチであると言えよう。

また、運動やスポーツの実践が心身の発達に与える効果や、体力の向上と技能の上達などに必要な知識、あるいは安全への配慮といった、実践において共通する知識や理解については、各校種の中間年次（中学校では第 2 学年、高等学校では入学年次の次の年次）で学ばれることになっている。

このような体育理論の妥当性については、その内容と配列、いわばカリキュラム編成における上記のような原理（トップダウン的な思惑）それ自体の課題と、その施行からの授業実践（ボトムアップ的な方法）における具体的な課題、といった双方向からの検証が求められるであろう。

しかしながら、最も重要なのは後者の観点から、これを教える体育教師自身が実際にどの程度、体育理論の授業に取り組もうとしてくれたのか、にある。それがなければ、前者の編成原理がどれだけ立派であっても、学習者からの評価やそれにもとづく妥当性の検証は得られない。まずは、体育理論と学習者を媒介する、メディアとしての体育教師にとって、体育理論が座学において子どもたちに教えたくなる、教えようとする興味・関心を引きつける内容や構成になっているのかどうか、が問われなければならないということであろう。

21 世紀における体育理論の学習には、第 1 にこれを担当する体育教師にとって興味・関心をもつ内容であることと、その内容に対する理解の深まりが求められるのである。

11.7 体育理論は、体育（実技）授業に役立つのか？

体育理論に対する現場からの声として多く聞かれるのは、先に述べた「運動やスポーツが心身の発達に与える効果と安全」（中学校）や「運動やスポーツの効果的な学習の仕方」（高等学校）に対する年次を、中学校では第 1 学年に、高等学校では入学年次に、それぞれ配列を変更できないかというものである。

これらの要求自体は、体育理論における実技授業への影響に対する期待と、実技との関連における体育理論への関心の高さを表していると考えられよう。確かに、上記の単元を各校種の最初の学年で教えることにより、実技授業における各単元の学習に生かすことができるとする思惑は、それなりに理解できる。

しかし、知識領域における体育理論の単元の独自性は、あくまで実技授業で教えたり、扱ったりすることが困難なこの領域に関する学習内容について、座学という方法によってじっくり理解させようとするところにある。そのカリキュラム編成の意図を踏まえた上で、これを教える体育教師の側から、なお実技授業との関連を図る（役立つ）ことが体育理論を取り上げようとする実際のモチベーションになっているとすれば、今後の体育理論の扱い方が、これからの学習指導要領との関連において、どのように位置づけられるのかを考えておく必要があろう。

2017（平成 29）年からの学習指導要領においては、ますます知識基盤化するグローバル社会の進展に対して、そこに生きて働く 3 つの資質・能力が求められているという。すなわち、「個別の知識や技能（何を知っているか、何ができるのか）」「思考力・判断力・表現力等（知っていること・できることをどう使うのか)」「学びに向かう力、人間性等（どのように社会、世界とかかわり、よりよい人生を送るのか)」の 3 つである。これまでの学習指導要領との違いは、知識と技能を一体としてとらえ、思考力・判断力に加えて表現力等を重視し、これらの資質・能力が、結局は社会や世界とかかわって、自らの人生をよりよくしていく資質・能力に、相互につながっていくということを示したところにあると考えられる。

体育学習においては、技能（できること）と知識（わかること）とがどのような関係においてとらえられるのかが大きな課題となろう。加えて、主に技能に関連する知識が思考力や判断力にどのように生かされるのかについて、その量ばかりでなく質が問われることになるように思われる。すなわち、従来の運動領域で扱われる知識が、具体的な「技術などの名称や行い方、体力の高め方、課題解決の方法、競技会の仕方など」とされ、それにもとづく思考・判断が重視されたのに対して、新たな学習指導要領では、それがどのように社会、世界とかかわり、よりよい人生を送ることにつながるのかとの関連をも求めているということなのである。

このような社会や世界とのかかわりにおいて、これまで運動領域に求められてきた知識の質（社会とのつながりや文化としての特徴）や、それが内包する問いの社会的、文化的な背景との接点を考える体育学習が必要になってくるのである。それが、これまで体育理論で取り上げられてきた知識と結びつけられ、その意味や価値が学習されることによって、社会に開かれた学びへの態度、すなわち生涯スポーツに志向する態度につながっていくように思われる。

したがって、21 世紀における体育理論の学習には、文化としてのスポーツに関する知識を運動領域における知識とより深く関連させて、学びに向かう力や人間性等の学習に向かう思考力・判断力・表現力等と結びつく役割が求められるのである。

11.8 21 世紀型体育理論のビジョンとは？

これまで述べてきたように、21 世紀に求められる体育理論の特徴は、(1) グローバル社会に対応するグローバル文化としてのスポーツ（sport）への理解をますます重視すること、(2) 体育教師にとって魅力ある学習内容であること、(3) 運動領域の知識との関連を図ることにより学びに向かう力や人間性等の資質・能力に結びつく役割があること、の3つに集約されよう。

したがって、体育理論のこれからの目標は、「体育」というカテゴリーを超えて、広く社会の中における文化としての運動やスポーツのあり様(位置づけ)を理解し、運動領域における知識と関連させながら、生涯スポーツを志向する学びに開かれた態度や人間性等の資質や能力の向上を図ることになると考えられる。すなわち、これからの体育理論は、子どもたちの学校期を含めた生涯にわたる運動やスポーツの文化的享受を支える知識のあり様とは何かについて、より幅広い観点から21世紀社会の動向と関連させてビジョン化し、その内容を構成していかなければならないのである。

義務教育の成果に対しては、それを通して得られる利益が学習者本人だけでなく広く社会全体に及ぶこと（＝外部経済性）や、当事者がそのときに必要性を理解できなくとも専門家の目には将来の必要性が明らかにあるような価値を見通せること（＝メリット・ウォンツ性）という2つの観点が重要であるという[1)]。21世紀における体育理論のビジョンは、1人ひとりの体育教師による、これらの観点からみた必修化された体育理論の成果に対する理解の深さによって拓かれていくといっても過言ではない。

さて、ここまで述べてきたところで、冒頭に掲げた「野球は、なぜ『スポーツ』なのか？」に対する興味や関心はどれだけ掻き立てられ、この問いに答えることの重要性は、どれだけ伝えられたであろうか。〈種目—スポーツ—社会〉の関係に答える「スポーツ文化論」[2)]が、21世紀に求められる体育理論の中心的内容の1つを構成していくことは間違いないであろう。

【文献】

1)　岩木秀夫(2004)『ゆとり教育から個性浪費社会へ』筑摩書房(ちくま新書).
2)　井上俊・菊幸一編著(2020)『よくわかるスポーツ文化論改訂版』ミネルヴァ書房.

第 12 章

イギリスの体育理論に学ぶ[注1)]

12.1 イギリスにおける「体育理論」の位置づけ
—わが国との比較—

わが国の学習指導要領では、中学校と高等学校の教科「保健体育」における科目「体育」のなかに「体育理論」が学習内容として明確に位置づけられており、2008〜9（平成 20〜21）年告示の改訂では中・高校の一貫性をさらに強調する立場から内容の取り扱いがよりいっそう明らかになった。すなわち、中学校では各学年で 3 単位時間以上（計 9 単位時間以上）、高等学校では年次進行の 3 年間で各学年 6 単位時間以上（計 18 単位時間以上）の授業時数を配当することが示されたのである。この変化は、実質的にはこれまで以上に大きな影響を体育授業に及ぼすものと考えられ、今回の改訂の趣旨の 1 つである知識重視の考え方を体育に反映させたものと言えよう。

これに対してイギリスでは、5〜16 歳の義務教育期間における体育の取り扱いのなかで、これまで 1 度も「体育理論」が学習すべき内容として取り上げられたことはなかった。もちろん、各運動領域における知識ベースの学習、すなわちわが国の各運動領域における「知識」の取り扱いは示されているが、上記のような「体育理論」としての位置づけと取り扱いはなかったということである。

では、イギリスの体育ではわが国で取り上げられているような体育理論がまったく扱われていないのかと言えば、そうとも言えない。このことを理解するためには、イギリスにおける教育制度の特徴とそれにもとづく体育理論の取り扱われ方の特徴を理解しておかなければならない。すなわち、イギリスの教育制度の最終ゴールである高等教育への進学には、その高等教育を受ける資格

（certification）を取得しなければならないという考え方があり、そのための1つの内容として「体育理論」が位置づけられているのである。いわば、体育理論は高等教育において体育を主に専攻しようとする（あるいは副次的に専攻しようとする）生徒にとって必要な科目として扱われるのであり、それはあくまで必修ではなく受験資格を得るための選択教科として位置づけられているということである。また、イギリスにおいて体育・スポーツを専門とする学部を有する大学は、一般レベルの受験資格である GCSE（General Certificate of Secondary Education）よりさらに専門的レベルの高い A レベル資格（GCE A レベル）を体育理論に対して求める。

このような体育理論の位置づけと取り扱われ方の違いは、わが国とイギリス（あるいはヨーロッパ諸国）における義務教育（初等・前期中等教育）と高等教育の接続に関する教育成果全体の評価や進学に対する考え方に起因するところが非常に大きいと考えられる。

周知のように、わが国の義務教育制度はその進学の根拠を学習指導要領によって定められたカリキュラム（教育課程）を「履修」したか否かに求める。そして、この「履修」の専らの根拠は、各単元の習得を確認するそれぞれ（個別）の学校におけるテスト（検定）結果に拠っている。しかし、そこでの「習得」の保証は、あくまで学校裁量に任されており、極端な言い方をすれば各科目を担当する教師個人の裁量に任されているといってもよいだろう。わが国では、この教育課程によって積み重ねられた「履修」成果をもとに、各学校長が課程修了を認定するしくみになっているのだ。

これに対して、イギリス（あるいは他のヨーロッパ諸国）では、この「履修」とそれにもとづく「習得」とは明確に区別され、とくに高等教育（大学）への進学に対しては、大学が求める学力を「習得」しているのかどうかを保証する資格をあらかじめ求められるという考え方がある。いわば、この徹底した「習得」へのこだわり（わが国の「履修主義」に対して「習得主義」とも言うべき考え方）が、義務教育期間を終えた後の2年間をその資格を得るために大学進学への準備に当てるという状況を生み出すことになる。この課程を担うのが主に Sixth Form と呼ばれる教育機関（わが国の、いわば「高等学校」にあたる機関）であり、「体育理論」の学習もこの機関によって主に行われているのである。

このようにイギリスの「体育理論」の位置づけと取り扱い方は、わが国のそれとは大いに異なる。その背景には、高等教育へ進学するための「資格」が「習得」なのか、「履修」なのか、という根本的な考え方の違いが存在している。そして、それは主にヨーロッパにおける大学（高等教育）が階級社会の伝統のなかで新たな「知識人」階級を構成していくために、他の階級とどのような差別化を図るべきかという社会的要請に起因しているように思われる。イギリスの学士課程は 3 年で修了することになっているが、4 年制のわが国の大学（アメリカ型新制大学）と比べて 1 年間短い期間で課程を修了させる（あるいは修了できる）背景には、わが国の教養レベルで課せられる教育課程が、前述した資格修了試験（GCSE）及び大学が求める専門的知識の習得試験（GCE　A レベル）によって基本的にクリアされているという考え方があるからであろう。

したがって、GCSE 等に求められる「体育理論」の内容は、わが国の大学における教養レベルのそれに匹敵する内容と水準であることが予測される。また、ここでの内容と水準は、どのような組織やしくみによって担われているのかが問題となろう。

12.2. ナショナルカリキュラムと GCSE に関連する組織の概要

QCA から Ofqual 及び QCDA 設立までの経緯

QCA（The Qualifications and Curriculum Authority）は、1997 年の教育法にもとづき、ナショナルカリキュラム（NC）や、学校の評価と資格制度を発展させるために設立された。2007 年には、独立した試験（GCSE）の監督機関として、Ofqual（Office of the Qualifications and Examinations Regulator）を設立する方向を示し、2008 年 4 月より業務を行っている。そして、2009 年 11 月に可決された政府案 “Apprenticeships, Skills, Children and Learning Bill 2008-09” により、Ofqual は、2010 年 4 月から政府に対し説明責任が発生する、より独立した公的な（わが国では「独立行政法人」にあたる）機関として発足した。また、“Apprenticeships, Skills, Children and Learning Bill 2008-09” の可決により、QCA から QCDA（Qualifications and Curriculum Development Agency）へ組織が移行し、その構造改革がなされることとなった。

このように、イギリスではこの時期から NC の成果や実効性を確認（モニタ

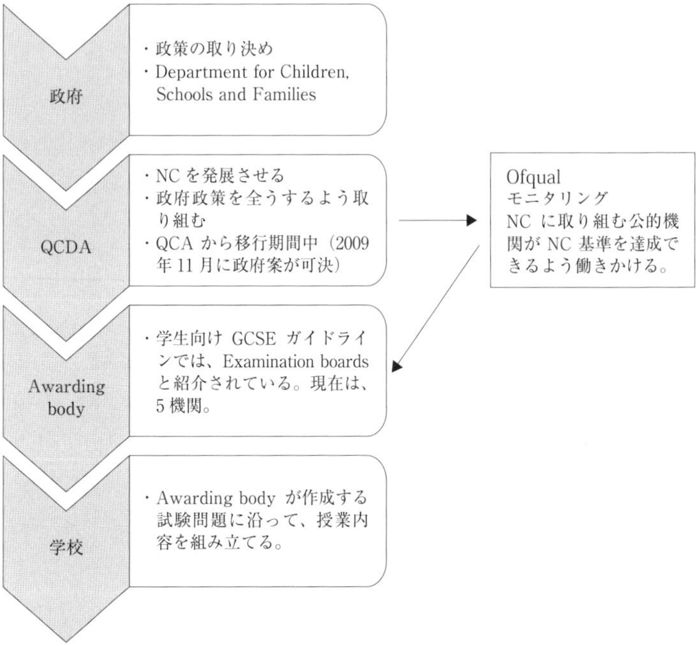

図 12-1　イギリスにおける NC に対するモニタリングシステム（2010 年前後）（筆者作成）

リング）し、政策の実効性を全国水準で確保するための影響力を行使するしくみが整えられたのである。ここで注目すべきなのは、このような機関はあくまで NC に沿ったガイドラインとその実効性を上げるよう働きかけることを目的としており、GCSE の具体的な内容についてはタッチしてない点である。したがって、実際の問題作成はそれを担う Awarding body（認証機関）によってかなり多様性がみられる。しかし、図 12-1 に示された Ofqual の役割からも推察できるように、この点を NC の内容に沿って調整し、NC の目標達成に導く重要な役割が Ofqual に課せられていることが理解できる。

Ofqual の業務目的は、NC が最善の方法で推進され、保護されることである。主な業務は、以下の 3 点である。

ア．QCDA 業務のモニタニング

イ．基準が守られているかの確認

ウ．NC の評価が公平に効果的に行われるための基準の作成

Awarding body（認証機関）について

GCSE は、全国で行われる公的な試験であるが、試験問題の作成、配給、管理は民間企業が Awarding body として行っている。2009 年 5 月の時点では、イギリスにおける Awarding body は、表 12-1 に示す 5 機関である。

Awarding body である民間企業それぞれが、シラバスを持っているが、全て QCDA が定める基準に従って作成され、Ofqual がそれをモニタリングする。体育理論のシラバス基準も、QCDA によって定められている。学校の授業は、受験する Awarding Body の試験内容をベースに組み立てられる。学生が、過去の成績を入手したい場合は、それぞれが受験した Awarding body に連絡を取り照会する。この認証機関は、文書によっては Examination Boards と表記されていることもある。また、各機関には、QCDA からセルフアセスメントできるようなガイドラインも用意されている。

表 12-1　イギリスにおける Awarding body（2009 年 5 月時点）（筆者作成）

	Awarding body	ホームページ
イングランド地域	AQA（Assessment and Qualifications Alliance）	www.aqa.org.uk
	Edexcel	https://qualification.pearson.com/en/home.html
	OCR（Oxford Cambridge and RSA Examoiinations）	www.ocr.org.uk
北アイルランド地域	CCEA（Council for the Curriculum, Examinations and Assessments）	www.ccea.org.uk
ウェールズ地域	WJEC（Welsh Joint Education Committee）	www.wjec.co.uk

NC・GCSE に関する組織の課題と体育理論

これまで述べてきたように、イギリス政府は、基本的に QCDA に NC の実効性やその成果・発展についての業務を任せており、この点はそもそも NC の成果・発展に対する恒常的なモニタリング機構をもたないわが国と大きく異なる点である。この背景には、前述した「習得」による高等教育進学への修了資格をあくまで重視するイギリスの教育制度に対する考え方が存在するが、注目すべきなのは、この資格を得ようとする各学校がどの認証機関の GCSE を用いるかによって、体育理論の体育（PE）プログラムが変わる可能性が生じることである。すなわち、一方では厳格な習得資格を要求しておきながら、その具体的内容の取り上げ方についてはかなり自由度が高く、柔軟な取り扱いが認められているということなのである。

このような状況をどのように考えるのかは、もちろん一概に即断できるわけではない。ただ、懸念されることとしては新しいNCは質的な記述が多いことから、学校がどの認証機関のGCSEを用いるかでプログラムが大幅に変わる可能性も考えられる。結果として、教科「体育（PE）」におけるNCの解釈の幅が非常に広がる一方で、NC本来のスタンダードがどの程度保たれるのかについてジレンマがつきまとうであろう。事実、リーズメトロポリタン大学のFitzgerald教授は、「あるAwarding bodyは、児童評価の60%をパフォーマンスに置くこともあれば、他のAwarding bodyはあまり身体運動を強調せず、より社会学的なスポーツ課題に重点を置くこともある。学校が、どのAwarding bodyの考えを選択するかによって、GCSEの内容も異なってくる」（2009年2月17日インタビュー）と述べている。

体育理論の扱いについては、知識ベースであるだけにそのような傾向が顕著に現れることは少ないのではないかとも思われるが、今後の推移を慎重に見守っていく必要はあるだろう。

12.3 GCSEテストとGCEAレベルテストの概要

それでは、ここで体育理論が課せられるGCSEテストとGCEAレベルテストの概要をみておこう。

GCSE（General Certificate of Secondary Education）は、英国人の生徒が義務教育（5～16歳）を修了するときに受験するテストである。生徒たちは、9年生の終わりにGCSEでどの科目を勉強するかを決め、10年生と11年生の2年で勉強し、15～18歳になって（British Councilによれば、16歳になって最初の5月または6月に）受験する。大学に進学しない場合でも、GCSEの結果は就職時に履歴書に記載される。他にも、資格として行われる試験として、全国職業資格（National Vocational Qualifications）やディプロマなどがあるが、ほとんどの生徒が、GCSEを受験する。11年生終了後、生徒は、大学受験に向けてさらに勉強をするか、就職するかを選択するのである。

GCSEテストの内容は、やさしい問題からAレベル（Advanced Level）に匹敵するような難しい問題まで幅広く、50余りの科目があり、生徒は個々の興味関心に合わせ勉強することができる。GCSE を受験する際、生徒は必修科目と選択科目から受験する科目を選択する。必修科目は、学校のカリキュラムによる。Leeds 近郊の学校（2009 年調査）では、国語（イギリスであるので英語）、数学、理科が必修科目となっているが、あるグラマースクールでは、国語、数学、理科、体育、またある学校では英語、数学、情報科学が必修科目となっており、学校により必修科目が異なる。選択科目では、生徒それぞれが関心を持ち、将来勉強したいと思っている科目を選択すればよい。

成績評価は、A ～ G のグレードで評価される。大学進学希望者は、一般的に必修科目を含めた 8 ～ 10 科目を受験する。英語、外国語、化学、数学には、2 段階の難易度のレベルが設定されており、生徒はレベルを選択し、受験できる。上のレベルを選択すれば A* から D の成績がつき、下のレベルを選択すれば C から G の成績が付与される。一方で、音楽、歴史、デザインといった科目など、難易度の設定がない科目もある。

イングランド、ウェールズ、北アイルランドの大学進学を希望した 16 ～ 18 歳の学生は、セカンダリー・スクールに設置されている Six-form[注 2)] と呼ばれる大学進学のための Advanced Level General Certificate of Education（通称「A レベル」または「GCEA レベル」）の勉強に移行する。この A レベルは、19 歳以上の人も受験可能である。毎年、50 万人の若者が、AS レベルや A レベルのテストを受けている。なお、A レベル受験までには、2 段階（2 年）の期間がある（すなわち、12 年生と 13 年生）。生徒は、1 年目にあたるステージ 1（Lower-6th）の AS（Advanced Subsidiary）レベルの試験を受け、ステージ 2（A 2 レベルにあたる。Upper-6th と呼ばれる）に移行し、終了時に「GCEA レベルテスト」を受験する。それぞれのステージは 1 年であり、生徒は、この 2 年間で 4 科目を同時に勉強することができる。ある生徒が、受験者全体の 90% 以上の成績を収めた場合、A* 評価をもらえる。ただし、AS テストには、A* の判定制度はなく、A2 テストのみである。

生徒は、希望する大学のコースで求められる A レベルのテスト結果基準を満たしていなければならない。表 12-2 はラフバラ大学の例である。同じスポーツ学部でも、A レベルの数の要求が学科によって異なることが理解されよう。

表 12-2　A レベルのテスト結果基準：ラフバラ大学の例（筆者作成）

	A レベルの数
スポーツ・エクササイズ学科	A レベルのテスト結果が、「AAA」または「AAB」であること。数字の成績を求めているわけではないが、少なくとも平均点は取っていること ＊「AAA」とは、3 教科の全評価が A であり、「AAB」は 2 教科が A で 1 教科が B であったことを指す。
スポーツマネジメント学科	A レベルのテストで 3 教科の合計得点が 320 点以上。
スポーツ・テクノロジー学科	AAB 以上。A レベルから 3 科目、A レベルから 2 科目、AS レベルから 2 科目。数字は、C 評価以上の成績を A レベル、または AS レベルで収めていること。

12.4 体育理論の内容例　―ロセット校の事例から―

ここでは、実際にイギリスの中学校で使用されている教科書からその内容を見てみよう。

たとえば、イングランドのリーズ州にあるロセット校（Rosset School）では、Oxford、Cambridge and RSA Examinations（OCR）の A- レベル（PE）の試験を採用している。したがって、体育理論はこの OCR のシラバスに沿って教えられている（テキストは、Dave Carnel at al. “Advanced PE for OCR AS” Heinemann, 2002. であった）。また、GCSE 用には、“The World of Sport Examined”（Paul Beashel & John Taylor, Thomas Nelson and Sons Ltd. 1997）というテキストが用いられている。

GCSE における体育理論の内容（例）

（1）Our Body Systems（私たちの体のしくみ）
（2）Energy in Action（行動のエネルギー）
（3）Fitness for Health and Performance（健康と達成のためのフィットネス）
（4）Training for Success（成功を導くトレーニング）
（5）Skill in Sport（スポーツの技能）
（6）Care of our Body（体への配慮）
（7）Safety in Sport（スポーツの安全）
（8）The Changing Face of Sport（変化するスポーツの側面）

(9) Providing for Sport（スポーツの提供）
(I0) Taking Part in Sport（スポーツへの参加）
(11) Sport as a Spectacle（見せ物としてのスポーツ）

GCSE レベルでは、スポーツの身体的、健康的、社会的側面、あるいは技能やトレーニング方法などが取り上げられている。わが国の体育理論と異なるのは、科目「保健」の内容が主に（3）の単元で取り上げられていること、また中学校の義務教育を修了する課程との比較では、わが国と比べてかなり範囲が広く内容も詳細なこと、などがあげられよう。これは、体育理論があくまで必修扱いではないことと関連して、次の A レベル試験対策の段階的対応として位置づけられていることを考えれば理解できるスタンダードであると考えられる。

AS レベル（GCSE レベルと A レベルの中間レベル）における体育理論の内容（例）

・Unit l : Anatomy and physiology（第 1 単元：解剖学と生理学）
　(1) Joints and Movement（関節と動作）
　(2) Muscles and Movement（筋肉と動作）
　(3) Mechanics, Motion and Movement（メカニクス、運動、動作）
　(4) Cardiovascular System（心臓血管機能システム）
　(5) Control of Blood Supply（血液供給の調整）
　(6) Respiratory System（呼吸システム）
・Unit 2：Movement Skills（第 2 単元：運動技能）
　(7) Defining, Developing and Classifying Skills in PE（体育における技能の定義、向上、分類）
　(8) Information Processing（情報の過程）
　(9) Control of Motor Skill in PE（体育における運動技能のコントロール）
　(10) Learning Skills in PE（体育における技能学習）
・Unit 3：Contemporary studies in PE（第 3 単元：現代体育の学習）
　(11) PE and Sport in Schools（学校における体育とスポーツ）
　(12) Concepts of sport in Society（社会におけるスポーツの概念）
　(13) Sport and Culture（スポーツと文化）

（14）Sporting Issues Analysis（スポーツの課題分析）

・Unit 4：Performance and its Improvement through Critical Analysis（第 4 単元：批判的分析による達成と向上）

GSE A レベルをめざす体育理論の内容は、義務教育を修了した大学進学への準備段階において、上記に示したような GCSE レベルと A レベルの中間レベルとして AS レベルの内容を履修することが一般的である。項目だけをみると、わが国の高校レベルの体育理論の内容に比べ自然科学的な内容に重点が置かれているように思われるが、どちらかと言えば運動（技能）学習の理論が多く取り入れられ、教科学習それ自体の学び方といった内容は薄いように思われる。しかし、内容の構成は、生理的、技能的、社会的側面にカテゴリー分けされており、その点はわが国の体育理論と類似したカテゴリー分けのようにもみえる。

ただし、各章の内容はわが国の大学における専門基礎レベルを網羅しており、本格的な理論テキストとなっている。前述したように、すでに大学進学レベルの資格を得るために、受験の段階で大学のスポーツ関連専攻が必要とする専門基礎レベルをクリアすることが求められていることが理解されよう。すなわち、体育理論のスタンダードは、大学の専門基礎レベルに置かれているわけであり、この水準の認証を Ofqual がモニタニングするしくみになっているのである。

12.5 GCSE テストの現状と質問内容

それでは、最後に実際の体育理論に関連した GCSE テストについて、その方法や現状及び具体的な問題内容をみてみよう。

GCSE テストの方法や現状

・テストの所要時間：

Edexcel の GCSE テストでは、体育の場合、1 時間 45 分。OCR の GCE　A レベルテストの体育は、1 時間 15 分である。

・質問構成：

Edexcel の GCSE は、質問数が 17 のテーマから成る問題数と、150 の設問数がある（それぞれのテーマ問題にはいくつかの設問がある）。問題用紙は 32 ページ（空白頁を含む）。

GCE A レベルテストは、大きく 2 つのセクション（セクション A と B）から構成され、問題数は 45 である。セクション A は、スポーツ史、国際比較（海外動向）からなる社会学系の問題、セクション B は、生理学、スポーツ心理学から構成されている。生徒は、自由筆記の問題からなるセクション A から少なくとも 1 問を回答しなければならない。問題用紙は、6 ～ 8 枚程度である。

・鉛筆の使用は不可：

青または黒のボールペンのみ。なお、大学や大学院で行われる通常のテストにおいても鉛筆の使用は不可で、ボールペンのみの使用が認められている。

・質問内容：

選択問題、自由筆記（単語の意味を説明すればよいものから、なぜそうであるのかという理由を書かせるものもある）の 2 つで構成されている。

・テストに対する評価：

2007 年に報告された、GCSE と AS/A レベルテストに関する調査によれば、回答者の 82.1% が、PE の目的については現行のもので良いと回答している。小学校教師、大学機関、学生などからの回答である。PE については、3,253 件の回答中、52 件から回答があった。しかし、AS レベルと A レベルのテストについて、QCA は 2009 年 1 月に現行の見直しが必要であると述べている。その理由として、QCA は、現在の A レベルまたは AS レベルは、実際の知識や理解を問う問題が大半を占めているが、一方で、考えたり、問題解決につながったりするような問題が少ないためと説明している。そのため、見直しの方向性として、自由筆記（とくに、理由を説明するようなもの）を増やし、理論、概論、実践を幅広く駆使しなければ回答できないような問題を提示する必要があるとしている。

・体育教科のための GCSE 科目基準：

この GCSE 規定は、PE 科目において GCSE にかかわる知識、理解力、スキルとアセスメントについて記すものである。全ての Awarding body は、以下の規定を満たさなければならない。

ア．GCSE 資格内容は、学習成果に反映されなければならない。

イ．GCSE の企画は、身体活動に学習者の包括（インクルージョン）があることが基本になければならない。

GCSE と GCE A レベルのテスト内容の例

たとえば、Edexcel テストの場合、GCSE の体育は、60% の実技、40% のペーパーテストで構成されている。なお、2009 年のペーパーテストは、運動生理学、トレーニング学、スポーツにおける傷害の 3 領域であった。同年、行われた OCR の GCE A レベルでは、実技は 30%、ペーパーテストは 70%を占める。ペーパーテストは、スポーツ心理学、運動生理学、スポーツ史、現代社会とスポーツの 4 領域で構成されていた。

〈GCSE のテスト問題（例：Edexcel 2009 年 5 月実施）〉

▶セクション 1

【問題例 1】：レーススタートのスプリンターの写真をみなさい。スプリンターにとって、健康に関連するエクササイズの重要な要素の例は、次のうちどれですか？

A. 反応時間
B. 心臓血管系のフィットネス
C. パワー
D. 筋力

【問題例 2】：クールダウンをする意味は、次のうちのどれですか？

A. 乳酸を増やすため
B. エクササイズ後の筋力の張りのリスクを抑えるため
C. エクササイズ直後に、筋力により多くの血液を送るため
D. 運動中の怪我を減らすため

▶セクション 2

【問題例 3】：

A）スミス先生は、体育（PE）を教えています。授業の中で、彼女は生徒たちが Aesthetic appreciation for movement（動きの美的価値の鑑賞力）を伸ばせるよう指導しています。動きの美的価値の鑑賞力という用語について説明しなさい。

B）体育理論の授業で、スミス先生は、身体運動を行う理由を説明していま

す。下の表を完成させなさい。

(i) エクササイズの社会的利益

(ii) エクササイズの身体的利益

(iii) エクササイズの精神的利益

ある人は、学校に在籍しており、ある人は会社に勤めています。それぞれの人の利益を説明しなさい。

利益の種類	学校に在籍している人	会社勤めの人
(i) 社会的		
(ii) 身体的		
(iii) 精神的		

▶セクション 3

下の 3 枚の写真を見てください。

(写真 1 は相撲の取り組み、写真 2 は重量挙げ、写真 3 は体操選手のつり輪を行っている選手)

A) (i) 下記のどの文章が正しいか、選びなさい。

A　写真 1 のパフォーマーが最も鍛えられている

B　写真 2 のパフォーマーが最も鍛えられている

C　写真 3 のパフォーマーが最も鍛えられている

D　私たちは、どのパフォーマーが最も鍛えられているとは言えない

(ii) (i) の答えを選んだ理由を説明しなさい。

B) (i) 写真のパフォーマーすべてに重要な、健康に関連するエクササイズの名前を書きなさい。

〈GCEA レベルのテスト問題 (例：OCR 2003 年 6 月実施)〉

▶セクション A：PE におけるスポーツ史

1) (a) 産業革命以前の英国で、異なる社会階層は異なるスポーツをしていた。(写真 2 枚。写真 1 は民衆が行っているサッカー (mob football)、写真 2 は Real tennis)

(i) 写真 1 について。民衆のサッカーの 3 つの特徴をあげ、それぞれの特

徴は、産業革命以前の社会から、どのような影響を受けていたかを説明しなさい。

評価ポイント：以下のキーワードの内 3 つが述べられ、説明されているか

1. Localised
2. Limited Rules
3. Violent
4. Festival/Ritual
5. Peasant/Lower Class
6. Rural
7. Occasional
8. Wagering

（ii）写真 2 について。なぜ、英国の産業革命以前の時代、特権的なライフスタイルを満喫している人が行い、このスポーツが排他的と言われたのかを説明しなさい。

評価ポイント：以下のキーワードの内 4 つが述べられ、説明されているか

1. Expense
2. Structure
3. Status
4. Elitism
5. Royalty
6. Time

1）(b)1800 年以降、リアルテニスは徐々に衰退し、1870 年ごろまでには、ローンテニスが普及し人気を集めるようになった（写真 3：ローンテニスを参照)。論理的なレクリエーションの 2 つの特徴を明らかにし、女性のためのスポーツの発展において、ローンテニスが果たした役割について説明しなさい。

評価ポイント：以下のキーワードの内 4 つが述べられ、説明されているか

1. Privacy
2. Social

3. Athleticism
4. Non-vigorous
5. Dress
6. Health
7. Schools
8. Role Models

▶セクション A：体育の比較研究

2)（b）フランスでは、子どものためのスポーツが重要であると考えられている。ユース・スポーツの発展と関係のある UNSS について、説明しなさい。

2)（d）2000 年に開催されたシドニーオリンピックにおいて、オーストラリアは、オリンピックの国としての先導的役割を果たすことを目的に掲げた。
オーストラリアが目的を達成するに至った理由を、アドミニストレーション的、文化的理由から説明しなさい。

12.6 体育理論の日英比較

冒頭で述べたように、イギリスの体育理論はわが国のような履修型カリキュラムを前提として NC に示されているのではなく、習得型の資格修了試験の内容として位置づけられるとともに、高等教育（大学）進学に際して専門基礎知識として位置づけられ、かなりレベルの高い内容で構成されている特徴があった。この背景には、教育制度の違いもさることながら体育における知識ベースの内容を高等教育との接続においてどのような水準で扱うのか、その連続性と成果の生かし方が根本的に異なっていることがあげられよう。

わが国の体育理論も 2008―2009 年改訂でようやく中・高等学校の扱いが系統化され、連続的な学びの内容を制度的に保証しようとする動きがみられる。また、取り扱い時間も明確に規定されることとなった。しかし、その内容の水準や妥当性については、イギリスと異なりそれを認証し、評価する恒常的な機関を持っていないため、きわめて曖昧なものにならざるをえなくなっている。イギリスの体育理論は、明確な資格認定と大学進学の基礎専門科目の内容として機能しているため、むしろ認証機関が複数存在しても公的機関がこれを監視し、調整する仕組みが整っている。これに対して、わが国の体育理論は履修主義的なレベルでの必修化であるために、その成果を一律に図ることが難しく、それゆえ内容の選定や水準自体が曖昧にならざるをえない状況が生まれていると考えられよう。したがって、今後のわが国における体育理論のスタンダードは、NCの規定それ自体をスタンダード化するために不断の評価を行う機関を設定するとともに、大学の専門学部との内容的な接続をさらに考慮し、推薦基準の一環として機能させていく方向を考えていくことも必要となろう。

【注】

1）本章は、主に2009年に実施した科研調査にもとづく現地資料の取集やインタビュー内容によって構成されているため、当時参考にしたネット情報のURL等は現在、検索できなくなっている事項も多いことから、あえて参考URL情報は記載していない。ただ、約10年前のイギリスの中等教育における体育理論の資料は、それでもなお今日のわが国の状況を考える上で何らかの参考になると考え、そのまま記述することにした。

2）多くの場合、生徒たちはセカンダリー・スクール内にあるSixth-Formで学ぶが、Sixth form collegeと呼ばれるカレッジに進んで勉強することもある。

第Ⅴ部

これからの学校体育のプロモーション

第 13 章

スポーツ教育としての体育

13.1「体育」から「スポーツ教育」に変わる日？

ある会議の風景

1992 年某月某日、当時、指導要領「解説」をさらに解説する目的で初めて刊行されることになった学習指導要領指導「資料」作成の最終段階を迎え、文部省（現文部科学省）の会議室でその作成協力者と教科調査官との間で行われたチョットしたやりとりの 1 コマ。現場教師でもある 1 人の作成協力者が少し語気を強めながら言う。「この指導資料では、いまだに『生涯体育・スポーツ』という『体育』という語にこだわった使われ方がなされていますが、明確に『生涯スポーツ』としてはいかがか。現場ではすでに生涯体育という言葉は死語になりつつあり、生涯スポーツが一般的だと思うが…」

これに対する教科調査官のやや苦しい感じのする回答。「確かにその通りであることは一面では言えるかもしれないが、文部省としてはまだスポーツと言い切るには早すぎる。現在のところはまだその移行期と考えられる。現に体操は必修として位置づいており、生涯に渡ってその意義はますます高まってくることが予想される。今後の課題としておきたい」と。

このようなやりとりは、いったい何を意味するのであろうか。学制発布以来今日まで、一部名称の変更はあったものの「体育」という用語のわが国における歴史的意味は、その解釈の多様性は別にしても、用語それ自体の絶妙ともいえるラベリングと共に教育としての身体活動の内容を規定し、それに参加する者にある種のエートス（こびりついて離れない持続的な性格・習性・心的態度）として生き続けてきた。確かに時代の変化と共にその社会的役割は強調点を変えてきたが、教育としての身体活動をめぐる「共同幻想」を共有するには十分すぎるほど、妥当な用語であったとも言える。

ところで、1969（昭和 44）年以来、当時の文部省体育局が監修した雑誌『健康と体力』が 1992 年 4 月号から『スポーツと健康』というタイトルに名称変更され、それより先に『生涯スポーツ課』新設にみられる文部省の機構改革がなされたように、この当時は名実共に「体育」から「スポーツ教育」へ変わる日が着実にやってくるような気配が感じられた。しかし、ここでの問題点は、先の会議のやりとりにみられるような慣習的な、ある種皮相な議論ではなく、これまでの「体育」という用語に込められた諸現象の存在論から「スポーツ教育」に込められるそれへの変化をどのように読み取り、その内容としての教育の在り方をどのような視点からとらえ、意義づけるのかという根本的な議論をいかに展開するかということであろう。そこで、今回はその 1 つの視点として選択制授業における学習としてのスポーツ活動の意味や意義、その役割からスポーツ教育への回路を明らかにしてみたい。

体育の存在論からスポーツ教育の存在論へ

諸外国の動向をみるまでもなく、学校体育における「スポーツ教育」への大きな流れは、もはや止めようがないように思われる。しかし、1960 年代から西ドイツで顕在化した体育からスポーツ教育の流れの中でも、その名称変更が明確な原則的議論を経て行われたわけではない。むしろそれは、陶冶価値の詳細な検討に基づいた教育学的な決断であるというよりは、スポーツがかなり重要な時代現象であることを示す発展段階として、その一般的な帰結として目標や内容が明確に確定されないまま決断されたからだという [1), 注1)]。

また、米国においてもスポーツ教育のカリキュラム・モデルは 1990 年以降、開発されてはきているが、現実には様々なカリキュラム・モデルが混在しており、それらが折衷的に取り扱われたり、全体を統合したメインテーマの下にカリキュラム・モデルを選択的に取り扱うようなことが行われていたりするという [2)]。

つまり、そこでもやはり学校体育の基本的な存在論が問われているのであり、教育としてのスポーツがどのような意義や価値を持つのかについて、その明確な概念規定が行われないままに、いわば「スポーツ」にかかわる社会的な諸現象のみに目を奪われて言説化され、学校体育への導入や進行が図られている様子がうかがえるのである。

教育の対象として、とりわけ「公教育制度」の下に、身体活動が重要な社会的、文化的役割を担い、その機能を果たしてきた歴史的推移については、すでに本書第1部で述べた通りでありここで詳述するつもりはないが、少なくとも体育が当該社会の近代化の様々な矛盾を解決し、社会にとって有用な人的エネルギーを供給する一翼を担うことを期待されてきたことは確かであろう。そこでは、社会にとって好ましい「身体」への刺激と「身体を通した」全人格への影響が、形式陶冶として尊重され、体育の存在論を構成してきたといえるのである。

しかし、スポーツ教育の存在論は、先の諸外国の動向をみるまでもなく、いまだに曖昧のままであり、スポーツ「で」何を教えるのか、それは学習者にとってどのような意味や価値を持つのかについては、その目標の全体像を含めて統一的な見解があるとは思われない。

そこで次に、その1つの視点として「選択制授業」がめざす意義や価値を手掛かりに、ある一定の克服すべき「生涯スポーツ像」への課題を「新たな運動需要」として明確にしながら、広くスポーツ教育の存在論を問うてみることにしたい。

13.2 スポーツ教育としての体育

新たな運動需要と選択制授業の役割―これからのスポーツ像をどう描くか―

現代スポーツの特徴を列挙するならば、①誰にでもできる、②継続性がある、③ルールが簡単、④力量により運動量の調整が可能、⑤若者向けでなおかつ中高年にも魅力がある、⑥運動負荷量が少ない、⑦男女一緒に楽しめる…等々、さまざまな内容として取り上げることができる。しかし、このような特徴からは今日のスポーツの大衆化現象（みんなのスポーツ）が、既存のスポーツの単なる量的拡大によるものではなく、人々のスポーツへの意味づけの変化とそれに伴う質的変容によってもたらされたとも考えることができる。すなわち、「量的拡大」→「質的変容」ではなく、「質的変容」→「量的拡大」ないしは両者の同時進行という形を取り、スポーツ人口の拡大をもたらしたのは人々のスポーツへの多様なかかわり合いの結果であるとする見方である。

そのように考えると、今日あるいはこれからのスポーツ像を考えていく上で過度に歪曲化された「現代スポーツ像」を一元的に模範とすることは、もはや許されない。すなわち、それは一方でスポーツの競争性を過度に重視し、遊戯性を喪失させた「高度競技スポーツ」の姿であり、もう一方では快楽なき享楽人として一時的な欲求の充足のみを志向し、限りなく私事化、個別化されていく「商業スポーツ」の姿である。

両者に共通するのは、いずれもスポーツ活動のパッケージ化、規格化を促進することであり、スポーツ行為者の主体的な自主性や自立性を喪失させ、他者（たとえば競技団体、企業、行政等）への依存や委託をますます高めていくということであろう。このようなスポーツ像に、われわれは今後の生涯にわたるスポーツ活動の内実を託すことができるだろうか。

ここで問題になるのは、もはやスポーツは良いもの、スポーツはやれば良いもの、さらにはそれらの結果としてのスポーツの大衆化それ自体が意味あるものとされてきたことに対する懐疑と反省の必要性であろう。また、今日までの全体のスポーツ参加人口、クラブ加入率、地域スポーツ参加率、スポーツ教室参加率等のいずれの推移を見てもその伸びは鈍化の傾向にあり、スポーツ参加それ自体のあり方、その質的内容が再度問われているといってよいのではなかろうか。

その一証左として、たとえば多々納がかつて指摘したように[3]、①地域を単なる物理的背景としか考えず、地域的共属意識を欠落させた「地域スポーツ」のあり方、②喪失、変容した遊びの代用・補完物、あるいは大人主導による疎外された「少年スポーツ」のあり方、③指導者・リーダー依存型の「女性スポーツ」のあり方、④現在とは生活形態、地域基盤、スポーツ志向を異にする「新たな高齢者スポーツ」のあり方等々、その克服すべき課題は今日においてもそのまま継続しているといっても過言ではない。これからの運動需要は、活動内容それ自体のあり方を含めたこれらの課題を克服する方向で構想されなければならないと考えられるし、その中核には身体的自由（physical freedom）を基本的前提とするヒューマニティと社会福祉の精神に支えられたスポーツ行動の質的変容とその拡大が求められていると思われる[4]。

したがって、このような近未来への運動需要を支えるべく、学校体育においてスポーツを学習内容とするスポーツ教育の体系化とそれにもとづく新たなスポーツ参画人口の生産とその再生産をいかに促すかが、喫緊の課題と言ってもよいだろう。そこでは、単にスポーツへ『自発的』『自主的』に参加すること（確かに現時点ではこのことも重要な課題の1つではあるが）ばかりでなく、「いかに」参加し、「どのように」活動するか、すなわち単なる「欲求の対象としてのスポーツ」から社会に開かれた個や集団として「価値を体現するスポーツ」へといかにシフトできるのか、が重要な学習の内容を構成すると思われる。選択制授業は以下に示すような意味で、その先駆的な意義を果たすとともに、スポーツ教育の内実を構想していく上で重要な役割を担うものと考えられる。

①自己の置かれた状況や環境（ここでは単に卑近なクラスや学校環境のみならず地域の社会的・文化的環境を含めて）の中で、自己の力に応じたスポーツを選び、計画化し、実践していく能力が育てられるとともに、ルールの改変やニュースポーツの創造を通じてスポーツとの多様なかかわり合いが保障される可能性があること。

②「選ぶ」という行為自体が、そのまま自発的、自主的な活動に自動的に結びつくものではないにしても、その教育的意味は自らのスポーツとのかかわり合いを意識せざるをえない状況に学習者を置くことによって、自らの責任において自己決定することの意味を学ばせることができるとともに、最後までそれをやり遂げようとする強い熱意からスポーツとの関係を育てていける学習の可能性が見出せること。

③一般的に単元規模が大きくなることから学習の計画化、実践、評価のサイクルをゆっくりしたペースでじっくりと身につけることによって、自己のスポーツ活動を適切に評価する方法を試行錯誤的に学べるとともに、選択した運動種目に関する歴史、文化的背景、生理学、心理学、トレーニング法等の理論を必要に応じて学んだり、生かしたりする体育理論を核にしたスポーツへの総合的学習の可能性が広がること。

④スポーツを共に学習し、活動していく集団の編成の仕方やその維持を図っていく上で解決していかなければならない問題を具体的に意識することができると同時に、その問題の所在がとくにスポーツ活動にかかわった特有の集団的問題であるのかどうかを学習する機会を提供すること。

⑤単なる授業内の学習活動に止まらない、学校生活の一部として重要な位置を占める可能性があることから、課外活動としてのスポーツ活動、とりわけ運

動部活動におけるスポーツ文化の総合的な教養学習モデル[5)]の基礎的学習の場として機能する可能性があるとともに、そのことが多様なレベルや目的をもった運動部活動を展開させる原動力となり、学校生活全体のスポーツ活動のあり方に応用、実践され、近未来の新たなスポーツ需要を育成していくことにつながること。

このように選択制授業が内包しているスポーツ教育への可能性を考えてみると、今まさにそのような視点から学習目標や学習内容が設定され、それに応じた教授学や学習指導論が確立されてこそ、スポーツにおける知的、理性的、感性的体験が身体をトポスとする 1 つの統合的経験としてまとめられ、ある種の共通感覚を経て価値ある経験内容として、学習成果のエートス化が促されると期待される。繰り返しになるが、その基本的前提は、身体的自由を中核とするスポーツ的発想と個とスポーツの多様なかかわり合いを尊重し、それを選択する行為の教育的意味にある。

スポーツ教育の行方

「体育」から「スポーツ教育」に変わる日は来るのか。変わるとすれば、それはいかなる内容をもってわれわれの前に現れるのか。本節では少なくともそれが（諸外国の動向を含めた）全体の現象にムード的に追随するものであってはならないこと、その 1 つの可能性として選択制授業を想定しながら近未来に必要とされる運動需要のあり方を教育としてのスポーツの学習内容に結びつけて考えることの重要性について大まかに論じてみた。

しかし、「体育」から「スポーツ教育」に名称変更される日がきたとしても、それが学校体育あるいは教育の実践の場である授業にどれほどの影響を与えるものなのか、あるいは与えないものなのか、それが体育教育者に与える影響がどれほどのものであるかはまったく予断を許さないように思える。たとえば、その変化は、これまで学校体育に携わってきた者すべてに対して彼／彼女らのコンセプトを否応なくふるいにかけ、新たな衣をまとったとはいいながらも、善きにつけ悪しきにつけ「体育」の時代と変わらぬ強固な「共同幻想」を形成していくことになるのであろうか[注 2)]。確立された言葉・言説（ディスクール）が持つ「個人幻想」から「共同幻想」への移行は比較的容易に達成される。新たな衣をまとった「共同幻想」の再生産―これが「スポーツ教育」の行方なのであろうか。

「体育」から「スポーツ教育」への流れを新たな共同幻想の再生産に結びつけず、各々が別の中心点を持ちながらも、時には共同し、時には対立する関係として自由に発想する可能性があるとすれば、そこには常に構造的変容を遂げる自己幻想があるはずであり、それは吉本隆明が展開した「対幻想」[6]という発想に通じるものであろう。自己幻想から対幻想への過程は、不可逆的であり、1度構造変容した自己幻想は共同幻想からの取り込みに強い抵抗力を示す[7]。

「スポーツ教育」の内実を豊かな社会的創造力をもって構想していくエネルギーは、案外、体育教育者自身の身体的自由の程度とその可能性にかかっているのかもしれない。スポーツの自由性が教育の中で重視されればされるほど、その期待はいやが上にも高まってこざるをえないであろう。

「体育」が「スポーツ教育」となるXデー…。われわれはどのような状態でそのときを迎えるのであろうか。1992（平成4）年では余暇満足度が欧米やオーストラリアでは8割を越えるのに対して、わが国のそれは3割台に止まっているという厳しい現実[8]があったが、2017（平成29）年では生活定点調査で日本でも初めて「仕事より余暇」重視が過半数を上回る（48.2% vs.51.5%）ようになった[注3]。このようなわが国における余暇に対する変化を先取りするレジャーとしてのスポーツ教育カリキュラムの確立とそれにもとづく授業実践が、社会に開かれたそれとして着実に展開されていかなければならない。そのためには、学校体育施設を地域スポーツ施設のコンセプトとして本格的にとらえ直す作業も必要になってこよう。

13.3 地域スポーツ施設としての学校施設

学校開放は「学校教育上支障がない」限り行われるのか

2020（令和2）年現在、わが国のスポーツ施設の約6割を占めているのが学校体育施設である。2011（平成23）年に制定されたスポーツ基本法において「学校設置者は、学校の教育に支障がない限り、当該学校のスポーツ施設を一般のスポーツのための利用に供するよう努めなければならない」と規定されており、事実、この規定を踏まえて9割以上が地方公共団体において学校体育施設開放事業を行っている実態がある[9]。確かに、これまでも学校開放を制度的に保障する関連法規・通達は、教育基本法、学校教育法といった法規レベルでもうたわれているが、いずれも「学校教育上支障のない限り」学校開放を認めるという考え方に立っており、その延長線上において事業の実施主体やその管理責任が問われるようになっている。具体的には、教育委員会がその最終管理責任を負うことになるが、実質的には学校長に委任される場合も多い。ある市を例にとると、学校側の開放業務担当者は、小・中学校あるいは開放種別（校庭昼間開放・プール開放・校庭夜間開放および体育館開放・目的外および任意開放）によらず概ね教頭がその任に当たっているケースが多かった。

このような学校側に対する実質的な責任体制への要求とその背後にある「学校教育上支障のない限り」学校施設を地域スポーツ活動施設として「貸し出す」という考え方は、総合型地域スポーツクラブの拠点として中学校区単位での展開を阻んできた1つの要因にもなっているように思われる。また他方で、管理上の責任体制を確保するため、既存のスポーツクラブやスポーツ団体を対象にした開放が中心になり、それには属さない個人や障害者、高齢者、女性、学齢期前の子どもたちといった、普段「する」スポーツにあまりかかわることが少ない地域住民の多様なスポーツニーズに十分に配慮した利用になっていない現状も課題として指摘されている[10)]。

そこには、確かに理念として学校開放事業の重要性は理解しつつも、施設破損の問題や利用者のマナーの悪さ、開放業務の負担、学校行事利用との競合など、詳細な管理運営上の問題から、全面的に住民サイドの要求や条件づくりに応じ切れない行政・学校サイドの限界性が浮かび上がってくる。その基本的なコンセプトを形成しているのは、「学校施設は学校経営のために第一に存在する」とする施設利用に対する既得権的発想であり、この「学校教育上支障がない限り」とする発想を克服し得る何らかの新たなコンセプトを持たない限り、学校開放は地域スポーツの推進に向けて真に「開放」されることはないように思われるのである。

より地域に根ざしたスポーツ活動の拠点をめざして

学校を取りまく社会的状況は急速に変化し、生涯学習社会の到来とその実現に向けて、もはや学校は社会や身近な地域とのつながりを抜きにしてその役割を語ることが不可能な存在になってきた。そのような学校の（地域）社会に対する役割変化の中で、学校開放はこれまでの公共スポーツ施設の不足を代替・補完する機能に止まらない。より地域に根ざしたスポーツ活動の拠点をめざして、その質的内容（運営主体・運営形態・施設内容・運営方法等）を抜本的に改善するとともに、社会（教育）との狭間・垣根を乗り越えて近未来の生涯スポーツ（あるいは生涯学習）実践の具体的な方法論を探究し、これを実現する場として、その一翼を担っていくことが期待される。以下、具体的な課題やその方策について列挙してみよう。

①管理責任が行政や学校側に置かれるのは法規上やむをえないこととはいえ、将来的には地域住民の自主的な管理運営組織を育てる中で、その管理運営責任の一部、あるいは全てを担っていけるような体制づくりが必要である。このことが、結果的には学校施設に対する地域施設としてのアイデンティティを育て、利用マナーやエチケットの向上にもつながるように思われる。

②学校開放形態の種類が多岐にわたっていることから、その運営もそれぞれ独立する傾向があり、このようないわゆる「縦割り型」運営を避ける方向で運営を一元化することが重要である。そのためには、学校と地城、あるいは各利用グループ間での相互理解が促進され、窓口を一本化し、様々な利害調整を通じて効率的に施設が運営されることが大切である。この目的のためにも、①で指摘した運営主体の多元化を容認した上での運営委員会の一元化（プラットフォーム化）によって、一貫した開放体制づくりが要請される。

③施設内容については、これまでの学校開放がどちらかというと既存の学校施設に手を加えずに（あるいは手を加えてはならない、そのまま利用させてもらっているといった発想のもとで）所与の施設内容を受け入れてきたが、これからは学校体育施設の多機能化を図る意味で、スポーツの生活化のために必要なシャワー、ロッカー、ミーティング・ルーム、研修施設などを積極的に設けていくとともに、地域の特性や実情に合わせて学校体育施設づくりの内容の重点化（コミュニティとの複合施設化）を試みていくことも大切である（現実に用地確保の面から学校施設との併設などによって複合化を図っている例などがある）。

④従来の学校開放の利用は継続的なスポーツ人口を確保するという戦略から、主にスポーツクラブへの開放が中心であり、一般の個人利用の道は著しく閉ざされているのが実情である。その意味では地域住民の多様な活動要求に応

えているとは言えないことから、今後は、たとえば家族、あるいは子どもから高齢者まで楽しめるような多彩な開放システムの開発や施設整備が望まれる。また、これとは別に数校区に 1 ヶ所の割合で上記の目的に適う施設を設置することにより、これまで地域との結びつきに欠ける傾向のあった地区施設（広域施設）との連携や相互乗り入れを可能にし、より身近な施設利用のネットワーク化をも図る方向が考えられる。

⑤全般的な学校体育施設の開放とその運営の方法論的コンセプトとして、従来の行政的範域を中心とする施設利用やサービスの提供に止まらない、施設利用圏（具体的には小学校区）を中核とする新しい範域設定を試み、その中心に学校体育施設を位置づけることが重要である。また同時に、そこでの具体的な施設運営や事業の展開をめぐる住民参加を積極的に促し、自主運営を原則とした施設・組織・指導者・クラブ等のあり方を常に再検討し、他の文化的な公共施設との効果的なネットワークづくりを推進するための新たな組織づくりを行う必要がある。

学校「開放」という語の終焉

これからの学校体育施設は、果たして地域スポーツの理想的な展開を担う拠点的施設として十分に機能し得るのであろうか。この点について、これまでの学校開放の現状や問題点からその課題や今後の方策を若干ではあるが論じてきた。

実際問題として、今後就学児童数が激減し、学校施設の全体的な余剰化が促進される一方で、社会教育や生涯学習の必要性、あるいはその内容・タイプ・レベルの多様化がますます高まっていくことは、必然的な現象としてとらえられよう。そのような中で学校は就学児童・生徒を対象とするばかりでなく、生涯学習社会の拠点として地域住民の学習意欲やスポーツ欲求を幅広く吸収していく中核的機関としての機能を再び公的に担わざるをえないであろう。

したがって、そのような役割を果たす学校では、単なるエリア・サービスとしての施設提供にかかわる「開放」を超越した、まさに生涯学習機関としてのプログラム・サービスをも含んだ新たな学校の姿をビジョン化する必要がある。そこでは、学校教員をはじめ多様な指導者による成人向けの昼間における授業提供や夜間専門の地域スポーツ担当者によるスポーツ活動の援助、あるいは学習活動などが具体的に展開されることになろう。

昨今の運動部活動をめぐる顧問教員の働き方改革の流れの中では、地域スポーツと学校教育（体育）という垣根を乗り越える課題は、たとえば学校運動部活動の地域（スポーツクラブへの）移譲という対策で議論されている。しかしながら、実質的な生涯学習の一貫性を、学校施設というハード面ばかりからではなく、学習プログラムの提供というソフトな側面からも真剣に検討していくのであれば、その体制（システム）づくりが、地域と学校が一体となったコミュニティ・スクールにおけるクラブ（サービス）をめざすものでなければならない。それは同時に、学校「開放」という言葉がもはや死語になるときでもあると考えられるのである。

13.4 体育の「習得・活用・探究」を問い直す

パソコンの進化に振り回される世代―「習得」とは何か？

筆者は、ワープロやパソコンなどが出回り始めた1990年代、いわゆるIT機器と呼ばれた新たな電子情報機器の出現という環境変化に翻弄され、それから30年余を経た現在もなお翻弄され続けている世代である。いわゆるケータイからスマホへの機種変更への決断がなかなかつかず、新たな情報環境に半ば怯えにも似た「面倒くささ」と、これをなるべく回避したいという退行意識が先立っている。それは新たな環境変化を前にして、その変化に「対応する」術が、分厚い取り扱い説明書（いわゆる「取説」）をまず紐解いて、その基礎的知識を「習得」しなければ解決しないという教育的ハビトゥス（知らず知らずのうちに身に付いた学びの習慣）によるところが大きい。

ところが、わが娘たち（平成年代前後生まれ）の様子を見ていると、これとはまったく真逆だ。彼女たちは、まずマニュアルを最初から読まないし、読む必要も感じていないらしい。半日くらい新たな機種を、まるで玩具のように扱い、私などよりはるかに早くそれを操作しているように見える。まるで「習うより、慣れろ」だ。そして、必要に応じて逆引き辞書のように必要な単語をスマホ上から検索してその解説を読む。このように新しい機種が出現したことに対してとたんに「面倒くささ」を感じてしまう私（たちの世代？）と比べ、彼女たちの新たな「学習」対象への向きあい方には根本的に異なる点がある。それは、彼女たちの目的がこの新しい機種を使って「友達と facebook を楽しみたい」とか「新たな情報サイトを見てみたい」とか、その目的が明確であると同時に、そのための操作を含めそれらが自己目的化していることである。仕事の必要性から、半ば嫌々ながら、他律的に新たな情報機器に向かっている中高年世代とは明らかな違いであり、これでは最初から勝負にならない。「習得」→「活用」→「探究」という「教育」の道筋から「習得」を考えるわれわれ中高年世代と、「探究」→「習得」→「活用」という「学習」の道筋からこれを無意識のうちに実践している若者世代との違いをどのように考えるべきであろうか。

そもそも 2008-09 年に告示された学習指導要領は、21 世紀の社会が「知識基盤社会」として特徴づけられることを出発点とし、旧学習指導要領から唱えられていた「生きる力」を育成する基本方針を継承し、この理念をさらに徹底する方向性を持っていたはずである。知識基盤社会とは、新しい知識・情報・技術が政治・経済・文化をはじめ社会のあらゆる領域における活動の基盤として飛躍的に重要度を増す社会のことをいう。このような社会では、グローバル化や絶え間ない競争と技術革新が促され、それに伴う幅広い知識と柔軟な思考力に基づく判断がいっそう重要になると言われている。簡単に言えば、知識基盤社会とは、知識の状況が目まぐるしく変化するがゆえに、知識対象の変化自体におもしろさを感じ、これに魅かれながら習得しようとする意欲や関心に溢れている社会、をいうのである。すなわち、このような社会は、従来から存在する基礎・基本的な内容をむしろ不変なものとは考えないため、その「習得」観の変更をも迫る論理を含んでいるのではないだろうか。もしそうだとすれば、体育学習では「習得」がこれまでどのように受けとめられ、それがどのような問題を生じる可能性があるのかを再考してみる必要があるだろう。

2008-09 年告示の学習指導要領における「習得・活用・探究」登場の背景と問題点

2008-09 年告示の学習指導要領は、第一次安倍内閣のもとで断行された教育基本法改正（2006 年 12 月）に大きく影響されている。そこでは、伝統文化の尊重や公共精神の涵養と同時に、前述した知識基盤社会の形成に資する「生きる力」の強調とこれを支える「確かな学力」「豊かな心」「健やかな体」の調和がめざされた。ところが、ここでいう「確かな学力」は、他の2つの要素との「調和」から離れて要素化されており、「基礎的・基本的な知識・技能の習得」と「思考力・判断力・表現力等の育成」とに分けられ、前者の発達段階に応じた「習得」に基づき、その「活用」によって後者の育成が図られるという道筋のなかで描かれた。その意図は、確かな学力の「習得」に必要な時間の量的確保にあり、これまで重視されてきた学習意欲の向上（学習の楽しさや喜びの享受）は、基礎的・基本的な知識・技能の確実な定着によって生まれるとする、いわば「習得」の成果から結果的に得られるものと考えられることになった。したがって、「指導」や「評価」の充実や徹底も、この「基礎的・基本的」と称する知識や技能の習得に向けられることになったのである。

しかし、この論理は、多様な新しい知識や情報の変化に対応し、これに積極的にかかわろうとする人間の育成をめざす、知識基盤社会の形成に資する能力を培うことにつながるのだろうか。冒頭に示した例を考えればすぐに理解できるように、マニュアルや解説の基礎・基本的な知識への半ば「強制的な」こだわりは、かえって新たな事態に対する学習意欲を削ぐ結果をもたらしかねないのではないか。ここでは、誰にとっての、何のための「基礎・基本」なのか、そしてその「習得」へのアプローチが自己目的化された「問い」をもった「学習」として成立しているのかどうかが、それこそ「問われている」のである。

確かに中央教育審議会の答申では、その危惧がすでに表明されていた。たとえば『教育課程部会における審議のまとめ』（2007年11月）では「各教科での習得や活用と総合的な学習の時間を中心とした探究は、決して1つの方向に進むだけでなく、…（中略）…知識・技能の活用や探究がその習得を促進するなど、相互に関連し合って力を伸ばしていくものである」（p.25，傍点は筆者）と述べられている。この記述は、旧学習指導要領（1998-99年告示）が力を入れてきた科目「総合」と既存の各教科との関連性が、科目「総合」＝探究を主とする既存科目の領域を超えた科目、として位置づけられた結果、各教科の習得や活用から「総合」における探究へ、といった一方向的な順序性となることを批判し、その逆もあり得ることを示したものであろう。

しかし、「総合」と各教科との双方向的な関係性は、各教科内における学習の道筋においても同じように考えることができないだろうか。少なくとも体育学習についていえば、学習内容としてのスポーツやダンスなどは、その文化的特性が人びとの運動に対する素朴なプレイ欲求を歴史的に「探究」し、これを洗練化してきた賜物であると考えられる。だから、学習者とその学習内容との関係は「やったらどんなに楽しいだろう、おもしろいだろう」という、おもしろさへの「探究」の対象として、まさに意味や価値をもった全体（ゲシュタルト）として立ち現われてくるのではなかろうか。このおもしろさの基本単位となるのが、たとえばスポーツのボール運動領域や球技領域ではゲームそのものであり、ダンスではまとまった踊りそのものということになろう。「今自分ができる力」で、まとまった意味や価値の対象としての学習内容に対し、今何ができるのかを「探り、究めようとする」こと、そしてそこから自分やチームにとってどのような基礎・基本的内容の学習（習得）が必要なのかを考え、実践するという学習者の立場からの学習過程が重要なのではないか。このような「探究」と「習得」との意味関係が学習者に自覚化されたときにこそ、両者の学習行為を結びつける自発的な「活用」が、当初の「探究」をさらに深化させる学習の営みとなってくると考えられよう。

13.5 探究から始まる体育学習へ

体育学習における「習得」主義の落とし穴

ところで、体育学習は、他教科に比べてその習得の成果が、即自的に可視化されやすく、評価されやすい性質を持っている。

かつて戦前の学校体育は、その性質によって身体に対する規律訓練の成果を「国民」的身体の政治的統合に結びつける道具として期待され、それに応えることで成立していた。また、戦後日本の復興期においては、とくに昭和 30 年代に開始された学習指道要領の告示化（法制化）によってナショナル・スタンダードを示す際、その内容を技術や体力の諸要素によって、比較的容易に構成することができた。それも身体的技能や体力の成果が、工学的な測定によって誰もが一見納得ができる比較可能な習得の達成度を示すことができると考えられたからである[11)]。

そして今日、このような履修成果が各単元や 1 時間毎の授業の評価からも細かく求められるようになっている。この背景には、皮肉なことにわが国の教育課程における成果（単位）認定が、各学校長裁量に委ねられる履修認定（履修主義）を採用していることがある。たとえば、ヨーロッパ諸国では、国家が中等教育修了資格認定を共通テスト（フランスのバカロレアやイギリスの GCSE など）によって認定するシステム（履修成果の共通性を最終的に保障する習得主義）を採用しているため、わが国のような授業内における細かな評価規準による習得のチェックが強調されることはあまりない。これに対してわが国が採用している履修主義では、その習得成果の共通性を保障する全国一律のテストに頼らないシステムだから、社会的に（たとえば、高等教育の大衆化や教育のグローバル化などによって）教育成果に対する客観的圧力が高まると、授業ごとや単元ごとの習得の成果が評価しやすいように基礎・基本的内容の要素化や分節化が起きやすいということなのだ。

その結果、学校体育では、前述したような技術や体力を要素化することによって基礎・基本的内容が対象化され、それは（履修主義のもとでは必然的に）指導する側にとって評価しやすい「習得」内容を構成することにならざるをえない。このような論理は、翻って高度経済成長社会をめざして、教育的成果に競争的メリットクラシーを求め、エリート主義を助長した昭和 30 年代と同じ教育の過程（系統主義）を復活させるものにほかならない。履修主義のもとでの習得への固執は、早晩その成果の有無による差別的ヒエラルキーを助長し、大部分の子どもにとっては「つらい体育」「苦しい体育」に変化し、生涯スポーツを求める学校体育のこれまでの方向性をリセットさせてしまう危険性をもはらんでいると考えるべきであろう。

「探究」＝興味・関心から「習得」への問い、そして「活用」へ

学校体育の成果は、単に基礎・基本の「習得」を強調し、これを最低限身につけさせることによって一方向的に得られるものではない。むしろ、その成果は、学校体育が他教科に先駆けて生涯学習（生涯スポーツ）を目標化してきたように、その授業や単元が学習者にとって生涯にわたる「学習過程」（学習自体の楽しさやおもしろさ）のモデルを提供しているのかどうかにかかっている。

体育の学習指導のキーワードは「学習」の充実にこそあり、それは教える側の教育の論理ではなく、徹底して学習する側の過程に基づいた学習（探究）それ自体の可能性を大切にすることであり、その学習の道筋に沿った適切な指導

のあり方を考えることである[12)]。

したがって、体育の学習指導では、子どもたちが自ら興味や関心をもって課題を「探究」しつつ、その解決や向上に必要な基礎・基本的内容に気づかせる「問い」とそれに対する適切な指導のもとで自発的な「習得」が図られる必要がある。そして、この「自発性」こそが、探究との関係における習得した内容の活用を生み出していく、あるいは活用のための習得という学習過程を生み出していくものと考えられる。学習者の側に立った基礎・基本の習得を重視する体育学習のあり方は、決して昭和30年代の学習指導に先祖返りすることであってはならないのだ。

【注】

1）ドイツの「スポーツ科」にかかわる形成過程とこれをめぐる研究者間の論争や見解の詳細については、岡出（2020）[13)]に詳しいので参照されたい。

2）2020年代に施行される新学習指導要領では、変化する社会との関係で求められる資質・能力を具体的に培う各教科の「見方・考え方」が前提となって、各教科の教育課程が成立するという考え方が示された。では、21世紀社会が求める教科「体育」「保健体育」の「見方・考え方」とは何か。学校体育では、すでに本書で述べてきたように、1970年代後半（昭和50年代）の学習指導要領から人間（子ども）と運動との関係を子どもの側から「運動に親しむ」関係としてとらえ直し、まさに「社会に開かれた教育課程」として40年余以上にわたって展開してきた歴史がある、しかし、問題は、そのような「見方・考え方」がいまだ学校体育現場における実践的なカリキュラム論や授業論に十分に反映されていない、まさに「共同幻想」として機能する実践上の要因にこそあると言ってよいだろう[14)]。

3）東京ガス都市生活研究所（2020）[15)]の定点調査によれば、今の生活の力点を「仕事よりも余暇においている」人は、2011年以降増加しており、2020年には55.0%となっている。

【文献】

1）レールス，H.〈長谷川守男ほか監訳〉（1990）『スポーツ教育学とスポーツ現実』，ベースボール・マガジン社.

2）シーデントップ, D.〈高橋健夫ほか訳〉（1992）「アメリカ合衆国の体育カリキュラム」『学校体育』45（1）：14-21.

3）多々納秀雄（1990）「生涯スポーツとは何か、その本質を問う」『学校体育』43（12）：14-21.

4）佐伯年詩雄監修（2006）『スポーツプロモーション論』明和出版，pp.2-15.

5）佐伯聰夫（1990）「生涯スポーツ時代の運動部活動」『体育科教育』38（9）：14-17.

6）吉本隆明（1968）『共同幻想論』河出書房.

7）上野千鶴子（1986）『女という快楽』勁草書房.

8）朝日新聞朝刊（1992）1992年4月28日付.

9）スポーツ庁HP：平成30年度体育・スポーツ施設現況調査結果の概要　https://www.mext.go.jp/sports/content/20200422-spt_stiiki-1368165.pdf（2021年10月11日検索）

10）スポーツ庁編・発行（2020）『学校体育施設の有効活用に関する手引き』p.5.

11）菊幸一（2008）「スポーツ社会学における身体論」池井望・菊幸一編著『「からだ」の社会学－身体論から肉体論へ－』世界思想社，pp.67-94.

12）菊幸一（2013）「学校体育の動向とこれからの体育の方向性―学校体育の現代的課題―」『こども

と体育』161：22-25.
13）岡出美則（2020）『ドイツ「スポーツ科」の形成過程』明和出版.
14）菊幸一（2017）「21 世紀が求める教科「体育」「保健体育」の「見方・考え方」」『体育科教育』65（19）：9.
15）東京ガス都市生活研究所（2020）『生活定点観測レポート 2020』p.17.

第14章

学校体育の未来に向けたプロモーション

14.1 ある体育授業の始まりの風景
―体育教師と学生の距離が意味するもの―

ある体育授業の経験から

「ひと・健康・スポーツ」の未来を教科教育（学校体育）の立場から見つめ、考えていく際、ふと思い浮かべる1つの場面がある。それは、大へん卑近な例ではあるが、筆者自らが担当する一般体育実技の開始時において、指導者である私と学生たちとの空間的距離の大きさに関する経験である。体育のような実技科目は、通常座って受講する授業と異なり、学生たちの授業に対する反応、あるいは興味、関心といった態度が直接行動になって現れてくる場合が多いと考えられよう。この距離の大きさの要因としては、確かに初めての授業であることや、知らない先生であること、慣れない雰囲気等、さまざまな状況が考えられるが、基本的には、これまでの学生と運動との関係のあり様、さらに言えば、体育授業における「教育としての」運動の取り上げ方、取り扱い方の問題として考えることができるのではないかと思われる。すなわち、私の目の前で示される、体育教師である私から距離をおいて「指示待ち」をし、「壁の花」となっている学生たちの行動は、1つの見方として、これまでの体育授業で蓄積されてきた彼らと運動とのかかわり合いに関する、彼らからの1つの評価として受け止めることができるのではないか、ということなのである。

日本体育協会（現日本スポーツ協会）の調査結果から

今から約4半世紀前の1993年から95年にかけて行われた小・中・高校生のスポーツ参加に関する日本体育協会の調査[注1)]では、上記の見解を実証するような結果が示されている。「スポーツを行うことがとても好き」「好き」と回答した者は、小学校 82.1%、中学校 79.9%、高校 75.8% と約 8 割近くに上ったのに対して、「体育授業がとても好き」「好き」と回答した者は、小学校 77.1%、中学校 72.5%、高校 61.1% と学校段階が上がるにつれて減少し、また「スポーツが好きと体育授業が好き」との格差も同様に拡大して、高校ではその格差が 15 ポイント近くにまで達している。とくに、高校時における落ち込みの大きいことが指摘される。

次に、「体力・運動技能に対する自己評価」では、「体力がとてもある」「ある」と回答した者は、小学校 39.7%、中学校 32.7%、高校 28.0%、同じく「技能がとてもある」「ある」と回答した者は、小学校 45.7%、中学校 34.3%、高校 32.4% であり、総じて前述した「スポーツ好き」の割合に比べると、かなり自分の体力や運動技能に自信のもてない子どもが多いということがわかる。

ところで、この 4 半世紀前に調査された現状は、今日、どのように変化・改善されたのであろうか。残念ながら、その後日本スポーツ協会はこの種の調査を実施していない。また、その他スポーツ庁や笹川スポーツ財団による調査においても、小学校から高校にかけてスポーツに対する好嫌と体育授業における好嫌との関係や、それらと体力・運動能力との関係を経年的、あるいはコホート的に調査した内容は見当たらなかった。たとえば、笹川スポーツ財団による 2019 年調査[1)] では、運動・スポーツに対する好き嫌いの「好き」と「どちらかというと好き」を合計して、男子の場合、小学校 1・2 年 91.5% →小学校 3・4 年 92.6% →小学校 5・6 年 88.1% →中学校期 89.6% →高校期 86.6%、女子の場合、小学校 1・2 年 91.4% →小学校 3・4 年 85.7% →小学校 5・6 年 81.5% →中学校期 74.9% →高校期 69.4% という結果を示し、男女ともに学年進行によってポイントが減少し、男女差が小学校 3・4 年以上からみられると報告している。これを「好き」だけで比較すると、男子の場合、小学 5・6 年では 70.2% なのに対して、中学校期 64.5%、高校期 54.2% と明らかに下がっていることがわかる。女子の場合においても同様に、小学校 5・6 年では 55.8% なのに対して、中学校期 46.3%、高校期 32.5% と下がっており、その落ち込みは男子以上であることがわかる。ただ、このデータと体育授業の好嫌や体力・運動能力との関係は明らかにされていない。

問題は、このような結果が提示されたとき、学校体育関係者が、この結果をどのように認識し、解釈するのか、にある。すなわち、これからの学校体育の未来に向けたプロモーションを考える際、学校体育関係者は、これまで意識的であれ、無意識的であれ、「ひと」と「スポーツ」や「運動」、あるいは「健康」とのかかわり方を基本的にどのように見つめてきたのか、またどのような「見方」を正当なそれとして評価してきたのか、さらにそれはなぜなのかに関する議論と自省を行うことがまず重要なのではないか、ということである。

学校体育関係者の思考習慣から見えるもの

たとえば、前述したいわゆる「スポーツ好きの体育嫌い」現象と「体力・運動技能の低下」現象を前にした場合、1 つの極端な見方として、次のような 2 つの体育授業に対する考え方が生起する可能性が考えられる。すなわち、一方で前者の「スポーツ好きの体育嫌い」現象からは、体育授業における指示・命令・指導の類を排除する方向で、「授業」それ自体の雰囲気の楽しさを求めて展開される放任授業を知らず知らずのうちに志向する方向であり、他方で後者の「体力・運動技能の低下」現象からは、せめて体育の授業だけでも機能的、効率的に体力や運動技能の向上を求めようとする体力主義的、技術主義的体育を復活させようとする方向である。

いずれにしても、このような見方・考え方は、学校体育関係者が子どもたちとスポーツや運動、あるいは健康との関係を視野の狭い、短期的な授業の中だけで問題にし、その結果を評価しようとする機能的、手段的発想の思考習慣（ハビトゥス）の現れであるように思われる。ここで重要なのは、学校体育がこれまで人間と運動とのかかわり合いをどのように意味づけ、価値づけてきたのか、またそれはなぜなのかを明らかにしながら、未来の子どもたちの運動とのかかわり合いの「何を」「どのように」引き受け、発展させていくのかに関するマクロな、歴史的、社会的視野からみた体育社会学的なアプローチによる意味論的考察であろう。

14.2 これまでの学校体育の方向性と課題
―「ひととスポーツ、運動、健康」の関係をどのようにみつめてきたか―

基本的な視点

学校体育は、言うまでもなく「公」教育制度の下で営まれる強制力を伴った営みであり、その強制力のベクトルの方向（目的）は、歴史的、社会的文脈との関係で変化し得るものと考えられる。すなわち、社会や教育の下位体系としての学校体育制度は、社会や教育が求める運動需要に応え、それを満たす人材を供給することによって、その強制力を伴った社会的存在の正当性を保持することができたと言えるのである。

したがって、ここでは主に「社会―教育―体育・スポーツ」の文脈から、教科としての「体育」に課せられてきたこれまでの社会的役割とその内容について戦前・戦後を通して概観し、その課題を明らかにしながら、未来の「ひととスポーツ」「ひとと健康」のかかわり方を考える契機を得ることにしたい。

これまでの学校体育の役割

戦前の社会において、学校体育は主にその軍事・労働等のための肉体的鍛練、精神的修養の場としてとらえられ、単純動作の繰り返しやトレーニングを中心とした「身体の教育」を行っていた。そこでは、国家社会に有用な身体的必要性、身体的需要に応える体育が教科としての存立意義をもち、いかに効率よくその目的を達成する身体的刺激が与えられるかが問題であった。

戦後の社会では、このような戦前における学校体育の役割が、少なくとも表面的には一変させられたように見える。たとえば、戦後まもなくの昭和20年代においては、民主的な人間関係の育成をめざしたグループ学習を通した全人教育の一環として教科体育が求められ、昭和30～40年代にかけては、運動技術の科学的習得、体力づくりの合理的実践を通した学習の系統性を重視した教科体育が求められた。いずれも身体それ自体を効率よく刺激し、鍛える体育からは脱却したものの、全人教育に資する手段として体育がその社会的役割を果たすことが期待され、しかもその運動の必要性や運動需要は、昭和20年代にあっては主に民主主義社会の形成という政治的要求に対応したものであり、昭和 30 ～ 40 年代にかけては高度経済成長社会を支える産業労働者の育成という経済的要求に対応したものであったと言える。

したがって、教科教育の立場からは、体育授業におけるグループ学習や運動技術の系統学習などの結果として、いかに社会性を身に付け、技術や体力を合理的、科学的に理解し、実践することができたのかに関する成果が問われ、その評価基準が形成されていくこととなった。すなわち、この時期における学校体育は、社会的動向を背景とした教育に対する運動や健康への需要に、まさに教育的な枠組みの成果の中で、結果として応えていくという「かかわり方」を示したのである。前述した学校体育関係者の授業の枠の中での短期的、機能的な授業成果への思考習慣は、体育に限らず教科教育に携わる者にとって、この時期の学校教育の全体的方向性と密接にかかわったものと考えることができよう。しかも、この時期における人間と運動との関係のとらえ方は、運動の社会的需要を背景とした「運動—人間」への手段的意味合いを強調しており、人間にとって運動・スポーツ・健康とは何か、どのような運動の特性に触れることでその意味と価値を見出すことができるのかといった「人間－運動」への自己目的的な意味合いをあまり明らかにしていなかったように思われる。

ところが、昭和 50 年代に入って、後者の立場から人間＝生活者の運動・スポーツ・健康に対する欲求や必要に応える学校体育のあり方、教科体育の方法が強調され、求められるようになった。これは、子どもたちの自発的、自主的な運動・スポーツ参加への欲求を引き出し、それと運動とのかかわり合いを学習化する方向に向けられた。具体的には、プレイとしての運動の楽しさや喜びを中核として、それを実現する運動の特性を明らかにし、それに触れる学習のねらい、めあて、学習過程、評価基準を設定することで体育学習を展開しようとしたのである。もちろん、このような体育学習における運動のとらえ方は、広く社会的な動きとしての大衆スポーツ、みんなのスポーツの展開と連動するものであった。いわゆる「楽しい体育」の学習としてキャッチフレーズ化された体育学習のあり方が、小学校における個々の子どもたちの「めあて」を重視する体育学習や中・高校における運動種目の選択制授業として形式化された。

未来への課題

しかし、今日、このような生活者としての子どもたちの現実的要求や必要に応えようとする学校体育は、いまだにその需要の内容を的確に把握するまでには至っておらず、その性格づけも今日まで学校体育が社会の変化に適応し、それを補完する役割を担わされてきた立場からは脱却していないように思われる。たとえば、子どもたちの運動やスポーツへの参加や健康に対する行動は、結果としての参加や行動の量的側面でのみその学習成果がとらえられ、「なぜ」「どのように」参加することが自らの運動や健康にとって意味があり、価値のあることなのかといった「質的」な問いはあまり強調されず、不問のままになっている場合が多いのではないだろうか。このことは結局のところ、社会にとってではなく、人間にとっての運動へのかかわり方やライフスタイルにもとづいた文化的な要求あるいは需要として、運動やスポーツ、健康がどのように「質的」にとらえられ、評価されるのかといった内容が、学習内容として明確にされていないということにつながっていくことになろう。

第１節で述べたような極端な体育授業観が、ここでは必然的に頭をもたげてくることになろう。たとえば、中・高校の選択制授業では、好きな種目をやって活発に活動しているのであるから好きにやらせておけばよいといった放任授業への志向を助長しやすくしている現状がある。また、その逆に、いわゆる「荒れた」中・高校生の生活態度や全般的な体力・運動技能不足への対処療法的意味合いから、教師の強制力を最大限に行使した「体力づくり」（体力主義）、「技能訓練」（技能主義）への傾斜も根強く残っている現状がみられる。さらに、健康への志向が、商業主義や社会風潮に踊らされた極めて根拠のない、幼稚な行動パターンを含む興味、関心によって支配され、正しい知識や個人の必要にもとづかない誤った健康づくりや健康行動を生み出している現状も見受けられる。たとえば、女子生徒の痩身願望にみられる自己の身体的願望のあり方に対する相対的で多様な評価（いわば、QOL）を求めることは、だれのための健康かを基本的に問う健康教育においては不可欠な課題であろうと思われる。

このように、近未来に向けての人間と運動やスポーツ、健康とのかかわり方は、教科教育の立場からそれをいかに文化的に再編し、社会における人間の望ましい運動生活、健康生活へ学習として意味づけ、価値づけていくのかに関する課題として提示されることになる。

14.3 未来への新たな運動需要の創造に向けて
―運動の文化的享受に果たす学校体育のあり方―

子ども＝生活者の運動への欲求、必要とその文化的再編

これからの子どもたちの生活にとって、「生活スポーツ」としてとらえられるスポーツとのかかわり合いは、決して非日常的な生活世界にとどまらず、彼らの生活における多元的な現実（リアリティ）の 1 つとしてその時空間を構成していくことがよりいっそう求められることになろう。そして、これからは一見生活の中では残余、周縁的領域と思われる 1 つのリアリティをもったスポーツ経験が、子どもの生活の中心的価値に働きかけ、そのプロセスの中で自らの人生の意味を生成していく重要な内容として位置づくことが考えられる。

この場合、生活におけるスポーツの文化的享受は、次のような 3 つの次元からとらえることができるであろう。すなわち、

①実践的享受

従来から示されている運動の機能的特性を実践的に追求する中で享受される運動の楽しさ、喜びの体験とその学習の享受

②スポーツライフの創造と構成

主に選択制授業によって単元化される自分や他者あるいは諸集団のスポーツライフの発見と承認。新たなスポーツライフ生成への楽しさ、喜びの体験とその学習の享受

③スポーツ問題への理論的認識

①、②の総合的学習の中で、生きた知識として必要とされ、自省作用の中で理性的に認識され、主題化される理論的認識の楽しさ、喜びの体験とその学習の享受

である。そして、これらの次元は図 14-1 に示されるように、従来はあくまで①の実践的享受の次元に②、③の次元が収斂していく方向で学習が構成され、スポーツ文化の実践的享受の学習のみに焦点が当てられてきた。

しかし、近未来における運動の文化的享受は、認識主体である学習者の先見的な教育として学習者自らのスポーツ生活が彼らのライフスタイルとの相互認識関係からどのように個性的に構築され、生産されていくのかを明らかにしな

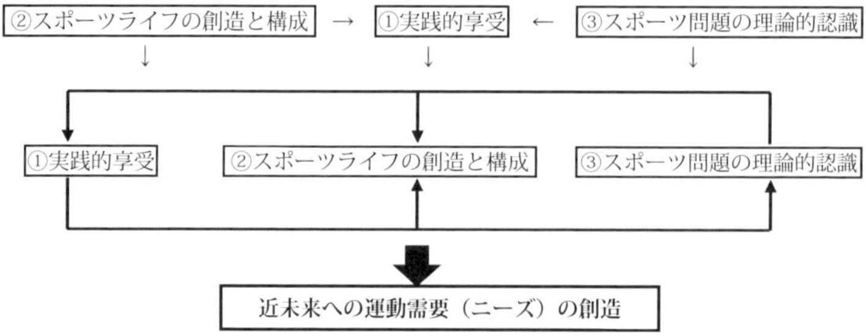

図 14-1　スポーツの文化的享受のための体育学習のあり方（筆者作成）

がら、スポーツ文化の相互依存的な他者関係に対する開かれた認識とコミュニケーション能力を前提としなければならない。したがって、近未来におけるスポーツの文化的享受のための体育学習は、②のスポーツライフの創造と構成に向けて、①と③とが相互に関連し、共鳴し合いながら、「現在」のスポーツ生活を「未来」に向かって着実に投企しようとする文化的享受の学習として構想されることになろう。そこでは、スポーツ文化の「何を」「なぜ」「どのように」学ぶことが自分にとって意味のある学習になるのかが常に問われ、そのことが自らのスポーツ・アイデンティティを単なる「欲求」のレベルから文化的な「価値」に対する認識レベルへと育てることにつながる。そのことによって、「いま」「ここに」生活する子どもたちは、運動やスポーツの学習行為（体育）を生活の一領域として位置づけ、近未来への新たな運動需要を文化的需要として見出し、創造し、展開することができる能力を身につけていくことになるのである。

また、当然のことながら、現在および将来に向けての超高齢化社会、低経済成長型社会、情報化社会における生涯にわたるスポーツや健康にかかわる学習それ自体の意味や価値は、よりいっそうスポーツや健康に対するスタンスの取り方やかかわり方を明らかにしていくことを前提として豊饒な内容をもったスポーツ文化、健康文化としてわれわれの人生に彩りを与えてくれることであろう。その際、自分にとって運動・スポーツ、あるいは健康に対する問題とどのようにかかわっていく「かかわり方」が望ましいのか、その「かかわり方」を意識し、確かめ、深め、さらに新たな「かかわり方」を模索し、発見していく選択制授業の重要性とその単元構成の工夫がよりいっそう検討されなければならないと考える。

さらに、近未来の社会における運動の文化的学習行為は、その行為自体が他の文化的行為と異なる独自性をもっており、そのことによって学校体育の学習価値をより高く認識する方向に導く可能性もあるように思われる。すなわち、高度情報化社会にあって、ますます見失われつつある人間存在の根拠地としての「身体」が、運動の文化的行為（学習）によってその「言葉」を回復し、身体的コミュニケーションの社会的評価を高めると同時に、その豊かな発信源として再評価される可能性をもつのではないかということである。それは、運動文化へのかかわりと意味生成から生じる［言語系（理性）―非言語系（感性）］の総合的認識主体を育てることを意味する。その実現のためには、教科教育の立場から［保健―体育理論―体育実技］の相互補完的総合学習が不可欠であり、近未来における学校体育は、その有機的連関をもった全体学習として教科「保健体育」としてのみ認知され、その存在の 1 つの正当性を認識されるようになると思われる[注 2)]。

再び、学校体育の「存在論」へ

これまで述べてきたように、ひととスポーツや健康の未来を教科教育の立場から見つめると、「ひと―スポーツ」「ひと―健康」の望ましい「かかわり方」は、もはや社会的機能の側面から短期的、完結的、結果論的に論じられるのではなく、学習者の文化論的意味の側面から、長期的、創発的、過程論的に論じられなければならない。後者の側面からの関係性は、制度としてのこれまでの学校体育の可能性と限界に対して真摯な評価と反省を促すとともに、学校体育制度それ自体のあり方や存在論に結びつく、あらゆる改革の可能性を教育専門家である体育教師に求めていくことになろう。なぜなら、スポーツや健康への自立と文化的需要を創出する教科体育の枠組みは、これまでの教科体育の自明の前提性を超越し、その文化論的な再編成をも視野に入れざるをえないからである。それは、ある場合には教科再編成論につながっていくかもしれないし、またある場合にはこれまでの単元論の見直しを要求するものであるのかもしれない。

しかし、いずれにせよ、これからの体育教師は、その教育専門家としての見識を次のようなマクロな課題の中で問われていかざるをえないように思われる。それは、言うまでもなく、学校体育関係者1人ひとりが「ひと・健康・スポーツ」の未来をどのように見つめ、描いているのかを問われていることと同義である。

①学校の社会的意義や役割、あるいは制度としての学校の可能性と限界といった「学校論」を射程においた「学習論」の検討

②生活内容としての学習の意味と価値の可能性と限界といった「生活論」を射程においた「教科論」、あるいは「教科再編成論」の可能性の検討

③学校の教育課程の可能性と限界といった「カリキュラム論」を射程においた学習のまとまりとしての「単元論」の検討

まとめにかえて

本節では、学校体育の運動需要のとらえ方として「みんなのスポーツ」（＝量的拡大）から「生涯スポーツ」時代に向けた質的充実を図るとらえ方が必要であり、そこに文化的な需要の創出とその意義を見出すことが重要であることを指摘してきた。

しかし、もう1つの見方として、すでに人々の運動に対するかかわり方は「質的」に変化しており、その結果がかつて1960年代後半から70年代にかけてみられたスポーツ人口の量的増加になって現れたとする考え方もできよう。この考え方に従えば、それ以降の多少の上昇傾向を含む横ばい現象は量的停滞であり、それはすでに質的に変化を遂げていた人々のスポーツに対するかかわり方に対応できていない、あるいは対応しようとしなかった既存のスポーツ体制（制度）の限界を示しているにすぎないということになる。

もしそうであるならば、これまでの学校体育はその社会的需要を背景とした制度的保獲とそれへの全面的依存の下で、学習者における運動・スポーツや健康に関する学習の現実的な「質的変化」を不問にして「来られた」結果として、子どもたちの運動・スポーツあるいは健康への現実的なかかわり方やその変化からますます遊離する学習現象を生起させてきたといえるのではなかろうか。そのような制度としての学校体育の歴史社会的な推移の下で、その矛盾が今日、学習者の不満を誘発し、その1つの現れとして「スポーツ好きの体育嫌い」現象（＝停滞現象）を生起させているとみることもできる。

したがって、これからの学校体育は、制度的保護から少なくとも相対的に自

立するスタンスをとりながら、その可能性と限界を冷静に見つめつつ、当初から見られた学習者の運動への欲求や健康への必要を再発見し、その文化的な再編成の場として来るべき社会に向けた教育的責任を果たすことが期待されていると考えられよう。

14.4 教育における 21 世紀型能力とは[注 3)]

筆者らが教育を受けた時（1960 年代半ばから 70 年代後半）には、「とにかく基礎を学べ」とか「基礎が大事なのだ」とか言われ、「じっくり積み重ねていくのだ、応用力は基礎を学んだ上で応用できるのだ」と教えられたものだった。しかし、21 世紀型の社会への向き合い方というのは、まずは実践力を重視する。そこで開かれた態度や学ぼうとする力といわれているものは、何か事を起こしたいとか、何か自分からチャレンジしていきたいとかいう、向き合う対象を何か面白そうな事柄としてみていくといったものである。学生にパソコンを与えたら、横にあるパソコンの取り扱い説明書はまったく読まずに、一生懸命「ああでもない、こうでもない」と実際に試行錯誤を繰り返し、その結果自分たちの目的を達成する。つまり、これから求められる学力は図 14-2 にみられるように「基礎力」「思考力」「実践力」といった 3 つの層からなっていて、その中でわれわれの世代は「学んだ力」にどうしても偏って学力をみようとする癖がある。それは、たとえば、これまで基礎的な知識や技能といわれてきたものだ。すなわち「それをコツコツ積み重ねて、その上でこれを応用しなさい」という学習スタイルである。これが、まさしく 20 世紀型の能力であった。

しかし、そうではなく、まず先に来ているのは「学ぼうとする力」なのである。実践に開かれた「学ぼうとする力」があって、その試行錯誤の中で「学ぶ力」が出てくる。学ぼうとする力、すなわち、関心・意欲をもって何かを自分で知りたいとか、何かを学びたいとか、何かを達成したいとかいう、そういうものがあって初めて、そこから学ぶ力が出てくる。いろいろな要素を自分たちで組み合わせ、「こういうふうに操作したら、こうなるんだ」という学ぶ力が出てくる。それが、学習対象に対する思考や判断であろう。そして最後には、全体的なパターンがわかってくる。だから最初から、マニュアルを見ないのである。なぜそうなるかというと、今、スマホで勝負している業界は、どんど

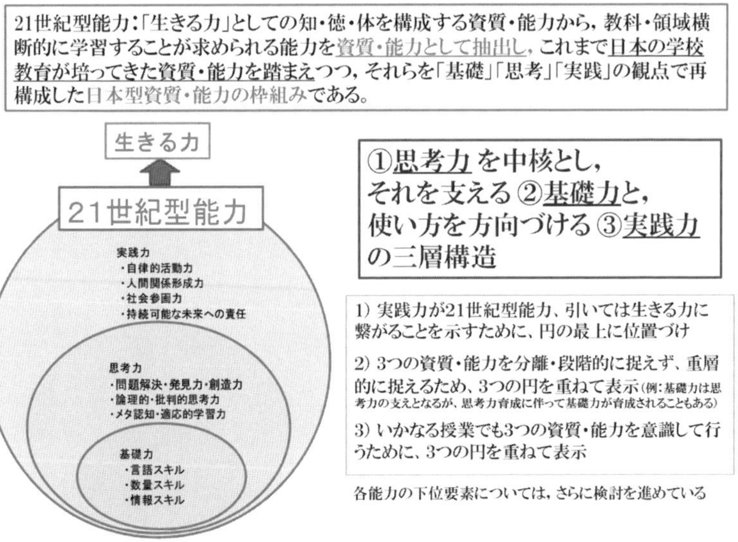

図 14-2　21 世紀に求められる資質・能力の枠組み試案[2]（国立教育政策研究所 HP から）

ん、その利便性を求めて OS やアプリケーションソフトをバージョンアップして、その消費力を高めていかなければならないからだ。とにかく短いスパンの中で、消費性を高めていく。その背景には、そのような経済の論理やパワー、あるいは力学が存在するのである。そういう現象に対して、教育がどのように対応しているのかといわれたら、前述したように、いまだに「学んだ力」（結果として身についた基礎的知識や技能）だけに頼っている。しかもそこで学ばれたほとんどの知識や技能は社会に開かれていない。この学力における認識的なギャップをいったいどうするのか、といった社会的な課題が、教育界に突きつけられているのである。

このように現代社会に生きる若者の行動と教育のあり様を関連させて見ていくと、なぜ、文科省が今、「21 世紀型能力」ということを言わざるをえないのかが理解できよう。おそらくこの要求は、知的教科のそれから来ており、いわゆる PISA の調査結果などから求められる学力をグローバルなレベルで考えると、明らかにそれが変化していることを理解せざるをえなくなっているからであろう。また、それは政治や経済のグローバルな動きとともに、否応なく変化せざるをえないところまできている、ということなのだ。

このような現象に柔軟に対応できる力は、ある一定のパターン化された知識や技能を身に付けただけでは対応しきれない。教育が対応しきれない状況を指して、教育の「ガラパゴス化」といった批判もなされるようになるのだが、これに反して教育に対しては、どんどん新しい能力がグローバルな社会的レベルで求められている。このような現象には、やはり政治が追随せざるをえず、政治が追随するということは、教育も追随せざるをえないということになる。しかし、教育というのは、どうしても「校門を出ず」という（保守的な）性格を持っており、教師が一生懸命、子どもたちと向き合い、授業と向き合っているので、その間にどうしても外の状況がよくわからないことになってしまう傾向がある。そのような環境では、教師にとって 10 年に 1 回のペースで指導要領が変わっても、「また何かこんなことをやらされるのか」みたいに思われるのではないかと思う。その根底には、基本的に諸外国と比べて、日本の教員の流動性、社会的な移動が比較的少ないことがあげられるのではないか、と感じている。だから、教育のことしか知らないし、わからない。まさに日本人は専門に特化していて、ほとんど隣同士が何をやっているかわからない状況の中で、自分たちの仕事をしているのだ。結局は、知らず知らずに社会の動きから取り残されている状況に陥ってしまうのである。これを「何とかせんといかん」というところまで追いつめられているのである。

学校体育の変容

学校における体育は、明治維新以降においてアウトカムとの関係を強調された教科であると思う。体育は、まさに軍事的あるいは労働力の「アウトカム」として成り立ってきた。「知育・徳育・体育」という言い方から「体育」が「知育」と並び立つほど尊重された教科だというふうに解釈する人もいるが、それは当時の社会が身体に対して直接的な要求対象であったことを表現しているにすぎない。そしてその要求は、最終的には第二次世界大戦で、身体を道具化し、身体を破滅させるところにまで行き着く。とくに、若い人たちの身体を破滅させていくという結果を生み出したのである。

それに対して戦後の日本社会は、今度は一転してこれまでの目的や思想を 180 度変える考え方として民主的な社会をつくらなければならないということで、体育はそれにどう貢献し、それを実現する手段となり得るのかという存在意義を問われることになった。結局のところ、学校における授業は、社会といろいろな形で結びつかざるをえないわけであり、東京教育大学体育社会学研究室の初代教授である竹之下休蔵は、この点を鋭く指摘したのである。竹之下は、教育は基本的には社会との関係において動かざるをえないから、図 14-3 の「体育の社会的構造」に示されるように、教育に求められるアウトカムは、常に社会との関係において教育が教育委員会を通じて、いわゆる「指示・命令」を通じて授業というものに反映させていく。ただし、この図の非常に重要なところは、その中心に教師が存在しているということである。やはり、教師の解釈によってその趣旨や伝え方がいかようにも変わる。だから、教師が自ら適切な判断を行うためには、子どもとその上にある自分たちが所属する集団や社会、あるいはその外の世界と常につながり、その関係性を意識化しておかなければならないということになろう。そういう関連性にもとづいたよりよい授業でなければ、アウトカムというのは目指せないということを、竹之下はすでに 1960 年代から 70 年代にかけて述べているのである[6]。

そのことからいうと、戦後日本の学校体育は、まさに変化に応じて、実はう

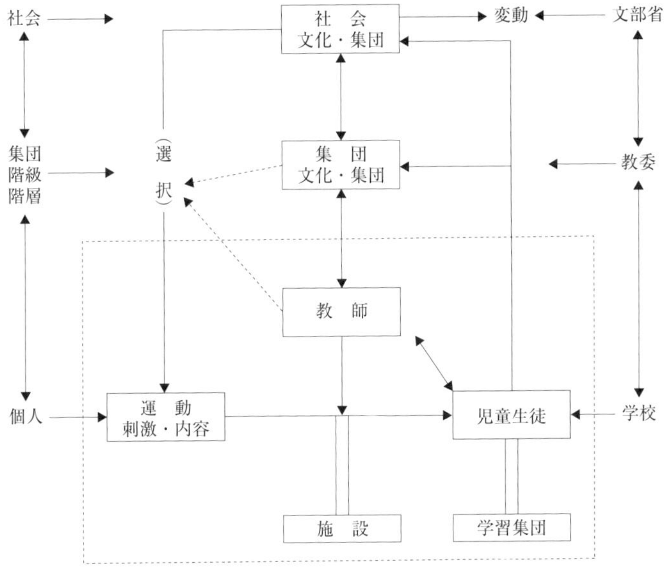

図 14-3　教育（体育）の社会的構造―社会の中の教育（体育）の位置づけ―[3]
（竹之下休蔵（1972）『プレイ・スポーツ・体育論』大修館書店、p.45 の図を改変）

まくアウトカムを形成してきたと言えるのではないか。昭和 20 年代はまさに民主化の時代であり、これは子ども中心主義で進められた。学習指導要領というものはなく、指導要綱という形で世に出た。ところが、1958（昭和 33）年に初めて指導要領が告示されると、教育委員会に対して国が縛りをかけていく。この時代には、その前年の 1957（昭和 32）年にスプートニクショックがあった。これは当時のソビエト連邦が、犬が入った人工衛星を世界で初めて打ち上げた出来事であり、東西冷戦構造のまっただ中で、東側諸国（社会主義国）の代表であるソビエト連邦が科学技術で西側諸国（資本主義国）の代表であるアメリカを出し抜いた大事件であった。これは、科学技術の発展と直結すると思われたアメリカの教育全般に対して、大きな課題を残す結果となったのである。

そこで、ブルーナー（Bruner, J.）の『教育の過程』[4] などをもとにしながら、教え込んできちっとした体系的な教育をしないとだめだというような動きが出てきた。このような動きが、昭和 30 年代から 40 年代にかけての日本の教育に大きな影響を与えていく。昭和 20 年代の経験主義的な子ども中心的な教育から昭和 30 年代に入ってからは系統学習へと、とにかく基礎的な知識を身につけた結果として「学んだ力」がないとだめだという考え方になった。1964（昭和 39）年の東京オリンピックでは、水泳・陸上ではほとんど成果をあげることができず、とくに水泳では諸外国の（とくにアメリカを中心に）若い人たちが選手として台頭してきた。そうすると日本では、早期に教育をしないといけない、もっと早く体力や技能を身に付けさせないと世界に負けるという考えに至る。また、それまでの日本の高度経済成長のツケである公害病や健康の問題がクローズアップされるようになると、体力の向上や健康の保持・増進は、国家からみんなを対象にしてこれらを要請する内容になってくる。この状況を受けて、昭和 40 年代には小・中学校に「総則体育」の一環として行間体操などが実施されるようになった。

しかし、同時代には子どもの反乱も起きていた。体育やスポーツが得意な子どもは良いけれども、得意でない子どもは無理やりやらされ、しかも学んだ力として体力や技能が身についたのかということをいつも言われるようになった。さらに、休み時間も行間体操を強制的にやらされるわけだからたまらない。結果として、その反乱は「スポーツは好きだけど体育は嫌い」という現象として現れてくる。他の教科の座学に比べると体育は、子ども達の素直な動きでそのような気持ちが態度になってすぐ周囲（教師たち）にもわかるように現れてくる。そうすると、座学の教科に比べて体育は、比較的早くにこのような授業を変えないといけないといった課題が出てきやすい。その結果、体育は昭和 50 年代に入って、他教科に先がけて「運動に親しむ」という目標が出てくることになるわけである。このような現象は、今から考えれば他教科の先をいく体育の特徴とも考えられるだろう。そのような流れの中で、昭和 50 年代以降「楽しい体育」というキャッチフレーズで、子どもたちの主体的な学びを大切にする体育だとか、個人差にもとづく個別化・個性化の体育だとか、あるいは心と体を一体化するのが体育なのだといった流れが出てくるようになった。すなわち、このような経緯が、体育において主体的な学びを大切にしようとする歴史的な原点であり、流れとなっていると考えられるのである。

14.5 学習指導要領の流れとこれからの学校体育

その後の学習指導要領は、主に 1999（平成 11）年頃に起きた学力論争に大きな影響を受けている。大学の大衆化とともに大学入試においては選択科目を大幅に増やし始める。そうすると、たとえば生物を受験していない学生が医学部にいくとか、数学を受験していない学生が経済学部にいくとか、いろいろな問題が起きてきた。とくに大学の教員というのは、高等教育を自分たちはやっているのだという自負もあるから「なんだ、この学力の低下は」という話になる。こんなに学力の低い子が大学に入学してくると、大学教育が崩壊するじゃないかという危機意識が芽生える。このような学力問題を最初に取り上げたのは、おそらく京都大学経済学部の先生だったと記憶している[注4)]が、数学なんてその影響を被る最たるものである。その反省として、とにかく指導をしっかりしなければならない。そのためには、きちんとした評価が必要だという話が出てきた。

しかし、このような変化が 21 世紀を境にして起こったといっても、体育の指導要領については、あまりその影響を受けることはなかったように思われる。昭和 50 年代以降につくられてきたこれまでの体育の流れは、むしろ連綿と評価されているとさえ考えられる。なぜなら、教科目標からみると、現行の指導要領においても、これまでの大切にしてきた子ども主体の学びというものをベースにして、よりよい学びの方向に向かわせようとしているし、生涯スポーツという言葉もまったく変わることなく目標化されているからである。

したがって、体育のカリキュラム原理そのものは、ほとんど変わっていないといってよいだろう。では、なぜわが国では、評価や確かな学力というものが強調されるのか。それは、とくにヨーロッパと比べると、日本では履修主義がとられているからであろう。日本の先生方（校長先生）は、子どもたちに卒業式の際「教育の課程を修了したことを証する」という卒業証書を手渡すと思うが、そこには、その課程で履修した内容を本当に習得したのかどうか、あるいは「学んだ力」というものがどれだけ獲得されているのか、などということは、一律に正確に評価されていない。これに対してヨーロッパでは、大学（高等教育）に進学するには、その学力を身につけているかどうかということを、すべて資格試験という形で証明するために、その習得の程度を共通に確認しているのである。そのような資格がないと大学に行けないのだから、たとえばわが国で問題となっているようなトップアスリートのセカンドキャリア問題というのも、大卒者に限って言えば、あまり起こりようがないというわけである。つまり、ヨーロッパでは学んだ力がない学生が、あるいは大学に進学する力がない学生が、なぜスポーツの力だけで…という話になる。

このような背景の違いから、日本の先生方は評価規準を作成するため授業が終わると、単元単位で、あるいはそのための基礎資料を得るために授業単位でさえ、評価作業に追われることになる。よく言えば、教育評価に対する各学校（現場）の主体性を尊重していることになるが、その背景には全国一律には学力を評価しないという考え方や制度があるということになる。どのような学校に行っていようと日本人として大学進学にはこれだけの学力が必要ですよ、ということなら、全国一斉にそのための資格テストをすればそれで済む話であろう。

日本では、そのような制度を本来であれば入試センター試験でやろうとしたと思われるのだが、いろいろな問題があって結局はヨーロッパのような資格試験としての機能を発揮するには至らなかった。そのツケの一端を現行では「指導と評価の一体化」という形で現場の教員に対して要求されているとも考えることができよう。

習得・活用・探究—アクティブ・ラーニングとの関係から—

ところで、2008-09 年に告示された学習指導要領で含意されている「習得」というのは、探求によって必要とされる場合もあれば、やはり基礎的な知識を先に身につけた上で活用するためといった場合もあるという、両方の意味を持っている。それは、これからの 21 世紀型能力においても、変わらないとらえ方であるとみてよいだろう。

これを「アクティブ・ラーニング」ということに引き寄せて考えると、そこでの対話的な学びというのは、基本的には小グループでないと実現できないので、小グループでさまざまなディスカッションをしていくという学習形態をとる。そこで重要なのは、子どもたちが主体となって自発的に学習活動をしようとすること、それは、体育における運動との関係でいうとプレイする活動になるということである。体育における運動の特性というのは、欲求と必要とに分かれていて、欲求とは競争だけでなくて克服だとか達成していくということも含まれる。また、ダンスの場合には模倣であって「真似っこ遊びがおもしろい」とか「人の動きの真似をするのがおもしろい」とかいった、そういう段階での主体的な欲求にもとづく体育学習になっているということである。「必要」というのは、「体つくり運動」での学習の基礎になる。健康や体力を必要に応じて自分たちで目標を立てて高めていく。

こういう体育学習のあり様を運動の特性論で考えていくと、昭和 40 年代までに要求されてきたのは「効果的な特性」と「構造的な特性」であったことがわかる。「効果的」とはどれだけ身についたか、「構造」とは、たとえば技術から入って繰り返し技能化するなどで、これらは一斉指導のスタイルをとらざるをえない。1 人の先生が指示・命令すれば授業が成立し、体育の目標は達成できるというわけである。しかし、それに対して対話的学びを核とするアクティブ・ラーニングを実現していくためには、どうしても小グループを前提とした学習を展開していかなければならず、そういうところから子どもたちは主体的で対話的な学びを通じて、深い学びの楽しさを享受していくことになる。

主体的な学びとフローモデル

「主体的な学び」は、自分の運動課題、あるいは目標（めあて）と自分の能力との関係において決まってくる（図 14-4 参照）。それが一致するところに楽

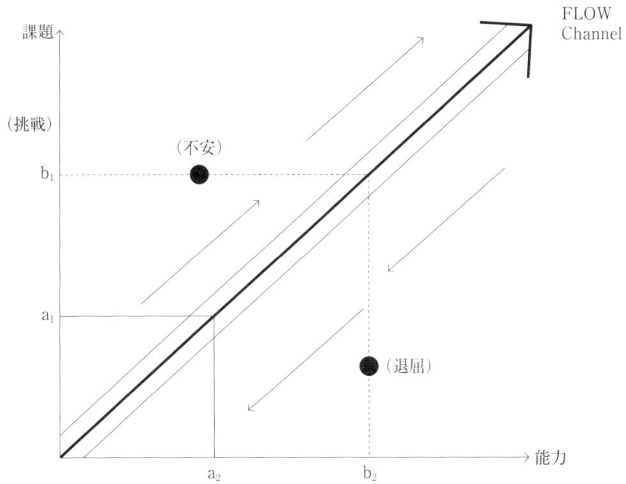

図 14-4　フロー（FLOW）モデルとスポーツ活動 [5)]
（チクセントミハイ，M.〈今村浩明訳〉（1979）『楽しみの社会学』思索社，p.86 の図を改変）

しさのフロー（FLOW、流れ）が生まれ、主体的な学びを促進する原動力となっていく。そこで学ばなければならない対象は、今持っている自分の力（能力）の程度や内容と挑戦する課題の程度や内容である。この両者のバランス関係を冷静に思考し、判断する必要が出てくる。

　これからの学校体育において求められる 21 世紀型能力は、これまで述べてきた①学ぼうとする力、②学ぶ力、③学んだ力、との関係でとらえれば、それぞれ①関心・意欲、②思考力・判断力、③知識・理解、に対応させて考えれば、そんなに難しいことは言っていないように思われる。したがって、今まで自分たちが考えてきたことと同じように考えればよいのだが、ただ気をつけなければならないのは、21 世紀型能力が社会との関係で要求されているという視点をもつということであろう。それを教育の段階でどういう成果として結び付けていけばよいのかについては、遠い成果、近い成果、真ん中くらいの成果で考えた場合に、おそらく社会との関係において学年が上がるごとに「近い成果」として求められることになってくるだろうと考えられる。そのようなカリキュラム全体の構造を教師がしっかりおさえていくことが大切になってこよう。先ほどの竹之下による図 14-3 でいうならば、社会と児童・生徒に挟まれた真ん中に位置する教師が、そのような構造をしっかりおさえて、考えていく必要があるのではないかということである。

昭和20年代の教育に対しては、かつて「這い回る経験主義」ということが言われた。これは、民主主義社会の形成と体育（あるいは他教科についても）が行っていることとの関係や成果（アウトカム）がよく見えないということに対する批判であった。これに対して昭和30年代から40年代にかけては、技能あるいは体力中心で自分たちの教科でやることをしっかりやりましょうとなったら、今度は「詰め込み主義」になり、子どもたちが学びから逃げてしまう事態となってしまった。このような歴史的経緯の中で、そこをどのように、どういう形で埋めていくのかというのが「アクティブ・ラーニング」の1つの大きな歴史的課題であると考えなければならないように思われる。

今後の課題

最後に、学習というものを「学ぼうとする力」「学ぶ力」「学んだ力」をサイクルとして、まさに「アクティブ・ラーニング」していくことをいかに組織化するのかということは、実は日本の長い体育教育の歴史の中で達成できてない課題だということを言っておきたい。指導を組織化することはいくらでもできるが、子どもたちの側から学習を好んでやって、それをいかに指導するねらいに結び付けて学習をサイクル化（組織化）するかが、これから求められる大きな課題ではないかと思う。

14.6　これからの学校体育がめざすべきアウトカムとは
—Q＆Aから—

【Q1】

グローバル化や少子高齢化といったこれからの社会と保健体育の授業等を関連させてみた時、どのようなことに注意して授業づくりをしていけばよいのかということを、現場裁量のレベルでお話いただきたい。

【A1】

よく学生には、鳥の目と虫の目の両方で物事を見ていくのが専門家として求められるという話をする。たとえば、授業だけを見て「これはよい授業」だとか「これはよくない授業」だといった判断をする基準というのはどこにあるのか。虫の目で見れば、アクティブに動いている子どもたちがよいように見え、自分の指示・命令に従って素直にそれを繰り返し取り組んでいるのがよく見えるかもしれない。しかし、それは授業を支える思想や社会の背景（バックボーン）が変われば、また違った様子に見えてくるはずである。

教育は何のためにあるのかというと「未来の子どもたちをどう育てていくのか」というように、常に未来への投企として存在している。教師というのは、必ず自らもその過去を背負っているので、過去の価値観や経験から、無意識にその過去に引っ張られた見方をしている。それは虫の目でしか物事（現象）を見ることができていないということにつながる。それも大事なのだが、そうではなく鳥の目で未来を見てみた時に、自分の今の評価の仕方や、授業に対する見方・考え方といったものを自ら反省的に評価していくことが大切なのではないか。

たとえば、授業づくりの中で教える材料として「教材」を考えたとき、その教える材料という見方自体が、実は先生の「教える」立場からみた解釈を優先させていることに気づく必要がある。それに対して、「学習内容」という言葉を常に対比させて使うとどうであろうか。「学習内容」という言葉は、昭和 20 年代後半に出された指導要綱の中で使われており、これは、竹之下休蔵氏が使った言葉であるが、体育にも生徒の側からみた学ぶ内容があるということが意識されてるように思う。それは、子どもたちが学ぼうとする内容や内容として学ぼうとするもの、すなわち子どもたちが自ら思考し判断する対象となる内容という意味である。それは、子どもの中に「学んだ力」としての知識や技能として着実に残っていく。そして、それは学ぶ者の立場からしかわからない。わからないから、われわれ教師は、一生懸命に生徒の行為を観察する。その営みが、実はグローバル社会の中で、地域あるいは社会、そして日本以外の国に広がっていく共通のエッセンスになる。そういう見方をしていれば、先生方は「こういう場面で何を教えたらいい」とか「どう言ったらいいの」という悩みではなく、子どもの「今、できる力」でもって、どういう課題設定が子どもたちにふさわしいのか、そのような「課題の設定の仕方」を子どもと一緒に考えることが重要になってくるはずである。おそらく先生方はそういうことを日々の授業の営みの中で行っているはずであり、それを積み重ねていってもらえばよいのではないかと思う。もちろん、どのような立派な鳥の目を持っていても、虫の目で完全に子どもたちの行為を予測することは不可能であり、その逆も真である。だから、今、子どもたちがどういう力をもって学ぼうとしているのか、子どもたちには「今、できる力」が必ずあるので、その「今、できる力」から常に出発するということを50％の確率で見通しながら、現実の授業と向き合うことが必要ではなかろうか。

先ほどフローの図（図14-4）に従えば、人間は同じことを繰り返していると飽きてくる。ジグソーパズルを例に考えてみると、50ピースでやっていたものがどんどん速くなって、ほとんど思考・判断しなくてもできてしまうようになる。そうすると今度は70ピース、90ピース、100ピースというように、自分から課題を上げていく。人間にはそういう力がある。そこを子どもたちの力としてまず信じることが大切であろう。その積み重ねの中で、先生方はどういう言葉かけを行い、彼らをフォローしてあげるのか、まさにこのフォローの内容や方法が「教える」ことの内実になるのだと思う。

ところで、最近、政策の中では「振興」という言葉がほとんど使われなくなった。振興は“encouragement（鼓舞する、引っぱり上げる）”という意味である。つまり、不足している、何もない人間を上に引っぱり上げるものなのだという、いわゆる、教師中心の発想につながる概念である。それに対して“promotion”（「促進」や 「推進」）という言葉が、最近使われている。この変化には、非常に大きな意味の転換がある。スポーツに関連したこの言葉の変化は“health promotion”からきているが、その意味は、健康というものが強制的に「薬をのみなさい。運動しなさい」と外から言われるものではなくて、自分で気づいて自分で計画を立てて、見通しをもって自分の意思決定によって推進していくものであるということである。スポーツ振興から「スポーツプロモーション（sport promotion）」へのコンセプトチェンジは、われわれの体育授業づくりの中でも十分に生かしていけるものだと考えている。

【Q2】

今日のテーマである、これからの保健体育におけるアウトカムとは何かについてコメントをお願いしたい。

【A2】

体育・保健体育のアウトカムとは、一言でいえば「スポーツ」という文化そのものの姿にあると考える。それはなぜかというと、今、イスラム教やキリスト教などいろいろな宗教による抗争が起きているし、政治的なイデオロギー対立は今もなお止むことことはないが、唯一スポーツという文化だけがそのような対立を超えて、曲がりなりにもオリンピックを4年に1回は開催し続けている事実があるからだ。スポーツは、今や世界中の人々が宗教や性別などさまざまな障壁を乗り越えて注目される文化の1つになっている。グローバルなレベルでその最大の文化といえるのが、スポーツではないだろうか。スポーツこそが世界を結びつける重要な文化そのものなのだ。私は、それはもはや1つの世界宗教になっているといっても過言ではないとさえ思っている。

つまり、そのような文化を対象として先生方は教えている。したがって、これからのグローバル社会に生きる子どもたちにとってスポーツとは何か。運動とは何か。これをぜひ未来に投企される学習内容として突き詰めてもらいたいと思う。スポーツの楽しさとは、たんに苦しいことから解き放される楽しさではない。むしろその逆に、面倒なことを自ら求める楽しさがそこにはある。たとえば手や腕を使わないでボールを蹴ること、ボールを持ったら3歩以上歩いたらいけないこと、こんな面倒なルールを作って何が面白いのか。でも、それが面白い。つまり面倒なことを楽しむし、厭わない。そのような面倒くささや課題をプレイとして行うスポーツというのは、私たち（子どもたち）に軽々とそれを乗り越えさせる力を持っている。その力を私たち教師は教えながら育てている。そういうふうに考えると、個々の子どもたちを観察し、その1人ひとりが、今持っている楽しむ力をどう引き出してあげればよいのかを考えることを、それこそ教師が楽しんでもらえればと思っている。それが、これからの学校体育に求められるアウトカムそのものであろうと考えている。

【注】

1）　数値は、1993（平成5）年から1995（平成7）年にかけて行われた日本体育協会スポーツ医・科学研究報告『青少年のスポーツ参加に関する研究』[6),7),8)]によったが、各年次報告書の研究目的が各々異なるため、純粋な実態調査として統計的により正確な現象を示すには限界があることを付記しておく。調査対象者は、関東・関西圏の小学校5、6年生、中学校2、3年生、高校2年生であり、各々計2,000～2,500名程度である。

2）　2017-18年に告示された新学習指導要領の審議過程においては、「知識及び技能」「思考力、判断力、表現力等」「学びに向かう力、人間性等」といった3つの資質・能力を育成する各教科の見方・考え方を示すように求められた。しかしながら、中学校と高等学校における教科「保健体育」では、その見方・考え方が「保健」と「体育」とに分けて示され解説されるにとどまっており、次期の学習指導要領の改訂に向けて「教科」のまとまりをどのように示すのかが大きな課題として残されている。

3）　14-4 から 14-6 までの節は、2016（平成 28）年 3 月 5 日に福岡県立スポーツ科学情報センター（於アクシオン福岡）にて開催された「九州・保健体育ネットワーク研究会 2016」におけるシンポジウム講演をもとにして書かれている。したがって、なるべく当日における口述発表の雰囲気を残すように平易に記述していることをお断りしておく。

4）　1999 年に出版された京都大学経済学部の西村和雄教授による著書『分数ができない大学生』[7)] が話題となった。その表紙帯には「大学生の 10 人のうち 2 人は小学生の算数ができない」といったセンセーショナルな告発がなされていた。

【文献】

1）　笹川スポーツ財団編・発行（2019）『子ども・青少年のスポーツライフ・データ 2019』，pp.100-109.

2）　国立教育政策研究所 HP：https://www.nier.go.jp/05_kenkyu_seika/pf_pdf/20130627_4.pdf（2021 年 10 月 16 日検索）

3）　竹之下休蔵（1972）『プレイ・スポーツ・体育論』大修館書店.

4）　ブルーナー，J. S.〈鈴木祥蔵ほか訳〉（1963）『教育の過程』岩波書店.

5）　チクセントミハイ，M.〈今村浩明訳〉（1979）『楽しみの社会学』思索社.

6）　日本体育協会編・発行（1994）『No.VII　青少年のスポーツ参加に関する研究―第 1 報―』（平成 5 年度日本体育協会スポーツ医・科学研究報告）

7）　日本体育協会編・発行（1995）『No.VII　青少年のスポーツ参加に関する研究―第 2 報―』（平成 6 年度日本体育協会スポーツ医・科学研究報告）

8）　日本体育協会編・発行（1996）『No.VII　青少年のスポーツ参加に関する研究―第 3 報―』（平成 7 年度日本体育協会スポーツ医・科学研究報告）

9）　西村和雄（1999）『分数ができない大学生―21 世紀の日本が危ない』東洋経済新報社.

第 15 章

補遺：生涯スポーツ論と学校体育

―そのハザマ（vs.）をどう認識し、克服するのか？―

15.1 なぜ「つながらない」のか？

少なくともわが国の学習指導要領上、生涯スポーツを指向する学校体育の目標が掲げられたのは、昭和 50 年代（1977 年小学校体育）における「運動に親しむ」という文言が記述されて以来であろう。その目標の趣旨は、学校体育の成果が子どもたちの人生＝生涯における「豊かなスポーツライフの実現」＝生涯スポーツの実現に「つながる」ことをめざすということである。2017-18 年告示の学習指導要領作成に向けて 2016（平成 18）年 12 月 21 日に、中央教育審議会によって答申された『幼稚園、小学校、中学校、高等学校及び特別支援学校の学習指導要領等の改善及び必要な方策等について』[1] においても、その趣旨はさらにバージョンアップしていると言ってよいだろう。なぜなら、そこに示された 21 世紀型能力で重視される 3 つの資質・能力（個別の知識や技能／思考力・判断力・表現力等／学びに向かう力、人間性等）がめざす方向性は、そのような資質・能力が「生きて働く力」であり、どのように社会・世界とかかわり、よりよい人生を送るのかに向けられているからである。すなわち、学校体育がすでに 40 年来めざしてきた生涯スポーツへの指向と同様の学習指向が、知的教科をはじめとする他教科の学習指導に対する見方や考え方にも、ようやく実質的な影響を及ぼし始めていると言っても過言ではないのではないか。

しかし、では、なぜ他教科に先駆けて先陣を切ったかに見える学校体育における生涯スポーツ論が、現実の学校体育におけるカリキュラム原理や学習指導のあり方を変える論理になかなかなり得ていないのか[注1]。とくに、学卒後のスポーツライフとの接点で言えば、そのもっとも重要な中等教育課程における中・高校における体育授業の課題は山積しているように思われる。

本章では、このような学校体育における長年の課題について、その課題の解決を阻んできた生涯スポーツ論＝理論と学校体育＝実践の「ハザマ（対立）」をどのように埋めていくのかについて、主に生涯スポーツ論それ自体に対する日本社会の受けとめ方の（認識論的な）誤解（＝ハザマ）と、わが国における学校システムの教育成果と学校体育の機能とのズレ（＝ハザマ）という2つの観点から、その解決の方向性を探ってみたい。

15.2 学校体育と生涯スポーツの認識論的ハザマ

森田（2016）[2)] が述べるように、生涯スポーツ論の前提となったP. ラングラン（Lengrand, P.）の生涯教育論に関する議論は、「あるがままの人間、適応性、幸福への教育、生活の質の向上のための教育、平和と国際理解の教育」の5点をその諸目的としてあげている。1960年代から70年代にかけてのこのような提唱は、その背景にユネスコが主に西側ヨーロッパ諸国の成人教育の必要性を提唱することによって、戦後急激な移民政策をとったヨーロッパ独自の課題を教育課題として取り上げることが東西冷戦下における政治的課題の解決にもつながると考えられたからであろう。

そのような社会システムとの関係からみれば、P. ラングランの提唱する生涯教育の諸目的に関する理念は、その内容の哲学的解釈とは別に（別の次元で）、とくにわが国の現状においてどのような解釈がなされたのかが問題となるのではないだろうか。

佐伯（2006）によれば、P. ラングランの生涯教育論は「技術革新によって生ずる急激な社会変化が継続する現代社会では、教育を学校期のみで終了することはできず、生涯にわたって行われる必要があること」[3)] を説いたものであり、当時の中央教育審議会では教育改革論議の中で重視されたものの、むしろその教育論調の不評から前面に出ることはなかったという。なぜ、教育論調として不評であったのか。それは、その「必要」の論理が、実際には学校教育の延長線上における教育の強制性を招くからであろう。すなわち、先の5つの諸目的からみれば、外在的な状況（変化）に対する「適応性」が強調され、本来自由な学習者の意思にもとづく生涯にわたる自発的な「学び」の可能性と明らかに対立してしまうのである。したがって、佐伯（2006）はこのような、いわば「生涯教育論」に対比させて、あえてアメリカの『グレート・ブックス』（真の教養となる偉大な古典書）の編纂で著名なロバート・M・ハッチンスの主張を「学習社会論」とし、次のように取り上げる。いわく「人間の生涯は、個々人がその成熟を求める人間的可能性の開発の過程であり、社会はそのような学習をすべての人に可能とするように構成されるべきである」[4] と。

このように、社会システムとの関係から生涯教育論と学習社会論とをあえて区別して認識すると、その理念の現実社会に及ぼす社会的機能は、人びとに正反対の結果をもたらすことが考えられよう。前者は、社会の側が人びとの教育目標を生涯にわたって設定するのであり、人びとは生涯にわたってその社会的要求や必要性に応えていく存在として規定される。しかし、後者は、個々人がその能力の可能性を生涯にわたって自発的に追求し続ける過程を保障するのが社会の役割であり、個々人に何らかの共通の目的を要求し、それへの適応を達成させることではないと主張しているのである。

前者が成人教育を視野に入れた生涯教育論として不評なのは、その現実的な対応からみても明らかであろう。事実、1980 年代以降のわが国の生涯教育論の動向は、後者の学習社会論の主張を取り入れつつ、実際には生涯教育論における「適応性」や「必要性」によって意味構成されていったにもかかわらず、結局のところ政策用語として「教育」は採用せず「学習」を前面に押し出した結果、その概念の整理はいまだに曖昧なままの状態で推移しているのである。

たとえば、次のような 2 つの対立的な概念は、わが国における生涯スポーツ論の理念と現実のハザマを認識論的に示唆するものであり、それぞれの対立（vs.）をあえて認識の俎上にあげることによって、これからの生涯スポーツ論からみた学校体育のあり方を反省的に考えていくヒントにしていく必要があると思われる（下線部は、筆者による）。

①生涯教育論（P. ラングラン）vs. 学習社会論（R. ハッチンス）

自発的なスポーツ学習の合理化、計画化、組織化を促す「学習」への転換

②社会的適応（必要性）の論理 vs. 自己開発（可能性）の論理

未知なる自分を発見していくスポーツの楽しさを求める「可能性」の論理への転換

③体育（教育的供給）vs. スポーツ（社会／文化的需要）
運動の機能的特性にふれる楽しさや喜びにもとづく社会的・文化的な需要重視への転換

④青少年期における完成追求 vs. 生涯にわたる自己開発享受
青少年期完成追求モデル一辺倒からライフステージ別のスポーツ享受モデル開発への転換

⑤労働（まじめ）vs. プレイ（ふまじめ）
プレイ＝ふまじめではなく、まじめなプレイの楽しさに対する正当な評価への転換

⑥健康／体力／競技会効用（手段）的視点 vs. 自己目的的視点
他者評価への迎合や手段ではなく、自己目的的な達成や評価を継続していく視点への転換

15.3 学校システムの教育成果と学校体育の機能

他方、これまで述べてきたような生涯スポーツに対する認識論的な課題とある意味では連動するものの、現実の学校体育現場におけるシステム論的な限界が、生涯スポーツの一環としての学校体育の推進を阻んでいる状況も考えておく必要がある。この視点は、学校システムにおける学校体育の機能を明らかにすることによって、それを担う体育担当教員自身が生涯スポーツ論とは対極にある機能に縛られ、身動きができなくなっている状況（理想と現実のハザマに立っている状況）を示すものでもある。

図 15-1 は、産業社会と成熟社会において、学校システムが対社会に対してどのような教育成果を求められ、そのためにどのような機能がそのシステム内で発揮されなければならないのかを示している。まず、学校システムの教育成果は、理念的な人格の完成をめざす人格主義的な成果と、その対極に現実の生活に役立つ実用的な知識や技術の獲得をめざす功利主義的な成果とに分けられる。

他方、このように二分される成果は、きわめて個人的で主体的な 1 人ひとりの人間的な要求と外側からの体制的な要求との緊張関係によってその性格が分けられる。

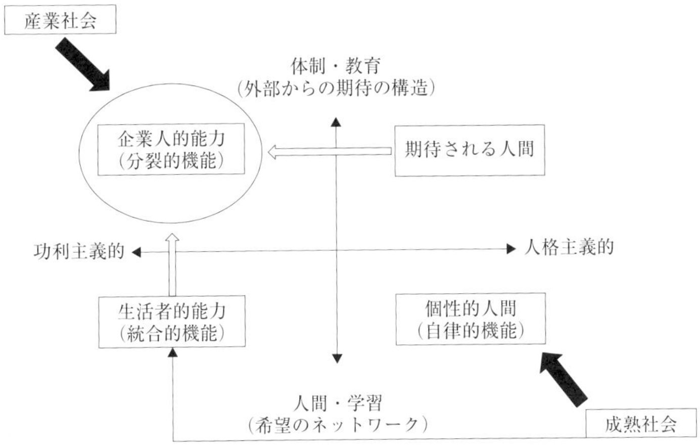

図 15-1　学校システムの教育成果（機能）[5)]
（佐伯年詩雄（2006）『これからの体育を学ぶ人のために』世界思想社，p.261 の図を改変）

たとえば、産業社会における体制側からみた功利主義的な成果は、学校システムがどれだけ産業社会に役立つ「企業人的能力」を育成したのかによって評価される。また、この立場からは、企業人的能力を支える生活者としての能力と、それが社会から期待される人間となるような能力が求められ、評価される。そうすると、これを引き受ける学校システムは、外側からの体制的要求と功利主義にもとづく教育的成果を重視し、具体的には学業成績や受験の成果のみによって評価される社会システム＝学歴社会を構成することになる。このことは、当然のことながら、システムとして機能する学校に功利主義への偏重によってその内部に不調和をもたらさざるをえなくなる（システム内部に分裂的な機能が発揮される）。受験に関連する主要 5 教科の「教員」が企業人的能力の教育成果に専心し教員間の分裂的機能を輩出すればするほど、他方の人格主義的な能力の育成は体育「教師」に不平等に、過剰に配分されていくのである[注2)]。

その結果、産業社会における学校体育は、学校システムの維持機能を発揮するよう仕向けられ、過剰な生活者的能力と産業社会から期待される人間としての性格を身につけさせる「生活指導」の教師として代替されてしまうことになる。その場の中心は、体育授業はもとより自由な生活の場としての運動部活動によりいっそう求められる。なぜなら、競技的な成果は、それが企業人的能力を育成する教育的成果に対して類似的な機能を果たすことから、さらに加速されるメカニズムを持っているからである。

したがって、このような学校システムにおける生涯スポーツ論の主張は、産業社会との関係において、構造的には実現不可能な、いわば「イデオロギー」的な性格を持たざるをえないことになるだろう。なぜなら、このような学校システム内部では、多くの体育教師が無自覚に自己を体制化し、体制的・人格主義の産出利益生産に機能しているからである。逆に、タテマエ（理念）としての生涯スポーツ論は、ホンネ（現実）としての体育教師の役割遂行の偏りを隠蔽する機能を果たしかねないのではないかとさえ危惧される。このシステムから離れて、体制的な役割・地位から距離を置き、個性的な実践を展開する体育教師も存在するのは事実だが、その成果が生涯スポーツ論と学校体育とのハザマを埋めるまでには至っていないように思われるのは、むしろ学校システム内部の矛盾にいち早く対応した生涯スポーツをめざす学校体育の先進性ゆえであるとすれば、きわめて皮肉なことと言わざるをえない。その先進性が、かえって旧システム（アンシャンレジーム）の維持に加担する機能を果たしていると考えられるからである。

しかし、2017-18 年告示の学習指導要領では、冒頭で述べたように、21 世紀における産業社会から成熟社会への移行を踏まえつつ、他教科も含めて教育全体の構造改革をまったなしで求めていることは明らかであろう。このことに応える学校体育における生涯スポーツ論は、これまでの学校体育システムをどのように克服していくのかを視野に入れて、そのフロンティア的な役割を果たしていくことが求められているのである。

15.4 学校体育システムの限界を克服していくために

佐伯（2006）によれば、「生涯学習社会へのパラダイム・チェンジへの要求は…（中略）…体制的危機の側からは、学校システムの生涯化が意図され、生涯教育体制化が促進される。他方、人間的希望の側からは、学校システムの解放が要求され、生涯学習のネットワーク化が求められている。だから『教育か学習か』はまさしくヘゲモニーの争点なのである」[6] という。

学校体育の主な学習内容を構成するスポーツは、近代以前の社会において禁止令が頻繁に出されるほど危険で、暴力的な遊びであった[7)]。これを子どもたちの自発的で自治的な学習の場を保障することで近代スポーツへと変貌させ、グローバルな文化として成立させたのは、英国パブリックスクールにおける（体育ではなく）スポーツ教育という場であり[8)]、これが大きな 1 つの要因となって近代スポーツを自ら組織化していくような、希望のネットワークとして空間的に広がっていったと考えられる。そこに求められたのは、あくまで自発的で、自由なスポーツの文化的享受であり、自分にとって好ましい（楽しい）内容を望ましい内容に自律的に発展させる能力であった。それは、まさにアクティブ・ラーニングの産物であり、「学びに向かう力、人間性等」の延長線上に位置するものであろう。学校体育がいち早く生涯スポーツ論に目を向けたことは、このような歴史的な背景に由来しているのかもしれない。まさに、学校体育は今日、スポーツ教育の現代化を求められているのである。

だからこそ、これからの学校体育は、生涯スポーツに向けたさまざまな実践に力を注いできた体育「教師」を、再び図 15-1 に示した「人間・学習」の側に立った、希望のネットワークを推進する学校システムの改革に位置づく体育「教員」として機能させていく必要がある。希望のネットワークは、成熟社会に求められる個性的人間を育成すべく学習資源の集積地としての学校システムを外に向けて解放すると同時に、よりよく生きることの再生産をグローバルな関係性において創造する能力の獲得と、人間的成熟のための学習ネットワークの形成を求める。だがスポーツは、産業型教育においても、依然として戦略的にはきわめて重要な資源を提供する。したがって、このような戦略に抗する体育教員のシステム論的な機能は、意図的に生涯スポーツの論理によって産業型の学校システムとせめぎ合い、生涯スポーツ論の一環として教科体育の授業を展開し、その成果を課外のスポーツ活動に結びつけて実践することで、2017-18 年告示の学習指導要領が求める学校システムを先導していく、ますます重要なものになっていくと考えられるのである。

【注】

1）　筆者は、別の論稿[9)]で、学校体育がその目標とは異なり、生涯スポーツを推進し、実現する機能を十分に果たしていないここ数十年の現象を「日本の生涯スポーツ―失われた 30 年への課題―」と題して批判的に論じたことがある。

2）ここでの「教員」と「教師」の違いは、W. ウォーラー（Waller, W.）[10] の教育指導に対するタイプ分けによる。前者は、システムの中の制度的に規定された地位・役割による制度的指導を行う者であり、後者は、個人の人間的魅力と人格的特性による人格的指導を行う者である。

【文献】
1）文部科学省 HP：http://www.mext.go.jp/b_menu/shingi/chukyo/chukyo0/toushin/__icsFiles/afieldfile/2016/12/27/1380731_00.pdf（2017 年 1 月 7 日検索）
2）森田啓之（2016）「『生涯スポーツ』という概念」『体育学研究』46：19-23.
3）佐伯年詩雄監修（2006）. スポーツプロモーション論. 東京，明和出版，p.3.
4）同上書，p.3.
5）佐伯年詩雄（2006）『これからの体育を学ぶ人のために』世界思想社.
6）同上書，p.264.
7）菊幸一（2013）「スポーツと暴力の関係・歴史―スポーツは極めて暴力的だった」菅原哲郎ほか編『スポーツにおける真の勝利』エイデル研究所，pp.41-47.
8）菊幸一（2018）「スポーツと教育の結合、その系譜を読み解く」『現代スポーツ評論』38：32-45.
9）ウォーラー，W.（石山脩平ほか訳）（1957）『学校集団―その構造と指導の生態―』明治図書.
10）菊幸一（2013）「日本の生涯スポーツ―失われた 30 年への課題―」『人間会議』29：91-95.

初出一覧（初出時タイトル、掲載誌、発行年、出版社）

第Ⅰ部　学校体育の社会的存在論

第 1 章　現代体育の社会的存在論

・「体育はなぜ必要か．体育の存在意義を考える―社会との関係から」『体育科教育』53（11）：52-54，2005.

・「グローバルな視点で学校体育を考える」『体育科教育』53（9）：10-13，2005.

第 2 章　体育カリキュラムの現代化と脱政治化の論理

・「体育カリキュラムの現代化と脱政治化の論理」体育科教育学研究，30(2)：81-88，2014.

第 3 章　教育におけるスポーツの位置づけ

・「教育におけるスポーツの位置づけ」粂野豊編著『現代スポーツ指導者論』ぎょうせい，pp.159-174，1988.

第Ⅱ部　子ども観の近代と身体・体育・スポーツ

第 4 章　子ども観の近代と現代体育の課題

・「私たちは『子ども』をどう見ているか」松下ナミ子（編著）『私たちの教育提言』桂書房，pp.62-76，2001.

・「〈こども〉の誕生と現代体育―その考現学」『女子体育』49（6）：52-55，2007.

第 5 章　子ども観の近代と「課題」としての子どもの身体

・「現代社会の特徴から“みた”子どもの身体―私たちは子どもの身体をどのように“みる”べきか―」澤江幸則・木塚朝博・中込四郎編著『身体性コンピテンスと未来の子どもの育ち』明石書店，pp.118-140，2014.

第 6 章　子ども観のとらえ直しとスポーツ

・「スポーツクラブと親子の関係―ファミリースポーツの脱構築に向けて―」『子どもと発育発達』2（4）：227-231，2004.

・「ホイジンガを読み直す～『ホモ・ルーデンス』を対象に～」『子どもと発育発達』3（3）：140-144，2005.

第Ⅲ部　「楽しい体育」論へのアプローチ

第 7 章　「楽しい体育」論への道標

・「プレイ論の実践」中村敏雄編著『戦後体育実践論第 2 巻：独自性の追求』創文企画，pp.205-220，1998.

・「『楽しい体育』論は体育授業「論」に何をもたらしたか」『体育科教育創刊記念増刊号』46（17）：17-20，1998.

第 8 章　「楽しい体育」論の課題

・「楽しい体育の理論的・実践的問題」中村敏雄編著『戦後体育実践論第 3 巻：スポーツ教育と実践』創文企画，pp.111-122，1998.

第 9 章　「楽しい体育」論の新たな可能性とカリキュラム構想

・ 全国体育学習研究会編・発行『「楽しい体育」の豊かな可能性を拓く』，pp.37-49，pp.78-89，2007.

第Ⅳ部　体育理論のプロモーション

第 10 章　体育理論の必要性と可能性

・「スポーツの歴史とスポーツ文化」『体育科教育』47（15）：32-33，1999.

・「生徒の知的要求に応えるスポーツ文化のカリキュラムとは」『体育科教育』49（5）：48-51，2001.

・「することだけがスポーツではない―体育で学ばせたい『知』とは何か」『体育科教育』57（10）：16-19，2009.

第 11 章　21 世紀における体育理論のプロモーションに向けて

・「『体育理論』重視の背景と学習指導のポイント」『保健体育ジャーナル』

90：1-5，2010.
・「21 世紀に求められる体育理論とは」『体育科教育』64（10）：12-15，2016.

第 12 章　イギリスの体育理論に学ぶ
・「イギリスにおける体育理論の位置づけと内容構成」高橋健夫（研究代表者）『体育科のナショナルスタンダード策定の試みとその妥当性の検証』平成 19 ～ 21 年度科学研究費補助金・基盤研究 A 研究成果報告書（課題番号 19200045A），pp.61-73，2010.

第Ⅴ部　これからの学校体育のプロモーション
第 13 章　スポーツ教育としての体育
・「体育からスポーツ教育にかわる日」『体育科教育』40（7）：22-25，1992.
・「地域スポーツ施設としての学校施設」『体育科教育』38（11）：35-37，1990.
・「『習得・活用・探究』を問い直す」『体育科教育』61（7）：18-21，2013.

第 14 章　学校体育の未来に向けたプロモーション
・「見つめよう『ひと・健康・スポーツ』の未来；教科教育の立場から」福岡教育大学附属体育研究センター 20 周年記念シンポジウム報告書，pp.9-15, 1996.
・「新たな時代の保健体育のアウトカムを考える―保健と体育の充実に向けた教育課程の可能性―」九州体育・保健体育ネットワーク研究 2016 ファイナル in 福岡（平成 27 ～ 30 年度科学研究費助成事業（基盤研究（B））15H0364）研究報告書，pp.7-12，2016.

第 15 章　補遺：生涯スポーツ論と学校体育―そのハザマ（vs.）をどう認識し、克服するのか？―
・「生涯スポーツ論と学校体育―そのハザマ（vs.）をどう認識し、克服するのか？―」『体育哲学研究』47：42-46, 2017.

おわりに

本書は「はじめに」でも述べたように、筆者が体育社会学を専門分野とする研究者の立場から、今日まで学会誌や雑誌、あるいは著書の分担箇所として依頼された原稿をもとに構成されている。その際、今日的な課題を意識しながらテーマ別に再配列し、過去の内容についても理解が行き届くように部分的に書き改め、これからの学校体育のプロモーション課題につながるように配慮したつもりである。しかしながら、そのような改訂がどこまで行き届いているのかは、広く読者からのご批判とご叱正を待つしかない。

本書のタイトルである「プロモーション」という用語については、従来、「振興」という用語が広く用いられてきた。健康分野では、1980年のオタワ憲章以降、「ヘルスプロモーション」という用語が世界的に用いられ、トップダウン的な健康増進ではなく、当事者における主体的な健康情報へのアプローチと意思決定による健康行動をあと押しするような意味合い（あるいはムーブメントや教育のあり方）が強調されるようになってきた。

しかし、本来、歴史的にも社会的にも自発的なプレイを基調とするスポーツに対しては、長らくスポーツ「振興」と称せられ、トップダウン的な意味合いが強く意識されてきた、否、無意識のうちに常識化されてきたように思う。このような常識化の元（背景）には、学校体育におけるスポーツや運動の「経験」とその取り扱われ方（教育の仕方）があり、それが人々の意識の古層や思潮にあることは間違いないのではないかと思われる。と言うか、この国の人々の運動やスポーツ経験の大半は、学校体育におけるそれであり、教育としてのスポーツや運動の経験を半ば強制され、振興の対象とさせられているのではないか。だとすれば、このような学校体育の「振興」概念を健康分野と同じく、当事者の運動需要やプレイ欲求から問い直し、学校体育全体の構造を「プロモーション」概念としてとらえ直した上で、それを具体的な方法論に導いて生涯にわたるスポーツプロモーションにどのようにつなげていくべきなのかといった課題意識が、本書のタイトルに結びつくことになったのである。

幸いなことに、筆者は2003（平成15）年に創設された筑波大学の社会人大学院であるスポーツ健康システム・マネジメント専攻（現スポーツウエルネス学学位プログラム）で「スポーツプロモーションコース」を担当する機会に恵まれた。また、そのテキストとしてこの専攻の創設者である佐伯年詩雄教授（現日本ウエルネススポーツ大学教授）とともに、2006（平成18）年にわが国で初めて「スポーツプロモーション」の名を冠した『スポーツプロモーション論』（明和出版）という書籍を編むことができた。その前年（2005年）には、公益財団法人日本体育協会（現日本スポーツ協会）の公認スポーツ指導者養成テキストの中で「我が国のスポーツプロモーション」という項を担当執筆させてもらっている。

このような経緯から、本書は「スポーツプロモーション」という概念を学校体育に適用しようとする試みでもある。このような発想に至った背景には、先に紹介した佐伯先生のほかにも、大学時代の恩師であった故嘉戸脩先生や永島惇正先生、そして全国体育学習研究会でお世話になった多くの小中高校に勤務する教師＝体育授業実践研究者、の皆さんの存在がある。また、体育社会学のイロハを教授していただいた大学院時代の指導教員であった故菅原禮先生、故粂野豊先生、さらには社会学的アプローチを深化させてくれた九州大学の故多々納秀雄先生にも深く感謝を申し上げたい。

なお、本書の校正作業にあたっては、筑波大学事務補佐員の茂木宏子さんと同博士課程院生で非常勤研究員でもある宮澤武さんにご協力いただいた。

最後に、何よりも本書を世に出すことができたのは、創文企画の鴨門義夫さんと裕明さん親子の粘り強い支援と我慢のお陰である。実は、この出版企画を最初に提案したのは2017（平成29）年のことであり、新学習指導要領が告示されるタイミングを見計らって、筆者がサバティカルでウィーン大学に赴いている期間中にまとめる予定であった。それが4年余も過ぎてようやく出版にこぎつけられたのは、ひとえに鴨門さん親子の出版への情熱以外の何物でもない。

衷心より感謝申し上げる次第である。

2022年1月
新型コロナ第6波のただ中で
菊　幸一

著者紹介

菊　幸一（きく　こういち）

1957年富山県生まれ。1987年筑波大学大学院博士課程体育科学研究科単位取得退学。教育学博士（筑波大学、1988年）。体育社会学、スポーツ社会学を専攻。九州大学講師、奈良女子大学助教授を経て、現在、筑波大学体育系教授。

文部科学省学習指導要領作成協力者（高等学校体育・保健体育）を3期（1998～2018年）、全国体育学習研究会会長を4期（2007～2015年）務める。現在、日本体育・スポーツ・健康学会（旧日本体育学会）会長、日本スポーツ社会学会会長、日本スポーツ協会（JSPO）国民体育大会委員会副委員長、スポーツ庁スポーツ審議会臨時委員（第3期スポーツ基本計画部会委員）等を務める。

日本体育学会奨励賞（1993年）、秩父宮記念スポーツ医・科学賞奨励賞（2004年と2014年。2014年は代表）を受賞。

主な著書に、『よくわかるスポーツ文化論改訂版』（共編著、ミネルヴァ書房、2020年）、『〈ニッポン〉のオリンピック』（共著、青弓社、2018年）、『現代スポーツは嘉納治五郎から何を学ぶのか―オリンピック・体育・柔道の新たなビジョン―』（編著、ミネルヴァ書房、2014年）、『21世紀のスポーツ社会学』（共著、創文企画、2013年）、『スポーツ政策論』（共編著、成文堂、2011年）、『「からだ」の社会学』（共編著、世界思想社、2008年）、『「楽しい体育」の豊かな可能性を拓く』（共著、明和出版、2007年）、『スポーツプロモーション論』（共編著、明和出版、2006年）など、多数。

学校体育のプロモーション　—体育社会学からのアプローチ—

2022年3月25日　第1刷発行

著　者　菊　幸一
発行者　鴨門裕明
発行所　㈲創文企画
〒101－0061 東京都千代田区神田三崎町3－10－16 田島ビル2F
TEL：03－6261－2855　FAX：03－6261－2856
http://www.soubun-kikaku.co.jp
装　丁　オセロ
印　刷　壮光舎印刷㈱

ISBN 978-4-86413-156-8